KB215424

우리 대부분이 한 번쯤 던진 적이 있는 혹은 살다 보면 언젠가 던질 가능성이 높은 공통된 질문이 있다. 이 질문을 표현할 말을 찾지 못하거나 대놓고 물을 용기가 없는 사람이라 하더라도 최소한 머릿속에서는 이 질문과 씨름한 적이 있을 것이다. 이 책 《모두의 질문》에서 내 친구이자 동료 목사인 J. D. 그리어는 우리가 던지는 가장 매서운 질문들에 신선할 만큼 솔직한 답변을 내놓는다. 같은 의문을 품고 있는 당신에게, 또 당신 주위에 답을 찾고자 애쓰는 수많은 사람들에게 이 책이 훌륭한 길잡이가 되어 줄 것이다.

**카일 아이들먼** ⌃ 사우스이스트크리스천교회Southeast Christian Church 담임목사

"세상에 이토록 고통이 가득한데 하나님이 정말로 세상을 다스리시는가?" "내가 그리스도인이라면 왜 계속해서 죄를 짓는가?" 아마 모든 기독교 신자의 의문이리라. "사람이 감당할 시험밖에는 너희가 당한 것이 없나니"라는 바울의 말은 기본적으로 이런 질문들에도 적용할 수 있다. 그런데 두려워서 차마 이런 질문을 입 밖에 내지 못하는 이들이 있다. 《모두의 질문》에서 J. D. 그리어는 이 같은 질문들을 용기 있게 던질 뿐 아니라 그에 신실하게 답한다. 빛나는 통찰과 적절한 사례를 잘 버무린 더없이 솔직한 책이다. 부디 이 책을 읽고 성경의 참진리를 만나라.

**마크 무어** ⌃ 밸리크라이스트교회Christ Church of the Valley 교육목사

의심은 우리에게 이미 익숙하다. 하지만 개중에는 용기를 내서 의심하는 바를 말로 표현하는 이들이 있다. 또한 그 의심에 관한 답을 알려 주겠노라 약속하는 책을 펴 들 만큼 용기 있는 이들도 있다. 여기, 당신이 그토록 찾아 헤매던 답이 있다!

**브랜트 핸슨** ⌃ 라디오 방송 진행자

하나님은 예수님을 통해 자신을 드러내셨고, 지금도 말씀을 통해 자신을 드러내신다. 하나님은 우리가 찾음으로 찾게 되기를, 구함으로 얻게 되기를 원하신다. 《모두의 질문》에서 당신이 가장 어려워하고 알고 싶던 의문들에 대한 답을 찾게 될 것이다. J. D. 그리어는 인생의 가장 까다로운 질문들을 재치와 지혜로 속 시원하게 해결해 준다. 이 책에서 그 답을 확인해 보라.

**엘리스 피츠패트릭** ⌒ *Give Them Grace*그들에게 은혜를 베풀라 공저자


오랫동안 J. D. 그리어는 인기 있는 팟캐스트 〈무엇이든 물어보세요〉에서 가장 답하기 까다로운 질문들에 대해 믿을 만한 답을 제시해 왔다. 당신이 솔직하게만 묻는다면 이 책에서 재치 있고 기발한 동시에 철저히 성경적인 답을 찾을 수 있을 것이다. 마치 '질문계의 명예의 전당'을 보는 듯하다. 인생과 신앙의 요점과 원칙을 우리 자신도 제대로 알게 되고, 다른 사람에게도 보다 잘 전해 줄 수 있게 된다. 이 책을 읽고 참된 영적 실력을 갖추라.

러스티 조지 ⌒ 리얼라이프교회Real Life Church 담임목사

"(아직) 없는 것들을 불러내어

있는 것이 되게 하시는"(롬 4:17, 새번역)

하나님을 경험하도록 도와준

채드 프라이스, 매트 미글라리스, 클리프 존슨에게.

우리는 이제 막 시작했을 뿐입니다.


이 책이 나오기까지 중요하고 솔직한 질문들을 던져 준

〈무엇이든 물어보세요〉의 신실한 청취자들과

우리 서밋교회 식구들에게.

# 모두의 질문

지은이 | J. D. 그리어
옮긴이 | 정성묵
초판 발행 | 2024. 5. 22
등록번호 | 제1988-000080호
등록된 곳 | 서울특별시 용산구 서빙고로65길 38
발행처 | 사단법인 두란노서원
영업부 | 02)2078-3333 FAX | 080-749-3705
출판부 | 02)2078-3330

책값은 뒤표지에 있습니다.
ISBN 978-89-531-4827-7 03230

독자의 의견을 기다립니다.
tpress@duranno.com www.duranno.com

두란노서원은 바울 사도가 3차 전도 여행 때 에베소에서 성령 받은 제자들을 따로 세워 하나님의 말씀으로 양육
하던 장소입니다. 사도행전 19장 8-20절의 정신에 따라 첫째 목회자를 돕는 사역과 평신도를 훈련시키는 사역,
둘째 세계선교™와 문서선교단행본·잡지 사역, 셋째 예수문화 및 경배와 찬양 사역, 그리고 가정·상담 사역 등을 감
당하고 있습니다. 1980년 12월 22일에 창립된 두란노서원은 주님 오실 때까지 이 사역들을 계속할 것입니다.

# 12

## TRUTHS
## & A LIE

**인생 가장 중요한
12가지 진실과
한 가지 거짓말**

# 모두의 질문

J. D. 그리어 지음 | 정성묵 옮김

두란노

# 가슴 한편
# 은밀한 물음표들을
# 꺼내다

직업이 목사다 보니 아무래도 질문을 많이 받는다. 그러다 결국 〈무엇이든 물어보세요〉라는 팟캐스트까지 만들었다. 다운로드 수가 200만 회에 육박할 만큼 많은 사람이 이 팟캐스트를 들었다. 청취자들은 답하기 꽤 까다로운 난제들을 보내왔다. 그중에서도 손에 꼽을 만한 질문 몇 가지를 소개해 보겠다.

* 하나님은 〔정치적으로〕빨간색이신가, 파란색이신가, 아니면 또 다른 색?

* 천국은 금세 지루해지는 곳일까?

* 하나님은 〔스포츠 팀 마스코트로 악마 캐릭터를 쓰는〕 듀크Duke가 다음 경기에서 이길지 질지 신경 쓰실까?

* 《해리 포터Harry Potter》를 읽는 건 잘못일까?

* 기도할 때 꼭 눈을 감아야 하나?

* 당첨금의 십일조를 교회에 내기로 약속한다면 복권을 사도 될까?


나는 노스캐롤라이나주 서밋교회에서 사역한다. 전체 출석 교인이 12,000명 정도인데, 미국에서 교육 수준이 가장 높은 지역 중 하나로 꾸준히 손꼽히는 리서치 트라이앵글 지역에 15개의 캠퍼스 교회가 있다.[1] 그래서 수시로 재치 있다 못해 매서운 온갖 질문이 날아온다.

예전에는 사람들이 질문을 들고 찾아오면 식은땀이 났다. '내가 모르는 걸 물어보면 어쩌지?' 물론 내가 모르는 건 정말 많다. 하지만 시간이 지나면서 대부분의 사람이 '같은 질문'과 씨름하고 있다는 사실을 알게 되었다. 요즘도 매일같이 질문을 받고 있지만 신기하거나 뜻밖의 내용은 별로 없다. 거의가 동일한 문제에 관한 질문이다. 답하기 쉬운 질문은 아닐지 모르지만 놀라우리만치 흔하게 하는 질문들이다.

그중 내가 가장 자주 듣는 질문과 그 질문에서 나온 진리들을 이 책에서 나누려 한다. 이게 내가 받는 수수께끼의 전부는 아니지만 상위 열두 개에는 꼽힌다. 아마 당신의 가장 절실한 물음도 여기에 포함되어 있으리라.

아울러 나는 열두 가지 진실진리을 다룬 이 책에 '한 가지 거짓말'을 포함시키기로 했다. '진진가진짜 진짜 가짜 게임'을 아는가? 내가 나에 관한 이상한 진실 두 가지와 제법 그럴듯한 한 가지 거짓말을 말한다. 그러면 다른 사람은 내가 한 세 가지 말 가운데 무엇이 거짓인지 맞춰야 한다.

자, 그럼 게임을 시작해 보자. 다음 중 무엇이 거짓말일까?

1. 데이비 크로켓은 나의 고조부의 고조부의 고조부다.
2. 나는 배우 니콜라스 케이지와 아보카도 토스트를 나눠 먹은 적이 있다.
3. 고교 시절 나는 전국 철자 맞추기 대회에서 4위에 입상했다.

이 중 무엇이 참이고 무엇이 거짓이라고 생각하는가? 답을 알려면 마지막 장까지 기다려야 할 것이다. 혹시 기다리지 못하고 방금 마지막 장으로 넘어가 답을 확인하고 돌아왔는가? 환영한다. 이 책에 나오는 인내에 관한 내용을 특별히 당신에게 추천한다.

본론으로 돌아와서, 나는 이 책에서 열두 가지 진실을 제시하면서 거짓말도 하나 더하기로 했다. 하지만 진진가 게임처럼 이 거짓말로 당신에게 스릴을 줄 생각은 없다. 다만, 여기에 거짓말을 포함한 목적은 진실을 더욱 명확히 하기 위해서다. 이 거짓말은 많은 신자의 마음을 망가뜨렸다.

이 거짓말은 과연 무엇일까? 여기서 공개는 하겠지만 최종 답은 마지막 장까지 기다려야 할 것이다. 자, 이 거짓말을 공개한다.

【 거짓말 】 의문이나 답하기 까다로운 질문을 품으면 나쁜
그리스도인이다. 심지어 그리스도인이 아예 아닐
수도 있다.

20년간 목회하면서 의문이나 의심이 신앙인으로서 큰 문제라고 생각해 궁금한 게 있어도 묻지 못하는 사람이 많음을 알게 되었다. 이들은 진정한 그리스도인이라면 이런 질문들을 진작 확실히 해결했을 거라 생각한다. 진정한 그리스도인에게는 신앙생활이 다 쉽고 자연스러울 거라 생각한다.

나도 예전에는 그렇게 생각했다. 그러다 마침내 용기를 내서 궁금한 걸 묻기 시작했을 때 많은 사람, 심지어 어릴 적부터 교회에 다닌 사람도 같은 궁금증을 갖고 있으면서 두려워서 차마 입밖으로 꺼내지 못하고 있음을 알게 되었다. 그 어느 때보다 내가

기독교 신앙과 관련해 드는 각종 의심을 솔직히 고백하고 그 질문에 답하려 시도했을 때 교인들이 내게 마음을 활짝 열었다.

질문해도 괜찮다. 오히려 그것이 좋고 건강한 것이다. 예수님의 제자들도 예수님께 수없이 묻지 않았던가.

19세기 영국 목사 찰스 스펄전이 이런 말을 했다. "의문doubt은 신앙생활에서 앞으로 나아가거나 뒷걸음질할 준비를 하고 있는 발이다."

의문을 솔직히 고백하고 진리를 찾으면 장담컨대 신앙이 깊어지고 깨달음이 찾아오며 삶이 더없이 풍성해질 것이다. 무엇보다도 하나님과 더 친밀해질 것이다.

이 책을 펴 든 이들이 하나님과 더 가까워지고 싶다는 갈망으로 책장을 넘기기를 기도한다. 먼저 한 가지를 약속하겠다. 나는 모든 질문에 하나님 말씀, 곧 진리에 입각해 답할 것이다. 당신에게 필요한 것은 이런 문제에 관한 나 J. D. 그리어 개인의 의견이나 통찰이 아니다. 당신은 무엇이 참인지를 알아야 한다. 그래서 모든 질문, 특히 듀크와 관련된 질문에 대한 답에서 내 개인적 의견과 취향을 배제하려고 최선을 다했다. 말이 나온 김에 하나님은 듀크를 미워하시지 않는다. 물론 듀크는 하나님의 최대 적인 악마를 마스코트로 선정했다. 하지만 하나님은 이 팀을 사랑할 길을 어떻게든 찾아내시리라 믿는다.

이 책이 기독교에 관심은 좀 있지만 믿을까 말까 고민하는 사람, 신앙생활을 갓 시작한 사람, 학교나 교회나 일터에서 비슷한 질문을 받을 때 대답을 좀 더 잘하고 싶은 신자들 손에 들리기를 바란다.

묻고 싶은 게 있다면 얼마든지 환영한다. requests@jdgreear. com으로 당신이 궁금한 내용을 보내 달라. 〈무엇이든 물어보세요〉 팟캐스트에서 그 질문을 다루게 될지 또 누가 아는가?

— J. D. 그리어

2023년 5월

나
구원받은 거
확실해요?

며칠 전에 나는 한 의자에 앉기로 결정했다. 어느 방에 들어갔다가 앉고 싶은 의자를 보았다. 나는 의자 앞에 서서 이렇게 말했다. "오, 위대하고 전능하신 의자 중의 의자시여, 당신은 온 우주에서 가장 선한 의자십니다. 이제 당신의 영광에 앉아 저를 당신께 온전히 맡기기를 원합니다. 제 의자가 되어 주소서. 제조사와 유통업체와 판매점의 이름으로 기도합니다. 아멘." 그러고 나서 의자에 앉자 내 삶이 완전히 달라졌다.

잠깐! 아직 정신병원에 전화하지는 말라. 나는 의자를 이렇게 믿고 영접한 적이 없다. 의자에 앉기 전에 그 의자를 뒤집어서 다리를 점검하고, 제조업체를 조사하고, 건설사에 전화를 걸고, 리뷰를 확인하고, 포커스 그룹에 문의하고, 사무실 직원들에게 그 의자에 관해 어떻게 생각하는지 물어본 적도 없다.

하지만 나는 매일 여러 대의 의자를 한 치의 의심도 없이 굳게 믿고 거기에 앉는다. 그중에는 아주 익숙한 의자도 있고, 처음 앉아 보는 의자도 있다.

나는 우리 교회 설교 시간에 이 예를 여러 번 들었고, 심지어는 몇몇 교인을 단상으로 불러 모두가 지켜보는 앞에서 우리가 '의자'를 얼마나 믿고 있는지 실험해 보기도 했다. 그런데 재밌는 건 단 한 명도 의자에 앉기 전에 질문을 던지거나 의자를 조사하려는 사람이 없었다는 것이다. 내가 의자에 앉으라고 하면 모두가 그 의자를 아무 의심 없이 완벽히 믿고서 기꺼이 그 의자에 자신을 맡겼다.

하지만 생각해 보라. 이는 일종의 모험이다. 의자 다리에 문제가 있다면 우리는 뒤로 발라당 넘어져 다치거나 굴욕을 당할 수 있다. 혹은 의자 아래에 철창문이 있어서 굶주린 악어 떼가 득실거릴 수도 있다. 혹은 의자에 비상 탈출 장치가 설치되어 있어서 앉는 순간에 천장을 뚫고 수십 미터 높이까지 날아오를 수도 있지 않은가.

말하고 싶은 요점은, 그리스도인이 된다는 건 마치 의자에 편히 앉는 것과 매우 비슷하다는 것이다.

내가 자주 받은 질문 중 하나는 "내가 그리스도인인지 어떻게 아나요? 그리고 그리스도인이란 정확히 뭐죠?"이다.

어떤 이들은 이를 인간이 가히 풀 수 없는 문제라 생각한다. 그들은 우리가 계속해서 추측하는 것이 하나님 뜻이라고 말한다. 그래야 우리는 믿음을 발휘하고, 구원을 당연하게 받아들이지 않는다는 것이다. 그래야 우리는 계속해서 노력하고, 교회에 가고, 착하게 굴며, 주차 위반 과태료를 꼬박꼬박 납부한다는 것이다. 하지만 그 말대로라면 천국은 궁극적인 당근이요, 지옥은 궁극적인 채찍이 아닌가.

하지만 예수님은 완전히 다르게 말씀하셨다. "나를 보내신 이의 뜻은 내게 주신 자 중에 내가 하나도 잃어버리지 아니하고 마지막 날에 다시 살리는 이것이니라." 요 6:39

예수님은 누가 예수님 편에 있고 천국에 누구를 데려갈지 확실히 아시는 것처럼 말씀하셨다. 문제는, 인간인 우리는 확실히 모를 때가 많다는 것이다. 나는 기독교 신자 가운데서 자신이 구원받았는지 '확실히' 알고 싶어 하지 않는 사람을 단 한 사람도 보지 못했다.


## 확신 없는 마음에
## 영접 기도만 되풀이했다

2013년에 나는 《구원의 확신*Stop Asking Jesus Into Your Heart*》이라는 책을 썼다. 그 책에서 나는 영접 기도를 드린 횟수에 관한 기네스북 기록이 있다면 보나 마나 내가 그 기록 보유자일 거라고 고백했다.

내가 대학교를 졸업할 때까지 드린 영접 기도만 해도 아마 5,000번이 넘을 것이다. 우스갯소리 같은가? 전혀 아니다. 신앙 집회에서 강사가 구원받고 싶은 사람은 앞으로 나오라고 부를 때마다 나는 자리에서 일어섰다. 나는 전국 청소년 수련회에서 구원을 받았다. 각 교단에서 최소한 한 번은 구원을 받았다. 세례도

네 번이나 받았다. 지금 생각하면 창피한 노릇이다.

나는 알고 싶었다. 내가 그리스도인인지 확실히 알고 싶었다. 어느 누구에게도 구원은 절대 착각하고 싶은 문제가 아닐 것이다. 나는 천국 체크인 줄에 서서 이런 말을 듣는 상상을 하며 공포에 떨었다. "넌 예약되어 있지 않은데? 이름이 뭐라고?" 그러면 "매니저를 만나 볼 수 있을까요?"라고 대답할까도 생각해 봤다. 하지만 아무래도 그게 답은 아닌 것 같았다. 천국 매니저가 올 때쯤이면 이미 너무 늦은 거 아닐까?

나는 다섯 살 때 처음 기도라는 걸 드렸다. 그런데 어느 날, 주일학교에서 선생님이 마태복음 한 구절을 읽어 주었는데 그 구절에서 예수님은 더없이 종교적인 사람들에게 다음과 같이 말씀하셨다.

> 나더러 주여 주여 하는 자마다 다 천국에 들어갈 것이 아니요
> 다만 하늘에 계신 내 아버지의 뜻대로 행하는 자라야
> 들어가리라 그 날에 많은 사람이 나더러 이르되 주여 주여
> 우리가 주의 이름으로 선지자 노릇 하며 주의 이름으로
> 귀신을 쫓아내며 주의 이름으로 많은 권능을 행하지
> 아니하였나이까 하리니 그때에 내가 그들에게 밝히 말하되
> 내가 너희를 도무지 알지 못하니 불법을 행하는 자들아
> 내게서 떠나가라 하리라. 마 7:21-23

그때부터 의심이 싹텄다. '언젠가 예수님이 모르는 사람이라며 썩 물러가라고 말씀하실 사람 명단에 내가 포함된 건 아닐까?' 예수님이 말씀하신 리스트에 올라온 사람들은 결코 형편없는 인물들이 아니었다. 그들은 예언설교을 했다! 귀신도 쫓아냈다. 당신이 다니는 교회는 어떤지 모르겠지만 만약 당신이 귀신을 쫓아내는 능력이 있다면 우리 교회에서는 엄청난 대접을 받을 것이다.

최근 조사 기관 바나의 연구 결과, 미국인의 68퍼센트는 자신을 그리스도인이라 여기지만 그중 3분의 2는 그 어떤 교회에도 정기적으로 출석하지 않는다. 그뿐만 아니라 심지어 신앙생활 비슷한 것조차 하지 않는다. 그들 가운데 상당수는 영접 기도문을 따라 읽었다. 하지만 그들의 생활 방식이나 세계관은 예수님을 믿지 않는 이웃들과 전혀 구별이 안 될 정도다. [2]

이들에게 예수님께 구원받으라는 말을 하면 십중팔구 이렇게 생각할 것이다. '구원? 구원은 이미 받았는걸. 나는 영접 기도문을 따라 읽고 결신 카드를 작성했어. 나는 선해. 내가 그렇게 하는 걸 우리 할머니도 보셨어. 정말 의미 있는 경험이었지. 할머니의 눈물 자국이 지금도 성경 책에 고스란히 남아 있다고.'

필시 마태복음 7장 그룹에 속한 사람들도 비슷한 특징이 있을 것이다.

* 그들은 영접 기도문을 따라 읽었다.

* 성경 책을 읽는다.

* 교회 활동에 참여했다. 예를 들어, 단기 선교 여행을 다녀오거나 성경 암송 대회에 나가거나 주일학교 교사로 봉사했다.

* 자기 잘못을 후회했고, 스스로를 도덕적인 사람으로 여겼다.

내가 마태복음 7장에서 배운 사실은 단지 기도를 하고 교회 사역에 참여하고 죄책감을 느끼고 성경 구절을 암송하는 것들이 세상 끝 날 그 마지막 순간에는 아무런 소용이 없다는 것이다.

"성경에서 주의 이름을 부르고 예수님께 마음속에 들어오시기를 요청하는 기도만 하면 구원받을 수 있다고 말하지 않았던가요?"롬 10:13; 계 3:20 물론 그렇다. 하지만 그건 마법의 기도문만 따라 읽으면 된다는 말이 결코 아니다. 그 기도는 복음에 대한 진정한 믿음과 회개를 표현하는 기도여야 한다. 한번 후딱 기도하고 마는 것이 아니라, 삶 전체의 방향을 완전히 뒤바꾸는 결단이어야 한다.

한편, "예수님께 마음속에 들어오시기를 요청하는 기도를 그만하라"《구원의 확신》의 원서 제목의 말뜻을 일곱 살배기 딸 카리스에게 설명하려고 애썼던 적이 있다. 내가 책 제목을 말해 주자 카리스는 이렇게 말했다. "아빠, 왜 그래야 해요?"

내가 사람을 구원하는 것은 영접 기도문이 아니라 예수님에 대한 믿음이라고 설명하자 카리스는 이렇게 물었다. "음, 그렇다면 그렇게 두꺼운 책은 아닐 것 같은데…… 얼마나 두꺼워요?"

"한 120페이지?"

"아, 아빠, 그건 너~~무 길어요. 열 페이지면 충분해요."

맞는 말이다. 그리하여 이번 장이 탄생했다.

자, 이 책의 첫 번째 질문이다. "구원하는 믿음이란 정확히 무엇이며, 우리가 이 믿음을 가졌는지 어떻게 확신할 수 있는가?" 확신해야 하지만 확신 없는 사람이 많고, 확신하고 있지만 확신해선 안 될 사람도 많다.

자, 예수 그리스도 안에서 얻는 진정한 구원에 관한 이야기를 해 보자. 열 페이지 안에 마무리할 생각이다(한글 번역본에서는 페이지가 훨씬 늘었다-편집자). 카리스야, 자, 시작한다!

## '로기조마이'에 담긴
## 충격적인 은혜

여기서 진짜 질문은 이것이다. "누가 하나님께 속했는가? 예수님은 어떤 사람을 제자로 여기시는가? 누가 천국에 갈 것인가? 다시 말해, 누가 진짜 그리스도인인가?"

이 문제를 생각할 때마다 부흥사 빌리 그레이엄 덕에 유명해진 질문이 생각난다. "당신이 오늘 밤 죽어서 하나님 앞에 서서 '내가 너를 왜 천국에 들여야 하느냐?'라는 물음을 듣는다면 뭐라고 답하겠습니까?"

성경은 이렇게 답한다. "일을 아니할지라도 경건하지 아니한 자를 의롭다 하시는 이를 믿는 자에게는 그의 믿음을 의로 여기시나니." 롬 4:5

나를 가르쳤던 한 신학교 교수는 이 구절이 신약성경에서 가장 중요한 구절이라고 말했다. 당신이 좋아하는 구절이 따로 있을지 몰라도, 로마서 4장 5절만큼 하나님의 자녀가 되는 요건을 분명하게 설명해 주는 구절은 없다.

하나님의 자녀가 된다는 건 하나님과 올바른 관계가 되기 위해 우리가 할 수 있는 건 말 그대로 아무것도 없음을 이해하는 것이다. 동시에 하나님이 말씀하신 그대로 우리가 하나님과 올바른 관계가 되기 위해 필요한 모든 일을 '이미' 하셨음을 믿는 것이다. 우리가 아무것도 할 수 없음을 인정하고 하나님이 말씀대로 정말 행하셨음을 믿는 것, 이 두 가지가 바로 하나님이 의로 여기시는 믿음의 특징이다.

여기서 "여기다count"라는 표현에 주목해 보자. 이 표현은 회계 절차에 대해 사용되던 "로기조마이"라는 매우 중요한 헬라어 단어에서 온 것이다. 로기조마이란 계좌에 잔고 액수가 더해진 것을 의미한다. 은행 빚이 있는 경우라면 내가 그 빚의 일부를 갚을 때마다 그 액수만큼 내 계좌에 계산되어 기입된다.<sup></sup> 로기조마이 바울은 하나님이 우리를 구원하시겠다는 약속을 믿는 우리 믿음을 보시고, 완전하고 죄 없는 의의 계좌가 완전히 채워진 것으로 여기신다고 말한다.

우리는 흠투성이인 우리 삶에 대해 감히 이와 같은 용어들로 설명할 수 없다. 그런 점에서 이 의는 우리가 '얻은' 의가 아니라, 예수님이 얻으신 뒤 우리에게 선물로 주신 의다.

사도 바울은 아브라함 이야기를 하면서 로기조마이라는 단어를 썼다. 롬 4:3 아브라함은 100살의 나이에 아흔 살의 아내에게서 언젠가 아들을 얻을 거라는 하나님의 약속을 받았다. 하지만 그의 품에는 여전히 아기가 없었다. 이에 하나님은 그에게 이렇게 말씀하셨다. "하늘을 처다보아라. 네가 셀 수 있거든, 저 별들을 세어 보아라. …… 너의 자손이 저 별처럼 많아질 것이다." 창 15:5, 새번역

아브라함은 하늘을 올려다보았다. 그리고 그 순간, 그는 하나님의 약속을 믿었다. 분명 불가능해 보이는 약속인데도 그는 하나님을 믿었다. 창세기 기자는 하나님이 이 믿음을 보시고 아브라함을 완벽한 의인으로 여기셨다고 말한다. 아브라함이 전혀 완벽한 의인처럼 살지 못했는데도 말이다.

마찬가지로, 하나님이 우리를 그분의 영원한 자녀로 삼기 위

23

해 예수님을 이 땅에 보내 우리의 죄를 위해 죽게 하셨다는 사실을 믿으면 우리는 전혀 의롭지 못한 삶을 살았다 해도 완벽한 의인으로 여김을 받는다. 이는 우리가 받기만 할 수 있는 선물이다. 우리의 힘으로 얻는다면 그건 선물이 아니다.

이 부분에서 너무도 많은 사람이 심지어 그리스도인의 삶을 시작하기도 전에 넘어진다. 그들은 하나님의 자녀가 되는 것이 자신의 '행위'로 할 수 있는 것이라고 생각한다. 이는 틀렸을 뿐 아니라 우리를 갈수록 극도로 지치게 하는 생각이다. 내가 충분히 행했는지 확신할 수 없어서 항상 답답하기 그지없다. 답답함이 계속되면 나중에는 지쳐서 더는 하기 싫어진다. 하나님을 알려는 마음이 싹 사라진다. 더는 하나님께 가까이 다가가고 싶지 않다. 오히려 하나님을 피하고 싶어진다. 그러다 답답함은 결국 미움으로 변한다.

여기 복음이 있다. 하나님의 자녀라는 지위가 은혜로 받는 선물이라는 것이다. 하나님 앞에서 우리의 지위는 노력해서 얻는 자리가 아니라 어디까지나 은혜로 받는 선물이다.

이것이 기독교 메시지가 세상 여느 종교와 다른 점이다. 다른 모든 종교는 특정 행위를 해야 신에게 받아들여진다고 설파한다. "선행을 하라! 모스크나 회당에 가는 행위를 하라! 계명을 지키는 일을 하라!" 반면에 성경은 우리의 행위가 아니라 이미 완료된 예수님의 행위로 우리가 하나님께 받아들여진다고 말한다. 우리는 우리가 한 일이 아니라 예수님이 이미 행하신 일을 받아들임으로써 그리스도인이 된다.


## 얼마나 선하면
## 충분한가

많은 기독교인이 자신이 신앙생활을 잘하고 있다고 자신감을 얻기 위해 하는 행동이 있다. 혹시 당신도 하고 있는지 모르겠다. 바로 선함에 관한 자신만의 기준을 세우고, 그 기준을 달성할 때마다 자축하는 것이다. 나는 이를 '선함의 충분한 기준'이라고 부른다. '다른 사람보다 나음의 기준'이라고 부를 수도 있겠다.

"난 충분히 기도하고 있어. 난 충분히 전도하고 있어. 난 충분히 아내를 사랑하고 있어."

"자동차 뒤에 기독교 범퍼 스티커를 붙이고서 방금 내게 욕을 하고 지나간 저 운전자보다야 내가 확실히 낫지."

"난 내 친구 모임 중에서는 가장 좋은 엄마에 속해."

나도 전에는 이렇게 살았다. 내 기준에서 극도로 형편없어 보이는 인생들과 나를 비교하면서 나와 하나님 사이의 관계에 자신감을 보이곤 했다. 하지만 그러다가 몇 가지 문제점을 발견했다.

**문제점 1** ○ 나와는 상대도 안 되는 훌륭한 사람이 세상에 넘처 났다. 그럴 때마다 불안해졌다. 우리 교회에서 선교 보고회가 있을 때마다 아마존의 오두막집에 살면서 아침마다 세 시간씩 기도하는 선교사 부부에 관한 소식을 들었다. 그때마다 속으로 '난 망했어!' 하고 한탄했다. "얼마나 선하면 충분한가?"라는 질문은 언제나 절망으로 끝난다.

**문제점 2** ○ 나만의 기준을 세워도 나는 그 기준을 일관되게 달성하지 못했다. 다른 사람에게는 항상 이렇게 저렇게 해야 한다고 조언했지만, 정작 나는 그 조언대로 살지 못했다.

**'가장 심각하고 중요한' 문제점 3** ○ 하나님은 내게 내 기준을 적용하시지 않는다. 하나님은 내게 하나님의 기준을 적용하신다. 그리고 그분의 의의 기준은 바로 예수 그리스도시다.

저런! 하지만 바로 이 부분에서 우리는 복음을 마주한다. "일을 아니할지라도 경건하지 아니한 자를 의롭다 하시는 이를 믿는 자에게는 그의 믿음을 의로 여기시나니."롬 4:5

로마서 4장 5절은 이 은혜의 선물을 받는 사람의 특징을 세 가지로 규정한다.

* 자신이 "경건하지 아니한" 줄 안다. 여기서 바울의 말에는 인정의 의미가 함축되어 있다. 우리는 하나님이 온전히 일관된 선을 요구하시는 줄 안다. 하지만 우리의 현재 상태는 그런 온전함과는 거리가 멀다.

* "일을 아니〔하다〕"는 우리의 지위를 바꾸기 위해 우리가 할
  수 있는 것은 아무것도 없다고 생각한다는 뜻이다. 하나님의
  인정을 자신의 힘으로 얻으려는 노력을 포기했다는 뜻이다.
* "〔경건하지 못한 사람을 의롭게 하겠노라 약속하신〕 이를 믿는
  자"다.

이 특징들을 개인적인 고백으로 표현해 보면 다음과 같다.

* 저는 죄인입니다.
* 제가 할 수 있는 일은 아무것도 없어요.
* 하나님이 말씀하신 대로 이 문제를 해결해 주실 거라 믿는
  일 말고는요.

이런 고백이 곧 사도 바울이 아브라함의 믿음이 하나님께 '의
로 여겨졌다'라고 말한 이유다. 그리고 이는 아브라함만의 이야기
가 아니다. 바울은 계속해서 이렇게 말했다. "그에게 의로 여겨졌
다 기록된 것은 아브라함만 위한 것이 아니요 의로 여기심을 받을
우리도 위함이니 곧 예수 우리 주를 죽은 자 가운데서 살리신 이
를 믿는 자니라 예수는 우리가 범죄한 것 때문에 내줌이 되고 또
한 우리를 의롭다 하시기 위하여 살아나셨느니라."롬 4:23-25
다시 말해, 하나님 앞에서 의로워지는 건 교회 출석이나 기도,

27

성경 읽기, 강아지 쓰다듬기, 할머니가 길을 잘 건너도록 도와준 일, 취득한 학위, 기부한 돈과 아무런 상관이 없다. 하나님 앞에서 의로워지는 건 전적으로, 우리 죄를 위해 우리 대신 죽임당하신 아들을 다시 살리신 하나님을 믿는 믿음과 상관이 있다.

예수님을 내 구원자로 믿고 그분을 내 삶의 주인으로 인정하면 하나님은 우리의 믿음을 의로 여기신다. 그리스도를 내 구주로 받아들일 때 하나님은 우리에게 그리스도의 의를 '선물'로 주신다.


**예수님의 삶이**
**온전히 내 것이 된**
**기적**

하나님은 우리에게 그리스도의 의를 선물로 주실 때 단순히 우리가 저지른 잘못만 용서해 주시지 않았다. 하나님은 그리스도의 완벽한 기록을 우리 것으로 여겨 주셨다.

예수님은 단순히 십자가에서 죽음만 담당하신 구주가 아니셨다. 예수님은 삶으로 행하신 구주셨다. 그분은 우리가 살아야 할 삶을 사셨다. 하나님은 우리를 보실 때 마치 우리가 그런 온전한 삶을 산 것처럼 보신다. 우리로서는 이 개념을 이해하기 어렵지만 하나님 눈에는 예수님이 행하신 모든 놀라운 일이 곧 우리가 한 것이다.

하나님은 나 J. D. 그리어를 보실 때 내가 기도를 얼마나 많이 했는지, 내 신앙생활이 얼마나 성실했는지, 내가 얼마나 많은 책을 썼는지, 내가 장모님에게 얼마나 잘했는지를 보시지 않는다. 그 대신 예수님이 하신 일의 기록을 보신다. 오늘 아침 내가 하나님 앞에 섰을 때, 그분은 나를 내가 나를 십자가에 못 박는 이들을 용서할 만큼 자비로운 사람으로 보셨다. 나를 보시되, 물 위를 걸을 만한 믿음이 있는 사람으로 보셨다. 나를 보시되, 내가 40일 동안 광야에서 금식한 뒤에 사탄의 유혹을 면전에서 거부할 만큼 자제력이 넘치는 사람으로 보셨다.

하나님이 나를 이런 식으로 보시는 것은 나를 볼 때 예수님을 보시기 때문이다. 그래서 그분 눈에 나의 하루는 진정 선한 하루다.


**은혜, 내 안에**
**사랑스러움을 낳다**

하나님 앞에서 의로워지는 것에 관해 우리는 죽은 자나 다름없다. 하나님을 기쁘시게 하거나, 그분 눈에 들거나, 그분과 거래나 협상을 하기 위해 우리가 할 수 있는 일은 아무것도 없다. 아기를 낳을 수 없던 아브라함과 사라처럼 우리는 아무리 애를 써도 그 어떤 선한 것도 탄생시킬 수 없다. 그럼에도 우리는 의를 선물로 받았다. 이제 하나님은 우리를 그분의 아들을 보시듯 바라보신다.

우리가 하나님 앞에서 의롭다 여김을 받을 수 있는 것은 전적으로 '우리가 받아 마땅한 것을 받지 않게 하신' 그분의 자비와 '우리가 받을 자격이 없는 것을 받게 하신' 그분의 은혜 덕분이다.

하나님은 우리에게 왜 이렇게 해 주시는가? 답은 오로지 사랑이다.

"하나님이 세상을 이처럼 사랑하사 독생자를 주셨으니."요 3:16

하나님은 우리가 사랑스러워서 우리를 사랑하시는 것이 아니다. 자, 솔직히 인정하자. 당신과 나는 전혀 사랑스러운 사람이 아니다. 당신보다 내가 훨씬 더 그렇다. 우리 모두는 내면의 숨은 악마와 싸우고 있다. 우리 모두는 악한 감정과 씨름 중이다. 우리 모두가 동시에 각자 쓰고 있던 가면을 찢어 버린다면 우리가 얼마나 사랑스럽지 않은지 적나라하게 드러난 모습에 서로 경악을 금치 못하리라.

하지만 하나님은 "눈앞에 만물이 벌거벗은 것같이 드러나〔는 것처럼〕"히 4:13 우리를 훤히 보시면서도 우리의 어떠함과 상관없이 사랑하신다. 그분은 모든 영혼의 어두운 구석구석과 숨은 골방에 감춰진 모든 것, 때로 그분께로 노골적으로 향하는 우리의 미움을 보고서도 우리를 사랑하신다.

나는 도무지 이 사랑을 이해할 수 없다. 아무리 생각해도 나는 그런 사랑을 받을 자격이 없다. 하지만 예수님이 그렇게 말씀하셨기에 믿어야 한다. 그래서 나는 그렇게 믿는다. 그리고 이제 보니 그분의 사랑을 믿은 덕분에 내 안에서 더없이 놀라운 변화가 이루어졌다. 이제 나는 하나님을 섬기기를 원한다. 하나님과 가까워지고 싶어 한다. 하나님을 기쁘시게 하고 싶어 한다. 16세기 독일 종교 개혁자 마르틴 루터의 말이 옳다. 우리가 사랑스러워서 하나님이 우리를 사랑하시는 게 아니다. 그분의 사랑이 우리 안에 사랑스러움을 낳는 것이다. 우리에게 사랑스러울 만한 게 있다면 그건 전적으로 그분께 받은 사랑에 대한 반응이다. 결코 그 반대가 아니다.[3]

자, 그렇다면 참된 그리스도인이란 어떤 사람을 말하는가?

천국의 정문으로 다시 돌아가 보자. 하나님이 당신에게 묻고 계신다. "내가 왜 너를 천국에 들여보내야 하느냐?"

참된 그리스도인이라면 이렇게 대답할 것이다. "전 천국에 들어갈 만큼 선하지 못합니다. 하지만 하나님이 제 죄를 위해 십자가에서 죽임당하시도록 예수님을 보내셨습니다. 예수님은 절 구원하러 오셨다고 말씀하셨고, 전 그분을 믿어요. 전 그분을 구주로 영접했습니다. 전 제 죄를 짊어지신 분이요, 하나님 나라에 절 들이실 분인 예수님을 믿습니다."

그 고백에 천국의 문이 활짝 열릴 것이다.

그럼 이게 다인가? 이렇게 말하기만 하면 끝인가?

어떤 의미에서는 그렇다. 하지만 이 고백은 단순한 말 이상이다. 이 고백은 마법의 주문이 아니다. 이 말 이면에는 자세가 있다. 다시 '의자' 이야기로 돌아가 보자.

## "구원하는 믿음"을
## 보여 주는 증거

내가 가장 경외하고 가장 사랑하는 의자 중의 의자로 걸어가 모든 청중에게 "나는 이 의자를 믿습니다. 이 의자가 내 무게를 지탱해 주리라 믿습니다. 이 의자가 그만큼 강할 줄로 믿어 의심치 않습니다"라고 말하고서 정작 거기에 앉지는 않는다면? 그러면 당신은 내가 그 의자를 정말로 '믿는지'에 의구심을 품을 것이다.

우리는 의자에 관해 '말하는' 것으로 의자에 대한 신뢰를 증명해 보이지 않는다. 우리는 의자에 털썩 앉는 것으로 의자에 대한 믿음을 '보여 준다.' 내가 그 의자를 정말로 믿는다면 내 몸무게 전체를 그 의자에 내맡길 것이다. 그런 다음, 의자가 나를 안전하게 받아 준 것을 느끼며 안도의 한숨을 내쉴 것이다.

믿음의 행위는 우리가 예수님을 믿는다는 사실을 증명해 보인다. 구체적으로는, 예수님이 우리를 구원하기 위해 필요한 모든 일을 하신 우리의 구주이시며 천국을 가기 위한 우리의 유일한 소망이라는 믿음을 눈앞에 보여 준다.

행함이 함께 따르지 않는다면 우리의 모든 믿음의 말은 텅 빈 말일 뿐이다.

히브리서에서 믿음은 언제나 순종의 행위와 동의어로 나타난다. 반대로, 불신은 불순종과 동의어다. "또 하나님이 누구에게 맹세하사 그의 안식에 들어오지 못하리라 하셨느냐 곧 순종하지 아니하던 자들에게가 아니냐 이로 보건대 그들이 믿지 아니하므로 능히 들어가지 못한 것이라." <sup>히 3:18-19</sup>

믿음이나 불신은 자신의 삶 전체를 어디에 얼마나 바치는지를 보면 알 수 있다. 히브리서 11장을 펴면 위대한 믿음의 인물이 나열된 출석부가 나타난다. 이 출석부에서 무엇이 보이는가? 그들 모두는 믿은 다음 순종으로 반응했다.

* 아벨은 제물을 <u>바쳤다.</u>
* 노아는 방주를 <u>지었다.</u>
* 아브라함은 고향 땅을 <u>떠났다.</u>
* 야곱은 요셉의 아들들을 <u>축복했다.</u>

흥미롭게도 히브리어 원문에는 '믿음'을 명사로 표현하지 않는다. '믿음'에 대해서는 오직 동사밖에 없다. 이는 믿음이 항상 행하는 것이라는 뜻이다. 행함과 믿음은 따로 뗄 수 없다.

내가 내 온몸의 무게를 실어 앉지 않으면 그 의자를 믿지 않는 것이듯, 믿음을 보여 주는 물리적이고 실질적인 행위가 없다면 하나님을 정말로 믿는 게 아니다.

다시 말해, 여기서 우리는 특정한 '기도'가 아니라 특정한 '자세'에 관한 이야기를 하고 있다. 내가 몸무게를 온전히 실음으로써 그 의자에 대해 취한 자세는 그 의자에 대한 내 믿음을 보여 준다. 내가 하나님께 취하는 자세는 내가 내 삶을 그분께 온전히 바쳤는지 혹은 그분께 순복하기를 미루고 있는지를 보여 준다. 그것은 어느 한순간에 시작하여 평생 유지하는 자세다. 우리가 앉기로 결심했다고 아무리 침을 튀기며 열변을 토해도 그것이 우리가 그 자세를 취했다는 증거일 수 없다. 우리가 그 자세를 취했다는 증거는 바로 지금 그 의자에 앉아 있는 것이다.

히브리서 3장 14절은 이렇게 말한다. "우리가 시작할 때에 확신한 것을 끝까지 견고히 잡고 있으면 그리스도와 함께 참여한 자가 되리라."

구원하는 믿음의 진정한 증거는 끝까지 인내하는 모습이다.

그렇다면 여기서 "한 번 구원은 영원한 구원"이라는 질문을 고민하지 않을 수 없다. 혹시 몰라서 말하자면 이는 전혀 성경에 없는 표현이다. 어릴 적에 나는 구원이 하나님과 맺는 계약과 비슷하다고 배웠다. 하나님이 생명 책에 영원히 지워지지 않는 펜으로 계약 날짜를 적으신다고 배웠다. 한 번 서명하면 끝이라고 배웠다.

하지만 히브리서 기자는 전혀 그렇게 이야기하지 않는다. 그는 확신을 "끝까지 견고히 잡고 있(어야)" 구원을 받게 된다고 말한다.<sup>히 3:14</sup> 사도행전을 보면 바울과 바나바는 새로운 회심자들에게 전하는 마지막 말에서 끝까지 계속해서 "믿음에 머물러 있으라"고 권면한다. "하나님의 나라에 들어가려면 많은 환난을 겪어야 할 것"이기에 인내가 필요하다.<sup>행 14:22</sup>

잠깐! 그렇다면 우리가 구원을 잃을 수도 있다는 뜻인가?

절대 아니다. 성경에서 우리가 구원을 잃을 수 없다고 분명히 말하는 구절이 너무도 많다. 요한복음 10장 28-30절에서 예수님은 우리가 한 번 그분께 속하면 아무도 우리를 "빼앗을 수" 없다고 말씀하신다. 내게 이것은 "한 번 구원은 영원한 구원"이라는 말처럼 들린다. 즉 이 표현 자체는 성경에 없지만 이 개념은 있다.

성경은 하나님이 우리를 한 번 구원하시면 구원받은 상태가 끝까지 유지된다고 말한다. 하지만 다른 한편으로는 끝까지 견뎌야 구원을 받는다고 말한다. 이건 서로 모순 아닌가?

그런데 이 둘을 서로 마주보게 배치하지 않고 하나로 합치면 이런 결론이 나온다. "구원하는 믿음의 중요한 특징 가운데 하나는 끝까지 견디는 것이다." 그렇다면 우리가 구원받았는지 어떻게 아는가? 구원하는 믿음이 있으면 삶이 끝나는 날까지 예수님을 붙잡는다. 더 정확하게는, 예수님이 우리를 붙잡아 주신다.

마태복음, 마가복음, 누가복음에서 예수님이 말씀하신 씨 뿌리는 자 비유를 볼 수 있다. 예수님은 씨를 뿌려 극적으로 다른 네 가지 결과를 얻은 농부 이야기를 해 주신다. 길가에 떨어진 어떤 씨는 새가 와서 쪼아 먹었고, 어떤 씨는 돌밭과 흙이 많지 않은 얕은 땅에서 죽었으며, 또 어떤 씨는 가시덤불 속에서 숨이 막혀 죽었다. 하지만 좋은 밭에 뿌려진 씨는 잘 자라고 자라 크고 무성한 아름다운 열매를 맺었다. 제자들은 이 비유의 의미를 몰라 설명을 부탁했다. 그러자 예수님은 다음과 같이 설명해 주셨다.

"그런즉 씨 뿌리는 비유를 들으라 아무나 천국 말씀을 듣고 깨닫지 못할 때는 악한 자가 와서 그 마음에 뿌려진 것을 빼앗나니 이는 곧 길가에 뿌려진 자요 돌밭에 뿌려졌다는 것은 말씀을 듣고 즉시 기쁨으로 받되 그 속에 뿌리가 없어 잠시 견디다가 말씀으로 말미암아 환난이나 박해가 일어날 때에는 곧 넘어지는 자요 가시떨기에 뿌려졌다는 것은 말씀을 들으나 세상의 염려와 재물의 유혹에 말씀이 막혀 결실하지 못하는 자요 좋은 땅에 뿌려졌다는 것은 말씀을 듣고 깨닫는 자니 결실하여 어떤 것은 백 배, 어떤 것은 육십 배, 어떤 것은 삼십 배가 되느니라 하시더라."마 13:18-23

〚 질문 〛 이 비유에서 금세 자랐다가 이내 시들어 버리는

씨는 구원받은 사람과 구원받지 못한 사람 중 누구를

가리키는 것인가?

〖 답 〗 그들은 잠시 동안은 구원받은 사람처럼 '보이지만'

실상은 구원받지 못한 사람을 의미한다. 그들이

구원받지 못했다는 증거는 핍박의 태양과 시험의 잡초를

끝까지 견뎌 내지 못한 것이다.


나는 중고등부 수련회에서 하나님 말씀의 작은 씨가 뿌려지는 모습을 숱하게 봐 왔다. 수많은 청소년이 울면서 앞으로 나와 결혼할 때까지 성적 순결을 지키고, 다시는 욕을 하지 않고, 오직 찬양 음악만 듣고, 성경 전체를 헬라어로 암송하고, 아프가니스탄 선교사가 되겠노라 맹세했다. 하지만 안타깝게도 그 아이들의 결심은 집으로 돌아가는 버스가 도착지에 이를 때까지만 지속되었다.

진정으로 구원하는 믿음의 증거는 초기 감정의 강도가 아닌 믿음의 지속성이다. 예수님이 들려주신 비유에서 구원받은 사람을 의미하는 씨는 끝까지 살아남는 씨다.

물론 한 번 구원은 영원한 구원이 맞다. 그런데 또한 한 번 구원받으면 영원히 하나님을 따르게 되리라는 것이 진실이다.

## 지금
## 의자에 앉아 있는가,
## 의자 옆에 서 있는가

내가 아는 많은 사람이 '구원받은' 시점을 돌아보면서 이런 고민을 한다. "나는 죄를 충분히 뉘우쳤나? 진심으로 회개했나? 기독교의 기본 교리를 제대로 이해했나? 나는 옳은 동기로 이 같은 행동을 했나?"

우리가 영접 기도를 똑바로 했는지 어떻게 아는가?

앞서 말한 의자 이야기로 다시 돌아가 보자. 당신이 지금 의자에 앉아서 이 책을 읽고 있다고 해 보자. 그런데 당신이 의자에 앉아 있는지 어떻게 '아는가?' 당신이 앉기로 결심했던 순간을 분명하게 기억하고 있기 때문인가? 십중팔구 기억하지 못할 것이다. 당신이 그 의자를 믿기로 결심한 순간을 기억하지 못한다 해도 분명 무의식에서는 그런 결심을 했다. 당신이 그런 결심을 했는지 내가 어떻게 알까? 지금 당신이 바로 그 의자에 앉아 있기 때문이다. 당신은 그 의자를 믿었기에 그 의자에 앉았다.

예수님에 대해서도 마찬가지다. 예수님에 대한 우리의 확신은 모두가 고개를 숙이고 눈을 감고 기도하는 가운데 손을 들고 앞으로 나가 영접 기도를 드리고, 결신 카드를 작성하고, 세례를 받은 순간을 생생하게 기억하는 데서 오지 않는다. 심지어 이런 행위를 하나도 하지 않았어도 상관없다. 믿음의 확신은 우리가 '지금'

하고 있는 것, 우리가 '지금' 하나님 앞에서 취하고 있는 자세에서 나온다.

우리가 그리스도인으로서 '앉아 있는지' 아는 방법은 스스로에게 이렇게 묻는 것이다. '내가 지금 그분을 내 구주로 믿고 있나?' 의자에 대해 우리는 두 가지 자세 중 하나만 취할 수 있다. 의자 옆에서 자기 다리의 힘으로 서 있든가 혹은 의자를 믿고 그 위에 앉아 있든가. 마찬가지로, 예수님과의 관계도 둘 중 하나만 가능하다. 스스로 자기 삶의 주인이요 구원자로서 '서' 있든가 혹은 순복과 믿음의 자세로 그분 안에 '앉아' 있든가.

〚 앉아 있다 〛 하나님을 믿고 내 삶을 그분께 온전히 바쳤다.
〚 서 있다 〛 내가 하나님을 믿는지 확실히 모르겠다. 그래서
삶의 몇몇 영역에서 그분께 '출입 금지'를 선언할
것이다.

〚 앉아 있다 〛 하나님을 나의 왕으로 인정한다.
〚 서 있다 〛 내가 나의 왕이다.

〚 앉아 있다 〛 그분이 내 죗값을 치르기 위해 필요한 모든 일을
이미 행하셨다. 이 사실을 받아들인다!
〚 서 있다 〛 하나님이 나를 받아들이실 수 있도록 충분히

선해지기 위해 열심히 노력해야 한다. 그분의 평가 방식이 상대 평가이기만을 바라며…….

많은 신자가 자신의 구원에 대해 의심하는 것은 영접 기도를 드린 순간을 기억할 수 없기 때문이다. 하지만 그건 사실 중요하지 않다. 중요한 건 '바로 지금' 회개와 믿음의 자세로 예수님 안에 앉아 있느냐다. 우리가 앉기로 결심했는지는 지금 우리가 취하고 있는 자세를 보면 알 수 있다.

영접 기도를 드린 순간과 그 순간의 벅찬 감정을 생생히 기억한다 해도 현재 순복과 믿음의 자세를 전혀 취하고 있지 않을 수 있다. 그렇다면 스스로 어떤 결심을 했다 생각한들 실제로는 그 결심을 하지 않은 것이다. 과거의 기억이 아니라, 현재 취하는 자세가 무엇을 결심했는지를 보여 주는 가장 확실한 증거다.

진정한 회심은 평생토록 이어질 삶의 자세를 빚어낸다. 현재 그 자세를 취하고 있다면 전에 이미 그 결심을 한 것이다.

그렇다면 구원을 받고도 다시 죄를 짓는 일이 가능한가? 다시 말해, 그리스도인이 앉던 의자에서 일어나 다른 곳으로 걸어갈 수 있는가?

모든 그리스도인은 때로 더 나은 의자가 있다는 생각에 방황한다. 미끄러운 비탈길에서 미끄러져 진흙투성이 언덕을 다시 오르기 위해 안간힘을 쓰는 그리스도인도 있다. 다윗왕은 불륜과

살인을 저지른 뒤에 1년 가까이 그 사실을 숨겼다. 그렇다. 믿음 좋던 그리스도인도 넘어질 수 있다.

하지만 다윗은 회개했다, 진심으로. 회개의 심정을 통렬하게 쏟아 낸 노래시 51편까지 썼다. 다윗의 구원은 한 번도 넘어지지 않는 것이 아니라 넘어진 뒤에 어떻게 돌아왔는지를 통해 증명되었다.

우리가 구원받았다는 증거는 언제라도 회개와 믿음의 자세로 돌아오겠다는 결심에서 발견된다. 성경은 인간의 온갖 실패 이야기를 적나라하게 전해 준다. 믿었다가 의심하고 나서 다시 믿지만 또다시 죄를 지은 수많은 인물들……. 그들은 결국 다시 믿었다. 여기서 공통된 주제는 '넘어졌지만 너무 늦지 않게 신앙의 자리로, 하나님 앞으로 돌아온 것'이다.

구원에 대한 우리의 확신은 넘어진 일이 아니라 다시 돌아온 일에 근거한다. 신자라도 때로는 넘어진다. 하지만 언제나 회개와 믿음의 자세로 돌아온다. 물론 회심한다고 해서 다시는 죄를 안 짓는 사람이 되는 것은 아니다. 하지만 남은 평생, 이전과 다른 새로운 삶의 방향을 유지하게 된다.

## 나보다 더
## 내 구원을 원하시는 분

내가 여행을 떠나면서 아이들에게 이렇게 말하는 장면을 상상해 보라. "아빠는 곧 돌아올 거야. 아니, 어쩌면 안 돌아올지도 몰라. 아니, 어쩌면 나는 너희의 진짜 아빠가 아닐지도 몰라. 내 진짜 가족은 다른 곳에서 살고 있을지도 모르지. 내가 돌아오기를 기다려 보렴. 혹시 돌아오게 되면 선물을 사 갖고 올게. 아니면 영영 돌아오지 않을지도 몰라. 아빠가 여행을 가 있는 동안 이 문제에 관해 머리를 맞대고 곰곰이 생각해 보렴. 더 착한 아이가 되지 않으면 아빠는 돌아오지 않을 수도 있으니까 그동안 잘 생각해."

이런 부모라니…… "나쁜 부모"란 표현으로도 턱없이 부족하다. 그런데 이런 부모가 나쁜 부모라면 왜 우리는 하나님의 본성이 이 같을 거라고 생각하는가? 좋은 행동을 이끌어 내려고 확신을 보류하는 것은 결코 사랑이 아니다. 이는 두려움만 심어 줄 뿐이다. 진짜 사랑이 자라는 유일한 방법은 안정을 통해서다. 굳이 말하지 않아도 다들 이미 잘 알 것이다. 우리는 진정으로 사랑하는 사람에게 모든 것을 전적으로 믿고 맡긴다.

성경은 우리를 향한 하나님의 의도를 매우 분명하게 전한다.

> * 내가 하나님의 아들의 이름을 믿는 너희에게 이것을 쓰는

것은 너희로 하여금 너희에게 영생이 있음을 알게 하려
함이라. 요일 5:13

 * 우리가 사랑함은 그가 먼저 우리를 사랑하셨음이라. 요일 4:19

 * 내가 너희를 고아와 같이 버려두지 아니하고 너희에게로
오리라. 요 14:18

 * 가서 너희를 위하여 거처를 예비하면 내가 다시 와서 너희를
내게로 영접하여 나 있는 곳에 너희도 있게 하리라. 요 14:3


하나님은 말씀하신다. "널 사랑한다. 널 떠나지 않을 것이다.
널 위해 돌아갈 것이다."

사랑받는다는 확신이 들 때 비로소 우리에게 두려움이 아닌
평안이 찾아온다. "사랑 안에 두려움이 없고 온전한 사랑이 두려
움을 내쫓나니 두려움에는 형벌이 있음이라 두려워하는 자는 사
랑 안에서 온전히 이루지 못하였느니라." 요일 4:18

사랑은 완전히 새로운 종류와 완전히 새로운 차원의 순종을
낳는다.

온전히 새로워진 피조물은 새로운 욕구와 갈망을 품는다. 하
나님을 사랑해서 하나님을 찾기 시작한다. 의를 갈망해서 의를
행하기 시작한다. 하나님은 맹목적인 순종을 원하시지 않는다.
하나님은 완전히 새로운 종류의 순종을 바라신다. 두려움이 아닌
갈망에서 자라나는 순종 말이다.

영접 기도로 회개와 믿음을 표현할 수는 있지만 그 영접 기도 자체가 우리를 구원해 주지는 않는다. 실질적인 회개와 믿음만이 구원으로 이어진다. 기도하지 않고도 회개하고 믿는 것이 가능하다. 마찬가지로, 회개하지 않고 믿지 않고도 기도하는 것이 가능하다.

자, 전에 한 적이 없다면 의자에 앉으라. 공중으로 두 다리를 들라. 믿으라! 예수님이 당신 삶의 보좌에 앉아 계시니 당신의 안락의자에서 편히 쉬라.

믿는 사람의 삶은
뭐가 다른가요?

또 다른 질문을 던지면서 이번 장을 시작해 보겠다. "좀비란 무엇인가?" 좀비는 상처투성이 피부에 초점 없는 눈동자로 다리를 흐느적거리며 여기저기 느릿느릿 돌아다니는 존재다. 이상한 그르렁 소리를 내며 마치 사과를 베어 먹듯 이빨을 드러내 사람을 문다.

좀비는 요즘 선풍적인 인기를 끄는 호러 장르다. 좀비물이 나온 지는 꽤 됐지만 최근 그 인기가 부활했다. 혹자는 우리 세상의 문화적 변화 때문이라고 진단한다. 내가 볼 때 모든 좀비물의 줄거리는 기본적으로 이렇다. "이봐, 저기 마을 건너편에서 뭔가를 가져와야 해. 그러려면 좀비들이 있는 곳을 지나가야 해."

사실 우리의 일상이 이와 같다. 우리는 해야 할 일 목록을 완수하여 목표를 이루고 싶다. 하지만 사방에서 무자비한 공격을 받는다. 온갖 이메일과 광고가 우리 영혼을 사로잡는다. 트윗이 으르렁거리고, 음성 메일이 우리 귓가에서 나즈막한 소리로 윙윙거린다. 우리는 이 모든 적을 맹렬히 공격하며 싸우지만 이내 저 멀리서 곱절이나 많은 적이 수도 없이 다시 나타난다. 도무지 끝이 없다! 놈들이 계속해서 밀려온다! 우리는 이런 좀비로 인한 종말을 맞지 않도록 생각보다 더 철저히 대비해야 할지도 모른다.

좀비는 기본적으로 영혼 없이 몸뚱이로만 돌아다닌다. 놈들은 언뜻 보기에는 살아 있는 듯해도 전혀 산 목숨이 아니다.

그런데 일부 그리스도인의 모습이 이와 같다. 영혼 없는 신앙 생활을 한다. 떼 지어 교회로 몰려가 찬송 몇 곡을 억지로 부르고 나서 갖은 요구와 불평으로 교회의 생명력을 빨아먹는다.

이전 장에서 우리는 "참된 그리스도인이란 어떤 사람을 말하는가?"라는 질문에 답했다. 진정으로 회개하고 하나님께 온 삶을 바치는 마음으로 구원의 선물을 받는 것에 관해 이야기했다. 하지만 이것이 예수님이 우리에게서 원하시는 전부일까? 그리스도를 구주로 믿음으로 구원받는다는 사실을 그저 이해하고 믿기만 하면 과연 끝일까?


## 성탄절과 부활절에만 교회 오는 사람

절기 고유의 찬양, 장식, 교회 식당 식탁에 수북이 쌓인 쿠키까지…… 여러 가지 이유로 나는 성탄절과 부활절을 좋아한다. 하지만 성탄절과 부활절을 좋아하는 또 다른 이유가 있다. 바로 CEO들이 교회에 나오는 날이라는 것이다. 우리 교인들은 '성탄절과 부활절에만 나오는 사람Christmas and Easter Only'에게 CEO라는 귀여운 애칭을 달아 주었다. 그들에게 성탄절과 부활절에 교회에 가는 것은 오래된 일종의 '전통'이자 연례 행사다. 그날 그들은 잘 차려입고 머리를 빗고 입가에 인자한 미소를 띠운 채 집을 나선다. 그들은 시계에 시선을 고정하고서 기분 좋게 예배를 드린다. 그러다가 예배 시간이 끝나면 우르르 나가면서 1년 전에 본 다른 CEO들과 반갑게 인사한다.

솔직히 CEO들이 우리 교회에 와도 상관없다. 우리 교회가 공휴일에 편하게 올 수 있는 곳처럼 느껴진다면 더없이 좋은 일 아닌가. 하지만 참으로 답답한 건 그들이 밖에서 우리 교인 행세를 하면서 나머지 363일 동안 다른 사람을 짓밟고 속이고 깔아뭉개고 다닌다는 사실이다. 그러면 사람들은 이렇게 생각한다. '저 사람들이 서밋교회에 다닌다고?'

후유, 당장 쫓아가서 이렇게 외치고 싶다. "네, 우리 교회에 나오죠. 성탄절과 부활절에만요! 그러니 그들의 행동에 대해서는 365일 중 단 이틀만 제 책임이에요!"

물론 가장 큰 문제점은 CEO들의 행동으로 사람들이 목사인 나를 어떻게 생각하느냐가 아니다. 그들의 삶으로 인해 사람들이 예수님을 어떻게 생각하느냐가 중요한 문제다.

여기서 또 다른 질문이 등장한다. "그리스도인으로서 산다는 게 무엇인가? 그리스도인으로 사는 삶의 필수 요소는 무엇인가? 이전 장에서 논한 자세를 취하는 것으로 과연 충분한가? 여기에 교회 출석만 추가하면 되는가? 여기에 십일조와 식사 기도만 더하면 충분한가?"


## 그리스도인은 맞지만
## 예수의 제자는 아니다?

기독교인은 참 범퍼 스티커를 좋아한다. 자동차 후면이 온통 범퍼 스티커로 도배된 사람을 보면 대부분은 환경 운동가, 아니면 기독교인 부류다. 아니면 둘 다일 수도. 그중 한숨이 절로 나오는 범퍼 스티커 몇 개를 소개한다.

* "기독교인은 지옥에 가지 않습니다. 당신은 어떻게 하렵니까?" … 저돌적인 복음주의 기독교인
* "예수님을 이렇게 가까이 따르고 있습니까?" … 수동 공격적인 기독교인
* "CH__CH, 빈칸에 뭐가 빠졌나요? U R!" … 유치한 기독교인
* "예수님을 사랑한다면 십일조를 내세요. 그렇다면 경적은 울려도 상관없습니다." … 목사가 좋아하는 기독교인[4]

인기 만점 범퍼 스티커를 하나만 더 소개하겠다. "그리스도인은 완벽하지 않다. 단지 용서를 받았을 뿐." 내 오랜 경험으로 볼 때 이런 스티커를 붙이고 다니는 운전자는 대개 최악의 운전자

다. 아예 미리 용서를 구한 뒤 난폭하게 끼어드는 걸 테니 말이다. 이 범퍼 스티커 내용의 일부는 맞다. 물론 그리스도인은 완벽하지 않다. 하지만 그들은 용서만 받지 않았다. 용서는 그리스도인을 정의하는 일부일 뿐이다. 그리스도인은 변화된 사람이기도 하다. 그들은 예수님의 제자이기도 하다.

자, 당신이 오늘 밤 죽는다고 하면 하나님의 용서와 은혜와 자비를 경험하고 천국에 들어갈 것이다. 하지만 당신이 오늘 밤 죽지 '않는다면' 내일 아침에 일어나서 그리스도인으로서 무엇을 할 것인가?

"그리스도인Christian"의 기본적 정의는 그리스도Christ의 제자다. 뭐, 나쁘지 않은 출발이다. 하지만 예수님이 제자를 어떻게 정의하셨는지 보라. 이 정의를 듣기 전에 단단히 각오하는 게 좋을 것이다. "이에 예수께서 제자들에게 이르시되 누구든지 나를 따라오려거든 자기를 부인하고 자기 십자가를 지고 나를 따를 것이니라."마 16:24

여기서 "자기 십자가를 지고"란 무슨 뜻일까?

오늘날 많은 그리스도인에게 십자가는 목에 걸고 다니는 귀금속 조각이다. 혹은 어깨에 새겨 넣는 문신의 한 모양이다. 오늘날 십자가 문양은 정체성과 신성함과 소속의 감정을 불러일으킨다. 하지만 이런 감정은 당시 예수님의 청중이 "자기 십자가를 지고"라는 말씀을 듣고 느꼈을 법한 감정은 아니다. 예수님이 사시던 시대에 십자가는 수치의 상징이요, 고문 도구였다. 십자가는 압제와 완전한 패배를 의미했다. 예수님을 따르는 건 그분 뜻에 반하는 모든 것에 대해 죽고 그분이 금하신 모든 것을 버리는 걸 의미한다. 이것이 그분이 제시하신 제자의 조건이었다.

목사로서 나는 우리 교인들이 갑자기 분노와 불경을 일삼는 무신론자로 돌변할지도 모른다는 걱정은 하지 않는다. 하지만 많은 교인이 끝내 '예수님의 제자'가 되지 못할까 봐 심히 걱정이다. 그들이 단순히 문화적 그리스도인으로 만족할까 봐 정말 걱정이다. 오늘날 그리스도인은 성탄절과 부활절에만 교회에 얼굴을 내비치는 부류에서, 예수님은 나의 대통령이라고 말하는 부류까지 온갖 부류를 의미한다. 아무래도 좀 더 단순한 정의가 필요한 상황이다.

처음 그리스도인들은 스스로를 그리스도인이라 부르지 않았다. '그리스도인'은 나중에 다른 사람들이 그들에게 붙인 별칭이었다. "제자들이 안디옥에서 비로소 그리스도인이라 일컬음을 받게 되었더라."행 11:26 사실 그 시절 "그리스도인"은 작은 그리스도들을 의미하는 경멸의 표현이었다.

그렇다면 이들은 스스로를 뭐라고 불렀을까? 바로 사도행전 11절 26절에 답이 나와 있다. "제자들." "그리스도인"이라는 단어가 신약에서 겨우 세 번만 사용되고 "제자"란 표현은 무려 281번 사용된 것을 알았는가?

내가 왜 이 구분에 열을 올리는지 궁금한가? 그것은 스스로를 그리스도인이라고 부르지만 전혀 그리스도를 따르는 제자가 아닌 사람이 정말 많기 때문이다. 성경적으로 보면, '그리스도께 온전히 헌신하고 자신에 대해 죽고 십자가를 짊어진 제자'가 아닌 그리스도인이란 아예 존재하지 않는다.

마태복음 7장 22-23절이 기억나는가? 예수님은 마지막 날 그분의 마지막 재림에 그분께 이렇게 말할 사람이 많을 거라고 말씀하셨다. "주님, 제가 교회에서 많은 일을 하고, 주일학교 교사로도 봉사하지 않았습니까? 성경 구절도 적잖이 암송하고 헌금 바구니가 지나갈 때마다 20달러씩 꼬박꼬박 넣지 않았습니까? 주님, 그런 절 아시죠?"

그러면 예수님은 이렇게 말씀하실 것이다. "썩 물러가라. 난 널 전혀 알지 못한다. 넌 내가 누구인지 알고 주말마다 내 집에 기웃거렸지만 난 널 전혀 모른다."

분명 지금 당신은 누군가가 떠올라 마른침을 삼켰을 것이다. 그는 자동차는 물론이고 모든 소유물에 범퍼 스티커를 붙이고 다니는 '그리스도인'이다. 많은 그리스도인이 팬으로 산다. 그들이 하는 거라곤 아무것도 없다. 그저 스타 뒤를 졸졸 따라다니기만 바쁘다.

참된 그리스도인이 어떤 사람인지를 정의할 때 받아 주심과 순종을 따로 떼 놓고 생각할 수는 없다. 하나님은 우리가 순종해서 우리를 받아 주신 것이 아니다. 하지만 하나님이 우리를 받아 주시면 우리는 순종하고 싶어진다.

요한복음 14장 23-24절에서 예수님은 우리에게 이렇게 말씀하신다. "사람이 나를 사랑하면 내 말을 지키리니 내 아버지께서 그를 사랑하실 것이요 우리가 그에게 가서 거처를 그와 함께하리라 나를 사랑하지 아니하는 자는 내 말을 지키지 아니하나니 너희가 듣는 말은 내 말이 아니요 나를 보내신 아버지의 말씀이니라."

하나님이 우리를 사랑하시는 것은 우리의 행함 때문이 아니다. 하나님은 조건 없이 우리를 사랑하시며, 그분이 우리 영혼을 영구적으로 온전히 되찾기 위해 '행하신' 일을 받아들일 때 우리는 진정한 그리스도인이 된다. 하지만 그 뒤에 진정한 그리스도인이 된 우리는 이 놀라운 은혜에 대한 반응으로 남은 평생 그분을 위한 능동적 행함을 추구하게 된다.

그분이 행하셨다. 그분이 모든 일을 완성하셨다. 그래서 이제 우리도 행한다.

## 산 사람을 흉내 내는
## 영적 좀비

그리스도인으로 사는 삶의 핵심은 예수 그리스도의 제자가 되는 것, 곧 예수님처럼 살기를 추구하는 것이다. 이렇게 살고 있지 않다면 누구라도 예수님께 속한 사람이 아니다. 그저 산 사람을 흉내 내는 좀비에 불과하다.

당신은 아직 제자가 아닌가? 좋은 소식이 있다. 간단한 항복의 행위를 통해 지금 당장 제자가 될 수 있다. 이는 영적 좀비 상태에 대한 즉효약이다. 하나님은 내면에서부터 당신의 존재 전체를 변화시킬 능력을 당신 안에 불어넣기를 원하고 계신다.

많은 사람이 그리스도인이 되는 것을 단순히 새로운 출발 정도로 생각한다. 물론 새로운 출발, 맞다. 하지만 그게 다가 아니다. 이는 단순히 처음부터 새로 시작하는 것이 아니라 새로운 삶을 얻는 것이다. 단순히 '지옥 탈출' 티켓을 받는 게 아니다. 이 땅에서 천국의 능력을 얻는 것이다.

더 좋은 소식은 이것이다. 이 천국의 능력은 가장 뜻밖의 인물들을 기독교 역사상 가장 위대한 리더들로 변화시켰다.

* 베드로: 겁쟁이
* 바울: 그리스도인을 못살게 굴던 똑똑한 깡패
* 요한: 교만하고 복수심 강한 인물

겁쟁이요 깡패요 교만과 복숨이 가득했던 이들이 복음으로 세상을 변화시켰다. 이 세 사람을 비롯해서 수많은 이들이 당신과 나처럼 흠 많은 재료에서 탄생했다. 이 일은 우리가 그리스도를

'위해' 할 수 있는 일이 아니다. 이것은 우리가 그분께 온전히 순복할 때 우리를 '통해' 그분이 하실 수 있는 일이다.

나는 세례식을 정말 좋아한다. 세례식의 순간은 실로 아름답다. 세례는 믿음을 공개적으로 고백하고 순종으로 나아가는 첫걸음이다. 세례는 예수님을 따르고 그분의 권위 아래서 그분의 제자로 살겠다고 다른 사람들에게 선언하는 의식이다. 상징적인 의미에서 우리는 죽은 옛사람으로서 물속에 들어갔다가 살아 있는 새사람으로서 물 밖으로 나온다.

이제 우리는 살아서 예수님을 섬긴다. 이는 이제 우리에게 그분의 제자가 될 능력이 있다는 뜻이다. 하지만 제자란 정확히 어떤 사람인가? 앞서 말했듯이 출발점은 자기 십자가를 지는 것이다. 그렇다면 그다음은?


## 제자,
## 스승이 하는 모든 걸
## 따라 하는 사람

1세기 이스라엘에서 제자라는 말은 광범위하게 사용되었다. 당시 제자를 둔 사람은 예수님만이 아니었다. 젊은 유대인들은 나이 많은, 흔히 랍비라 불린 멘토를 존경한 나머지 그를 닮고 싶어 그의 발치에 앉아 그의 도를 배웠다. 제자는 스승이 어디를 가나 밤낮으로 따라다니며 스승의 일거수일투족을 따라 했다. 먹는 것이며 말하는 태도, 가는 곳곳마다 다양한 상황에 대한 반응까지 유심히 지켜보고 그대로 따라했다.

기독교 역사학자 레이 반더 란에 따르면, 1세기 제자는 단순히 스승이 아는 것을 알기 원하는 사람이 아니라 스승이 하는 모든 것을 따라 하는 사람이었다. 제자가 들을 수 있는 최고의 칭찬은 "자네는 랍비의 먼지를 온통 뒤집어쓰고 있군"이었다. 이것은 "이보게, 샤워할 시간이야!"라는 뜻이 아니었다. 이 말은 랍비를 그만큼 가까이서 졸졸 따라다녀 랍비가 흙을 밟을 때마다 날리는 먼지가 온몸에 묻었다는 뜻이었다.[5] 스승이 어디를 가든 제자는 바로 뒤에서 따라다녔다.

서밋교회에서는 예수님의 삶과 우선순위를 담은 다섯 가지 핵심 정체성에 따라 "제자"를 정의한다. 이 다섯 가지 영역에서 신앙이 자라면 예수님을 닮아 성숙해진다고 본다. 우리 교인들은 단순해서 이 틀을 좋아한다. 아마 당신에게도 도움이 될 것이다.

* 예배자: 예배에 참여하고, 하나님이 받아 마땅하신 영광을 이해한다. 그리스도께 삶을 바친 다른 제자들과 함께 예배를 드린다.

‖ 당장 시작할 수 있는 실행 방법 ‖

1. 매주 교회 예배에 참석하라.

2. 매일 하나님의 말씀을 읽고 기도할 시간을 정하라. 어디서부터 시작해야 할지 모르겠다면 서밋교회 앱에서 묵상 탭을 보거나 '렉티오Lectio 365' 앱을 사용해 보라.

* 가족: 교회라는 공동체에 '식구'로서 참여하고, 몸담은 교회를 '집'이라고 부른다. 신자들은 교회에 소속되어야 한다. 교회는 참석해야 하는 행사 개념이 아니라 내가 소속된 또 하나의 가족이다.

‖ 당장 시작할 수 있는 실행 방법 ‖

교회의 소그룹이나 성경 공부 모임, 사역 팀에 들어가라.

* 종: 사역 팀에 들어가 선교를 위해 자신의 시간과 은사를 헌신한다. 하나님이 자신을 어떻게 설계하셨는지를 파악해서 삶의 모든 영역에서 다른 사람을 위해 자신이 받은 은사를 사용한다. 일터에서 가정, 지역사회, 교회까지 모든 곳에서 "내가 주님을 어떻게 섬길 수 있을까요?"라고 묻는다.

‖ 당장 시작할 수 있는 실행 방법 ‖

교회 사역 팀에 들어가라.

* 청지기: 하나님이 어떤 목적으로 자신에게 시간과 재물과

재능을 주셨으며 하나님 나라를 위해 그것들을 어떻게 투자할 수 있을지를 묻는다. 청지기는 자신이 가진 모든 것이 자신의 소유물이 아니라 하나님이 맡겨 주신 것임을 알고서 이 땅에서 하나님 나라의 일을 위해 이 모든 선물을 기꺼이 내놓는다.

**‖ 당장 시작할 수 있는 실행 방법 ‖**

교회에 십일조를 내기 시작하라.


* 증인: 수시로 밖으로 나가서 더 많은 사람을 제자로 삼기 위해 노력한다. 그의 신앙은 전염성이 강하다. 그는 증인으로서 틈만 나면 다른 사람에게 예수님을 전한다. 우리 교회에서는 '제자를 키우는 제자'가 되기 위해 노력하라는 말을 자주 한다.

**‖ 당장 시작할 수 있는 실행 방법 ‖**

1. 주변에서 기도하고 사랑해 주고 도와주고 복음을 전할 불신자 한 사람을 찾으라.

2. 교회에서 진행하는 선교 여행에 지원하라.

3. 여호수아 프로젝트의 '언리치드 오브 더 데이Unreached of the Day' 앱을 사용하여 전 세계 미전도 종족을 위해 매일 기도하라.

이 다섯 가지 영역에서 신앙이 성장할수록 어두웠던 영적 눈이 밝아지기 시작한다. 믿음이 단순한 말 이상임을 깨닫기 시작한다. 그리스도인으로서 진정으로 살아나기 시작한다.

신자들의 변화가 그리스도의 교회에 끼치는 선한 영향도 영향이지만, 그 변화로 그들 자신이 유익을 얻는 모습을 지켜보면 그렇게 아름다울 수가 없다. 그들이 그리스도께 순복할수록 그들의 믿음이 더욱더 살아난다. 원래 영적 좀비였던 그들이 '살아 있음'의 기쁨을 발견해 간다.


## 보좌에 앉거나
## 십자가에 달리거나

예수님은 그분의 십자가를 주방으로 가져가 식탁 뒷벽에 걸라고 말씀하시지 않았다. 그분의 십자가를 가져가 목에 걸라고 하시지도 않았다. 예수님은 그분의 십자가를 지고 그분을 따르라고 말씀하셨다. 십자가는 장식용 문양이나 감성을 자아내는 수단이 아니다. 십자가는 예수님을 따르기 위해 받아들여야 할 '자아의 죽음'을 상징한다. 우리의 욕구와 꿈, 결정에서 그분의 뜻과 상충하는 것이라면 그게 뭐든 죽여야 한다.

독일 목사이자 선지자이며 순교자였던 디트리히 본회퍼는 이런 말을 했다. "나를 따르라는 예수님의 부르심은 와서 죽으라는 부르심이다."

혹은 이런 식으로 생각해 보라. 구원은 값없이 받는 선물이다. 우리로서는 구원을 받기 위해 아무런 대가를 치를 필요가 없다. 사실 치를 능력도 없다. 하지만 예수님을 따르려면 결국 어떤 대가를 치러야 한다.[6] 어쩌면 우리의 전부를 대가로 치러야 할 수도 있다. 예수 그리스도의 제자로서 어느 쪽으로 가고 싶은데 예수님이 다른 곳으로 가라고 말씀하실 때가 온다. 그때야말로 우리가 진정으로 십자가를 받아들였는지를 알 수 있다.

하나님께 순종하다 보면 때로 우리가 가고 싶은 곳과 정반대 방향으로 가게 될 것이다. 하지만 하나님을 붙잡기 위해 모든 것을 내려놓은 사람은 그 방향으로 나아간다.

모든 이의 마음속에 하나의 보좌와 하나의 십자가가 있다는 말을 어릴 적에 들은 적이 있다. 만일 당신이 보좌에 앉아 있으면 예수님은 십자가에 달리셔야 한다. 예수님이 보좌에 앉아 계시면 당신이 십자가에 달려야 한다.

자, 당신 삶의 보좌에는 누가 앉아 있는가? 십자가에는 누가 달려 있는가?

보좌와 십자가에는 각각 한 사람만 있어야 한다.

## 예배자, 가족, 종,
## 청지기, 증인으로 살기

예수님을 온전히 따르기로 결심하는 건 누군가에게 백지수표를 주는 것과 약간 비슷하다. 백지수표는 한 계좌에서 다른 계좌로 송금할 수 있도록 은행에서 인정하는 종잇조각이다. 누군가에게 백지수표를 준다는 것은 거기에 얼마든 원하는 대로 금액을 쓸 수 있게 해 준다는 뜻이다. 수표를 준 사람은 상대방이 요구하기도 전에 그가 얼마를 요구하든 받아들이기로 미리 동의한 것이나 다름없다.

예수님을 따르는 건 우리의 삶을 백지수표로 그분께 건네며 이렇게 말한다는 뜻이다. "제 전부, 제가 가진 전부, 제가 되고 싶은 모든 것을 포기합니다. 이제 이 모든 건 주님의 것입니다. 언제든 원하시는 만큼을 적으십시오."

그러고 나서 우리의 랍비이신 그분처럼 살고, 그분이 관심을 두시는 것에 관심을 두고, 그분이 우선시하시는 것을 우선시하고, 그분이 추구하시는 것을 추구하기 위해 노력하는 것이다. 그렇게 하면 우리는 주님이 가시는 곳곳마다 날리는 먼지를 뒤집어쓰게 된다.

예수님은 우리를 구원하셨다. 우리를 구원하심은 우리가 그분처럼 되기를 원하셨기 때문이다. 그분은 우리를 천국으로 데려가실 뿐 아니라 천국을 우리 안으로 가져오고 싶어 하신다. 그분은 앞서 소개한 다섯 가지 영역 모두에서 우리를 이 땅에서 그분을 대리하는 사람으로 쓰시고자 하신다.

내 친구 데이비드 플랫이 한 콘퍼런스에서 했던 말이 지금도 생생하게 귓가에 울린다. "예수님은 여러분을 소독해서 선반에 올려놓기 위해 구원하신 것이 아닙니다. 여러분을 들어 쓰시기 위해 구원하셨어요."

그리스도인의 결정적인 특징은 언제 어디서나 예수님을 온전히 따르기로 결심하는 데 있다. 그분이 십자가에서 완성하신 구속 사역과 부활을 믿고, 그분이 이 땅에서 시작하신 구속과 회복 사역을 이어 가기 위해 힘쓰는 사람이 바로 그리스도인이다.

이 결심의 증거는 예수님이 우리를 위해 가르치고 본을 보여 주신 대로 예배자, 가족, 종, 청지기, 증인으로 살아가는 것이다.

절대 좀비처럼 사는 것이 아니다.

나는 왜 태어났고
뭘 위해 존재하나요?

나는 2001-2003년 사이에 개봉한 영화 〈반지의 제왕Lord of the Rings〉 3부작 시리즈를 무척 좋아한다. 책도 좋지만 책과 영화 가운데 어느 쪽이 더 나은지의 논쟁은 무의미하다. 둘 다 그야말로 최고다. "반지의 제왕"이란 말을 한 번도 못 들어 본 사람은 별로 없으리라. 하지만 3부작 영화 전부를 확장판으로 보는 것은 열혈 팬 아니면 엄두도 못 낼 일이다. 그런데 나는 이를 '연속으로' 해 낸 몇 사람을 알고 있다. 상영 시간이 모두 합쳐 자그마치 11시간 26분이다.[7]

J. R. R. 톨킨의 고전에서는 탁월한 인물 역학을 자주 볼 수 있다. 하지만 두 주인공 호빗인 프로도 배긴스와 샘와이즈 갬지 사이의 관계는 매우 특별하다. 프로도는 모두가 탐내는 위험한 절대반지를 갖고 있고, 그의 임무는 그 반지를 거대한 화산운명의 산 속에 던져 버리는 것이다. 그 화산은 애초에 그 반지가 탄생한 곳이기도 하다. 샘와이즈의 역할은 프로도가 이 임무를 완수하도록 돕는 것이다.

시리즈 두 번째 편 〈반지의 제왕: 두 개의 탑The Two Towers〉 막바지, 샘와이즈는 위기 속에서 명 연설을 한다.

프로도 나리, 이건 위대한 이야기들 같은 거예요. 정말 중요한 이야기들 말이에요. 어둠과 위험이 가득해서, 도무지 해피엔딩이 떠오르지 않아서 끝을 알고 싶지 않은 이야기. 너무 나쁜 일이 일어나서 세상이 도저히 예전으로 돌아가지 않을 것만 같은 이야기들이 있잖아요. 하지만 이 그림자는 결국 지나가요. 심지어 어둠도 지나가요. 그리고 날이 밝으면 더욱 밝게 빛날 거예요. 나리가 어릴 적에 들은 이런 이야기는 중요한 의미를 담고 있어요. 그때는 나리가 너무 어려서 이해를 못 했겠지만 말이에요. 하지만 나리, 지금 저는 알 것 같아요. 아니, 알아요. 이 이야기들의 주인공은 되돌아갈 수밖에 없는 상황이 많았지만 그렇게 하지 않았어요. 그들은 계속해서 갔어요. 그건 무언가를 굳게 붙잡고 있었기 때문이에요.[8]

샘와이즈는 삶이 중요한 의미를 담고 있는 이야기라는 사실을 깨달았다. 우리가 포기하지 않고 계속해서 나아가면 그 이야기는 언젠가 전해질 것이다. 어떤 이야기는 고난과 재난과 고생으로 너무 빨리 끝나 버린다. 주인공이 목적을 온전히 이루기도 전에 이야기는 갑자기 막을 내려 버린다. 하지만 어떤 이야기는 고난과 재난, 고생 때문에 더 흥미진진하고 의미 있고 목적으로 충만해진다. 주인공이 온갖 난관을 극복하고 임무를 완성하면 이야기는 오히려 더 근사해진다.

지난 몇 년 동안 여러 요인으로 많은 사람들이 삶의 목적을 발견하려는 의욕을 잃었다. 지난 20년간 자살률이 극도로 증가했는데, "목적 없음"이 가장 큰 이유로 꼽힌다. 내게 정말 충격이었던 사실은 군인, 경찰, 응급 의료진 그룹에서도 자살률이 높아졌다는 것이다. 그들은 누구보다도 목적으로 충만할 것 같은 사람들이 아닌가.[9] 하지만 그들도 어느 사람들처럼 인생의 진정한 목적을 찾지 못해 방황하고 있다.

샘와이즈는 3부작이 중간쯤 지난 지점에서 이 연설을 했다. 그때는 이미 삶과 죽음의 순간을 꽤 많이 지난 뒤였다. 그들이 맡은 임무를 계속하기가 너무 힘들다며 포기했다면 이야기는 거기서 끝이 났으리라. 곧이어 엔딩 크레딧이 올라왔을 테고, 우리는 영화관에 앉아 황당한 표정으로 투덜거렸을 것이다. "아니, 이게 다야?"

각자 자기 인생의 사건들을 보면 그 이야기들에 무슨 목적이 있을까 의구심이 들 만도 하다. 하지만 더 큰 그림을 보게 되면 그런 의구심에 빠질 일이 없다. 샘와이즈는 시련의 한복판에서 그 큰 그림을 보았다.

외로움과 깨진 관계는 우리로 하여금 자기 삶의 가치를 의심하게 만든다. 우리도 얼마든지 코로나19나 정치적 분열, 소셜 미디어, 문화적 트렌드를 탓하며 주저앉을 수 있다. 이런 상황에서 우리는 계속해서 전진하도록 격려해 줄 샘와이즈 같은 친구가 필요하다. 우리가 중요한 존재이고 우리 삶에 큰 의미가 있음을 생각나게 해 줄 친구가 필요하다.

하나님은 우리가 보지 못한 더 큰 그림을 보신다. 우리의 이야기는 11시간 26분보다 길다. 우리 나이가 15세든 67세든 87세든 아무 상관이 없다.

하나님은 우리 삶에 목적이 있고 우리의 이야기가 중요하다는 사실을 우리가 알기를 원하신다. 샘와이즈 말처럼, 우리는 붙잡을 무언가를 찾을 수 있다.


## 한 사람 한 사람
## 지음받은 목적이 있다

당신이 10대 청소년이나 20대 청년이라면 아마도 진로를 생각하며 "내 삶의 목적은 무엇인가?"라는 질문을 던지고 있을 것이다. 여느 사람들처럼 '목적'을 '직업'과 동일시하고 있을지도 모르겠다.

목사로서 나는 이런 식으로 말해야 한다. "얘들아, 아니란다. 직업이 곧 네 인생의 진짜 목적은 아니야! 네 인생의 목적은 교회에 가서 찬송을 부르는 거야."

직업은 우리 삶의 목적의 중요한 일부가 될 수 있다. 사실, 하나님의 형상을 따라 창조되었다는 건 일을 하도록 창조되었다는 의미도 포함한다.

하나님은 첫 인간인 아담과 하와를 창조할 때 그들을 피조 세계의 청지기로 삼으셨다. 창세기는 하나님이 지으신 모든 것이 하나님 보시기에 "좋았더라"라고 기록한다.<sup>창 1:31</sup> 다만 좋기는 하지만 완전하지는 않았다. '완전'은 개선할 필요가 없는 상태다. 반면에 '좋다'는 것은 원재료는 좋지만 개선할 여지가 있다는 뜻이다.

예를 들어, 당신이 공공장소에서 내 아내를 보면 머리 모양이며 화장, 옷까지 모든 면에서 완벽하다고 생각할 것이다. 아내는 모든 면에서 만점을 받을 만하다. 하지만 내가 매일 아침 아내 옆에서 눈을 뜨면 아내는…… 그냥 좋다.

하나님은 아담과 하와를, 가꿔야 할 정원, 세워야 할 건물, 조직해야 할 공급망이 있는 세상 속에 두셨다. 하나님은 우리 인간을 이 지구를 아름답고 유용한 곳으로 빚어 가는 일을 도울 대리 통치자로 삼으셨다.

이는 우리가 하는 일이 하나님을 영화롭게 한다는 뜻이다. 돈을 받고 하는 일이든 받지 않고 하는 일이든, 거창한 일이든 일상적인 일이든, 모든 일은 하나님을 영화롭게 한다. 일로 하나님을 기쁘시게 하는 것이 무슨 의미인지에 관해 생각해 본 적이 있는가?

2004년 아메리칸 항공사의 한 기장에 관한 이야기가 생각난다. 그 기장은 비행을 시작하기 전 기내 모든 기독교인에게 손을 들어 달라고 부탁했다. 또한 그는 승객들에게 신앙에 관한 어떤 질문에든 성심껏 답해 주겠다고 말했다. 물론 많은 사람이 불쾌감을 느꼈다. 당신이 탄 비행기 기장이 예수님을 만날 준비가 되었는지 묻는다고 생각해 보라.[10] 많은 신자들처럼 그 기장은 일터에서 하나님을 섬기는 게 자신의 직업을 이용하여 전도하는 걸 의미한다고 생각했다. 그의 전도 열정은 응원해 주고 싶지만 승객들을 목적지까지 무사히 태워 주는 것도 역시 하나님을 기쁘시게 하고 영화롭게 하는 일이다. 우리의 일은 하나님과 협력하여 이 땅을 가꾸는 것이다.

하나님은 특별한 은사와 재능, 관심사, 열정을 지닌 존재로 우리를 창조하셨다. 이것들은 우리를 향한 그분의 특별한 목적을 찾기 위한 단서다.

하나님은 아담을 에덴동산에 두시면서 단순히 특정 나무열매를 멀리하라는 지시만 내리시지 않았다. 하나님은 아담에게 "그것을 경작하며 지키게" 하셨다.[창 2:15] 하나님은 일에 대한 저주를 내리시기 '전에' 이 말씀을 하셨다. 처음에 일은 죄에 대한 형벌이 아니었다. 일은 원래부터 세상을 향한 하나님의 설계 가운데 있었다. 하나님이 아담을 위해 염두하신 첫 목적은 성경을 읽거나 기도하는 것이 아니라 좋은 정원사가 되는 것이었다.

이 본문에서 "일하다"로 번역된 히브리어 단어는 하나님의 이러한 의도를 보여 준다. 이 단어는 "아바드"로, 준비하고 개발한다는 의미를 함축한다. 그런 의미에서 창조와 비슷하다. 아담은 동

69

산 안에 있는 원재료들을 개발하고 동산을 가꾸고 지키는 임무를 부여받았다. 그리스도인도 세상에 널린 원재료들을 개발함으로써 자신이 창조된 목적을 이룰 수 있다.

건축가는 모래와 시멘트를 사용하여 건물을 짓는다. 예술가는 색깔이나 음표를 솜씨 좋게 배열하여 예술품을 만들어 낸다. 법률가는 정의의 원칙이라는 원재료로 사회에 유익한 법을 만들어 낸다. 우리 안에 있는 하나님의 창조성을 따라 행하는 창조적 행위는 만족스럽고 의미 있는 일이다.

일은 우리가 하나님을 섬기기 위해 처음으로 받은 명령이다. 성경은 가장 천한 일이라 해도 하나님 나라에서 중요한 역할이 될 수 있다고 말한다. 골 3:23

우리 부모님은 이에 대한 훌륭한 본보기였다. 아버지와 어머니는 누구보다 독실한 신앙인이었다. 아버지는 윈스턴세일럼에서 사라 리 공장을 관리하는 경영자였다. 어머니는 그 지역에 있는 한 대학교에서 생물학을 가르쳤다. 내가 기독교를 처음 접한 것은 소위 '세속' 분야의 일에서 신앙을 실천한 부모님을 통해서였다. 두 분은 모두 정직하고 탁월한 일로 다른 사람을 섬김으로써 하나님을 예배했다.

사실, 예수님이 해 주신 비유의 대부분에 일터라는 배경이 있고, 사도행전에 기록된 40건의 기적 중 39건이 교회 '밖에서' 일어난 것은 전혀 우연이 아니다. 나는 우리 교인들에게 나처럼 교회 안에서 일하는 사람은 하나님의 능력 중 40분의 1만 경험할 수 있다는 말을 자주 한다. 대부분의 사람이 막연하게 하나님의 능력은 교회 안에서 경험하는 것이라 생각한다. 물론 당신이 교회 안에서 하나님의 능력을 경험하기를 진심으로 바란다. 하지만 성경에서 그 능력이 '주로' 나타난 곳은 교회 밖 사회 속에 있는 하나님 백성을 통해서였다.

사도행전에서도 사도들이 교회 안에 있는 모습보다 일터에 있는 모습을 보기가 더 쉽다. 하나님은 우리의 일터에서 그분의 능력을 드러내기를 원하신다. 성경의 하나님은 교회 담장 안에서보다 밖에서 더 능력을 드러내고 싶어 하시는 듯하다.

많은 사람이 사업을 '기독교화' 하는 걸 단지 사업체에 기독교식 이름을 다는 것이라 생각한다. 예를 들어,

  * 천국 커트 미용실
  * 에덴 식당
  * 거룩한 땅 커피숍
  * 케인<sup>Cane: 지팡이</sup>과 에이블<sup>Able: 할 수 있는</sup> 재활 센터: 가인과
    아벨을 연상시킨다

일터에서 하나님을 영화롭게 하는 것은 단순히 사업체에 기독교식 명칭이 적힌 간판을 다는 게 아니다. 그리스도인의 일은 하

나님의 임재를 세상 속으로 가져가는 것이다. 하나님은 우리가 하는 일을 통해 어려운 가정을 먹이고 집을 짓고 정의를 이루신다. 아무리 하찮아 보이는 역할을 맡고 있어도 하나님이 더 큰 목적을 위해 자신을 사용하고 계신다는 사실로 인해 기뻐해야 하건만, 마지 못해 억지로 일하는 신자가 너무도 많다.

이는 집 안에서 일하는 사람에게도 똑같이 적용된다. 가정은 사랑과 격려를 공급하기 위한 하나님의 인큐베이터다. 집에서 아버지와 어머니와 자녀는 자신에 관해 전에는 몰랐던 것을 발견하게 된다. 가족 안에서 우리는 서로를 성장시키고 개발한다. 온갖 위기와 승리의 기쁨 속에서 가족들은 다 같이 하나님이 주신 인생의 목적을 찾아간다.

우리 부부는 토니 캠폴로의 아내 페기의 일화를 참 좋아한다. 집에서 네 아이를 키우던 페기는 다른 사람이 '무슨 일을 하는지' 물으면 이렇게 대답했다고 한다. "〔두 명의 인간이〕 하나님이 태초부터 뜻하셨던 종말론적 유토피아로 사회를 변화시키는 도구로 쓰임받도록 유대, 기독교 전통의 주된 가치로 그들을 사회화하고 있습니다."[11] 그리고 나서 페기는 상대방에게 이렇게 물었다. "무슨 일을 하세요?"

일은 복음을 전하기 위한 통로가 될 수 있다. 물론 무조건 그 아메리칸 항공사 기장처럼 해서는 곤란하다. 일적으로 맺어진 관계를 통해 전해야 한다. 바로 사도 바울이 그런 방식을 사용했다.

바울은 세속적인 텐트 제작자였는가, 아니면 영적인 교회 개척자였는가? 둘 다 맞다. 바울은 당대 그 누구보다도 복음을 멀리까지 전했지만 세상을 돌며 전도하는 내내 '세속적인' 일로 생계를 꾸렸다.

또 다른 좋은 예는 아카데미상을 수상한 명화 〈불의 전차 Chariots of Fire〉다. 이 전기 영화는 그리스도인 육상 선수인 에릭 리델이 1924년 올림픽을 준비하던 과정을 그렸다. 영화의 한 장면에서 리델은 그리스도인에게 달리기보다 더 중요한 게 있기 때문에 달리기를 그만두어야 한다는 말을 듣는다. 그 말에 리델은 이렇게 대답한다. "하나님이 목적이 있어서 나를 창조하셨다고 믿습니다. 하지만 하나님은 나를 빠르게 창조하기도 하셨습니다. 내가 달릴 때 그분이 기뻐하심이 느껴집니다."[12] 아마 당신도 좋아하거나 잘하는 일을 하다가 비슷한 기분을 느꼈던 적이 있으리라. '바로 이거야! 나는 바로 이걸 위해 지음받았어!'

에베소서 2장 10절은 이렇게 말한다. "우리는 그가 만드신 바라 그리스도 예수 안에서 선한 일을 위하여 지으심을 받은 자니 이 일은 하나님이 전에 예비하사 우리로 그 가운데서 행하게 하려 하심이니라." 그렇다. 우리는 일을 하도록 창조되었다. 또한 바울은 그 일을 "선한 일"로 본다: 우리는 일터나 가정, 학교, 교회에서 선한 일을 할 수 있다. 무슨 일이든 하나님의 영광을 위해, 그리고 그분에 관한 증언으로서 하는 일이라면 선한 일이다.

이것이 무슨 의미인지에 관해 좀 더 이야기를 나누어 보자.


## 맡은 일을
## 대충하고 있는가

"서로에게 탁월하라"라는 말을 처음 한 것은 빌알렉스 원터 분과 테드키아누 리브스 분가 아니다. 이는 1989년 영화 〈엑설런트 어드벤처 Bill & Ted's Excellent Adventure〉에 나온 대사로, 우리 세대 사람은 빌과 테드가 이 말을 처음 했다고 생각했다. 하지만 사실 이 말은 하나님이 골로새서에서 바울을 통해 하신 말씀이다.

우리의 일을 하나님을 위해 한다면 할 수 있는 한 가장 훌륭하게 해내야 한다. 바울은 이렇게 말한다. "또 무엇을 하든지 말에나 일에나 다 주 예수의 이름으로 하고 그를 힘입어 하나님 아버지께 감사하라."골 3:17 일에 대한 보상을 받든 받지 않든, 우리의 노력을 누가 주목하든 주목하지 않든 상관없이 탁월하게 해내야 한다.

솔직히 인정하자. 노고를 인정해 주지 않는 사람, 심지어 매번 비판만 하는 사람을 위해 일하면 일할 맛이 나지 않는다. 나쁜 상사는 얼마든지 즐겁게 할 수 있는 일도 지독히 힘든 일로 만든다. 이런 상황에서 대부분의 사람은 탁월하게 일할 의욕을 잃는다. '열심히 일해 봐야 뭐 해. 아무리 열심히 해도 아무도 알아주지도 않잖아. 심지어 내 상사는 내가 열심히 일하는 걸 알아도 내 공을 가로챌 게 분명해.' 이런 마음이 드는 것은 충분히 이해하지만 그리스도인은 다른 사람이 모르는 뭔가를 알고 있다.

그리스도인이 자신의 일을 탁월하게 해내기 위해 힘써야 하는 건 단지 상사에게 잘 보이기 위해서나 승진해서 더 많은 연봉을 받기 위해서가 아니다. 그것은 그 일이 무엇보다도 그리스도를 위해 하는 일이기 때문이다. C. S. 루이스는 인간의 눈에 발견되지 않은 골짜기에도 아름다운 꽃이 가득하다는 사실을 지적했다. 인간의 눈에 보이지 않을 거면 하나님은 왜 그런 아름다움을 창조하셨을까? 루이스의 답은 하나님이 어떤 일은 그분 자신의 즐거움을 위해 하신다는 것이었다. 아무도 보지 않을 때조차 하나님은 빼어난 탁월함을 보신다.

이 시각은 신자가 하는 '모든' 일에 새로운 의미를 부여한다. 심지어 아무도 알아주지 않을 일이라 해도 상관없다. 신자는 더는 다른 사람의 인정이 필요하지 않다. 일하는 주된 목적이 다른 사람을 위한 것이 아니기 때문이다. 그리스도인은 무엇보다도 그리스도를 위해 힘써 일한다. 그리스도는 최고의 일, 탁월한 일을 받아 마땅하시다.

하나님이 창조 사역을 하신 때를 기억하는가? 하나님은 행하신 모든 일에 대해 "좋다"라고 말씀하셨다. 하나님은 더없이 좋은 일, 선한 일을 하신다. 예수님이 이 땅에서 일하실 때 그분의 목공 기술이 다른 사람에게 인정받았을까? 아니, 그분이 허접한 제품을 만들었을 리 없다. 분명 그분은 업체 선정 평가 사이트에서 최고점을 받을 작품만 만들어 내셨을 것이다.

그리스도인으로서 노동 윤리가 없거나 학업에 최선을 다하지 않는 것은 세상에 그리스도를 형편없는 분으로 제시하는 꼴이다. 아무리 입으로 "예수님은 나의 주"라고 고백해도 맡은 일을 제시간에 제출하려 애쓰지 않거나 상사를 존중하지 않는다면 그의 행동이 그의 말보다 더 크게 "내가 삶의 내 주인이다!"라고 외친다. 일을 훌륭하게 하는 것은 하나님을 섬길 뿐 아니라 세상에 섬김의 태도를 보여 주는 것이다.

마르틴 루터는 이렇게 말했다. "우리는 주기도문을 드릴 때 오늘 일용할 양식을 달라고 기도한다. 그러면 하나님은 우리에게 매일 그날의 양식을 채워 주신다. 곡식을 심고 거두는 농부, 밀가루로 빵을 굽는 제빵사, 우리의 식사를 준비해 주는 사람을 통해서 말이다."[13]

진 에드워드 비스는 《특별한 소명God at Work》이란 작지만 탁월한 책에서 루터의 목록에 다른 항목을 추가하고 있다.

오늘날에는 [그 목록에] 농산물을 운반하는 트럭 운전사, 식품 가공 업체에서 일하는 공장 노동자, 창고 관리인, 도매업자, 재고 관리자, 마트 계산대 직원을 더할 수 있다. 은행원,

선물先物 투자자, 광고업자, 법률가, 농학자, 기계 공학자 등 국가 경제의 다른 참여자도 각자의 역할을 한다. 우리의 아침 식탁을 채우는 데 이 모든 사람이 도움을 주었다. …… 하나님은 그 옛날 이스라엘 자손을 매일 만나로 먹이셨던 것처럼 기적적인 공급으로 우리에게 음식을 직접 주실 수도 있지만, 저마다 다른 능력과 재능으로 서로를 섬기는 인간을 통해 역사하기로 선택하셨다.[14]

꽉 막힌 도로에 갇혀 있는 트럭 운전사는 늘어선 차들만 볼 뿐 자신의 삶의 목적을 보지 못할 수 있다. 창고 관리인은 긴 하루 끝에 수북이 쌓인 상자 더미만 볼 뿐 자신의 삶의 목적을 보지 못할 수 있다. 그들의 삶의 목적은 무엇인가? 세상을 먹이는 것이다! 이는 하나님이 신자와 불신자를 아우르는 세속의 직업을 통해 인류를 섭리적으로 돌보신다는 뜻이다.

당신에게 주어진 직업, 커리어 목표, 재능과 관심사를 곰곰이 돌아보라. 그것들을 다른 사람에게 생명과 건강을 지키도록 도와주고 그 과정에서 하나님께 영광을 돌리기 위한 선물로 여기라. 단순히 돈을 벌기 위해서만 일하면 진정으로 탁월하게 일할 수 없다.

좋아하는 일, 탁월하게 해낼 수 있는 일, 하나님을 기쁘시게 하고 다른 사람에게 유익을 끼칠 수 있는 일을 찾으라.

이것이 삶의 목적을 찾기 위한 첫 번째 단계다.

하지만 두 번째 단계도 있다.

## 우리는 특별 임무를
## 맡았다

〈미션 임파서블Mission Impossible〉 영화 시리즈는 매번 이든 헌트톰 크루즈 분가 임무에 관한 지시문이 든 상자를 열면서 시작된다. 지시문에서 헌트는 임무의 육하원칙을 파악한다. 모든 임무가 불가능하게impossible 보일 정도로 어려운 임무다. 마음 약한 사람은 엄두도 내지 못할 그 임무를 오직 헌트와 그의 팀은 해낸다. 오토바이를 타고 혼잡한 도로를 시속 150킬로미터로 질주하면서도 나란히 달리는 동료들과 아무렇지도 않게 농담을 주고받을 만한 담력이 없으면 감히 도전할 수 없는 임무다.

그리스도인인 우리에게도 마땅히 해내야 할 임무가 있다. 그것도 예수님이 직접 명령하셨다. "하늘과 땅의 모든 권세를 내게 주셨으니 그러므로 너희는 가서 모든 민족을 제자로 삼아 아버지와 아들과 성령의 이름으로 세례를 베풀고 내가 너희에게 분부한 모든 것을 가르쳐 지키게 하라."마 28:18-20

이 임무, 곧 지상대명령은 모든 그리스도인에게 주어졌으며, 그 핵심은 바로 사람들을 제자로 삼는 것이다. 이것이 세상 모든 그리스도인에게 주어진 정체성의 핵심이요, 가장 중요한 일이다.

그러려면 어떻게 해야 하는가? "너희는 가서."[마 28:19] 우선 '가야' 한다. 엄밀하게 말하면 우리는 이미 가고 있다. 헬라어에서 이 동사는 문자적으로 '가면서'를 의미한다. 이 동사는 우리가 이미 어딘가로 향하고 있다는 사실을 가정한다. 인생길을 가면서, 일터에 가면서, 학교에 가면서, 커피숍에 가면서…… 그 어디를 가든 예수님이 필요한 사람들이 늘 있다.

우리의 일터가 곧 선교 현장이다. 일을 통해 우리는 온 세상의 수많은 사람과 상호작용한다. 당신이 일하는 스타벅스에 잠비아 사람이 나타날지 모르니 반드시 비행기를 타고 잠비아까지 날아가지 않아도 된다. 어쩌면 당신이 참여하는 화상 미팅에 영국인이 나타날지도 모른다. 급기야 당신이 사용하는 모바일 메신저에서 브라질 사람을 만날 수도 있다. 오늘날 그리스도인이 복음을 전할 통로가 전에 없이 많아졌다. 글로벌화, 첨단기술 혁명, 도시화로 인해 오늘날의 사업체는 거의 모든 문화권의 사람들과 사업을 한다. 빌리 그레이엄은 세상을 떠나기 전에 미국의 새로운 대각성은 일터에서 일어날 가능성이 높다는 말을 했다.[15] 매일 아침 8시 무렵이면 수많은 그리스도인이 그곳으로 향하지 않는가.

하나님이 분명한 목적을 갖고 우리를 빚으셨음을 알아야 한다. 하나님은 우리 아니면 복음을 들을 수 없는 사람들에게 복음을 전하도록 우리에게 남다른 재능을 주시고 경험하게 하셔서 특정한 일터에 들어가게 하셨다. 사도 바울은 사도행전 17장

26-27절에서 아덴아테네 사람들에게 하나님이 모든 민족의 살 시기와 거주할 경계를 정해 놓으셔서 온 땅에 있는 사람들이 하나님을 찾는 법을 알 수 있게 하셨다고 말한다. 하나님은 각 족속에게 하시는 일을 개인에게도 하신다. 하나님은 어딘가에서 누군가가 그분을 찾는 법을 배울 수 있도록 우리의 개인적인 경계를 정하셨다.

또한 우리가 지닌 기술을 탁월하게 발휘하면 복음을 들을 귀를 모을 수 있다. 잠언 22장 29절은 이렇게 말한다. "네가 자기의 일에 능숙한 사람을 보았느냐 이러한 사람은 왕 앞에 설 것이요." 일터에서 기술을 발휘하여 일을 훌륭하게 해내면 세상의 왕들 앞에 서게 될 것이다. 그때 그 왕들에게 예수님을 전하라.

내 친구 마이크는 미국 최고의 대학 병원 중 한 곳에서 의술을 펼치는 세계적인 뇌 전문 외과의다. 마침 그 병원은 이곳 노스캐롤라이나주에 있다. 매년 아시아 전역에서 의사들이 찾아와 이 분야의 최신 의술에 관한 마이크의 강연을 듣는다. 마이크는 항상 자신이 어떻게 예수님을 믿게 되었고 복음이 자신의 의료 철학에 어떤 영향을 미쳤는지를 설명하면서 세미나를 시작한다.

한번은 마이크에게 이렇게 물은 적이 있다. "대학교에서 이러는 걸 반대하지 않나요? 이 대학교는 매우 세속적인 곳이잖아요. 불교와 이슬람교를 믿는 의사들은 싫어하지 않던가요?"

마이크는 빙그레 웃으며 대답했다. "아무도 토를 달지 않아요.

어떻게 이의를 제기할 수 있겠어요? 지금 저는 이 분야에서 최고 이고, 저들은 제가 하는 일을 존경하니까요." 당신은 뇌 전문 외과 의가 아닐지 모르지만, 당신도 마이크처럼 자신의 일을 더없이 훌륭하게 해낼 수 있다. 그러면 사람들이 구주에 관한 당신 말에 귀를 기울일 것이다.

마이크처럼, 기독교에 그리 호의적이지 않은 국가에서도 복음을 전할 수 있을 만큼 대단한 세속적 기술을 지닌 이들이 있다. 물론 이들은 소수지만 정말 중요한 그룹이다.

복음을 가장 필요로 하는 국가들은 흔히 '10/40 창' 안에 있는 국가들이다. 이는 북위 10도와 40도 사이의 지역을 말한다. 이 지역은 약 40억 명 인구의 삶의 터전이며, 이곳 사람 중 거의 절반은 아직까지 예수의 복음을 단 한 번도 들어 본 적이 없다. 69개국을 아우르는 10/40 창에는 수백만 명의 빈민과 수많은 이방 종교인 이슬람교, 힌두교, 불교, 무신론 등이 살고 있다.[16]

오래전, 10/40 창 지역에 파견된 모든 교단의 선교사 수를 다 합치면 4만 명에 이른다는 글을 읽은 적이 있다. 정말 많은 숫자다. 그런데 현재 그보다 네 배는 많은 선교사가 필요하다. 하지만 지금 10/40 창 지역에서 소위 세속적인 분야에서 일하는 미국인 수가 얼마나 되는지 아는가? 무려 200만 명이다. 그리고 그들 가운데 약 35퍼센트는 스스로를 '거듭난 그리스도인'으로 여긴다. 그 그리스도인 중 3분의 1만이라도 '제자를 키우는 제자'를 자신의 주된 소명으로 여길 만큼 진지한 신앙을 품고 있다면, 20만 명의 선교사가 증원된 셈이다. 교회에서 한 푼도 들이지 않고 10/40 창 지역의 선교 인력을 '다섯 배'나 늘리는 셈이다.

보기에 아름다우나 영적으로는 죽은 이 지역들은 복음을 전하는 말뿐 아니라 하나님의 사랑을 실질적으로 보여 주는 사람들을 필요로 한다. 일부 사업가들이 그 일을 해낼 수 있다. 그 지역에는 일자리가 없고 그리스도를 아는 지식도 없는 사람이 수백만 명이다. 그런 그들에게 다가가는 것이 당신, 혹은 당신 자녀에게 주어진 삶의 목적일지 모른다.

이란을 예로 들어 보자. 이란은 복음이 절실히 필요한 미전도 지역이다. 2021년 5월 당시, 이란 인구 8,400만 명 중 겨우 1,340만 명만 정규직으로 일하고 있었다.[17] 이런 지역에서는 대체 어떻게 전도해야 할까? 이란의 경우는, 다른 나라 평범한 그리스도인 사업가들이 수고하여 그들의 기술과 전문지식을 이란에 가지고 들어옴으로써 복음이 전해질 수 있었다. 모든 그리스도인이 그럴 수는 없지만 혹시 당신이 해외에서 일하면서 그곳에서 하나님 나라를 넓히는 것이 그분의 뜻이 아닐지 진지하게 고민해 보기를 바란다.

물론 모든 그리스도인이 미전도 지역에서 일할 수는 없다. 이는 일부 그리스도인에게 해당하는 독특한 기회다. 하지만 예수님의 제자들은 항상 지상대명령을 바라보면서 자신의 일을 해야 한다. 일에 관한 그리스도인의 '선교적 비전'은 일을 잘하는 것이고, 가능한 한 복음 전도가 필요한 곳에서 그 일을 하는 것이다.

잠언 22장 29절을 다시 보자. "네가 자기의 일에 능숙한 사람을 보았느냐 이러한 사람은 왕 앞에 설 것이요." 자신의 일을 훌륭히 해내는 신자들은 지상대명령을 위해 크게 쓰일 것이다. 사업적인 수완으로 세상에서 복음이 가장 덜 들어간 지역의 "왕"과 유력가에게 말할 기회를 얻을 것이다. 소위 세속적인 기술이 나라나 민족의 문을 복음을 향해 여는 열쇠가 될 수 있다. 선교사들은 10/40 창에 관해 이야기하지만, 사업가들에게는 그 창이 아예 대문이 될 수 있다. 따라서 자신의 일을 하는 내내 사명을 잊어버리지 말라.

그 무엇보다도 사명이 중요하다.

아버지는 내게 항상 이렇게 말했다. "아들아, 세상에서 오직 두 가지만 영원하단다. 하나님 말씀, 사람들의 영혼. 꼭 이 두 가지를 중심으로 살아가도록 해라."

한번은 설교 중에 이런 예를 든 적이 있다.[18] 나는 교인 다섯 명을 앞으로 불러 가상 소방차 안에 있음직한 여러 역할을 맡겼다. 한 명은 운전자, 한 명은 관리자, 한 명은 호스 담당자, 한 명은 그의 조수, 한 명은 후미핸들tiller 운전자였다. 내가 한 사람 한 사람마다 주된 책임이 무엇인지 묻자 모두가 자신의 역할을 분명히 알고 있었다. 하지만 자신의 사명은 망각하고 있었다.

그들의 사명은 바로 불을 끄는 것이다.

자신의 특정 역할만 골몰하다가 보다 큰 사명을 잊어버리기 쉽다. 우리의 사명은 모든 민족을 제자로 삼는 것이다.

하나님은 그리스도인이 각자의 일을 어떻게 하는지를 관심 있게 보시며, 그 일에 개입하기를 원하신다. 우리가 하는 일은 우리가 함께 일하는 사람, 우리가 일하는 회사의 소유주, 우리가 일을 통해 섬기는 사람의 삶에 영원한 변화를 가져올 수 있다. 일을 바라보는 우리의 시각과 일하는 방식이 복음으로 말미암아 완전히 달라져야 한다. 그리스도인은 은혜로 구속받았다. 그러니 이제 일터에서 세상 사람들에게 그 은혜를 보여 주어야 한다. 은혜로 구속받은 뒤에는 자신의 일을 이전과 똑같은 시각으로 바라볼 수 없기 때문이다.

"내가 너희에게 분부한 모든 것을 가르쳐 지키게 하라."<sup>마 18:20</sup> 가는 것 외에도 '가르치는 것'이 지상대명령의 또 다른 핵심이다. 대부분의 가르침은 교실에서 이루어지지 않는다. 누군가와 함께 살아가면서 '하나님을 어떻게 섬길지, 또 복잡한 인간관계, 실망스러운 일, 기쁜 일, 상실, 실패, 성공에 그분의 진리를 어떻게 적용할지'를 직접 보여 주어야 한다. 우리 교회 대학부 담당목사이자 내가 아는 최고의 제자 훈련가 중 한 사람인 웨스 스미스는 이렇게 말한다. "제자 훈련의 80퍼센트는 비공식적으로 이루어진다. 제자 훈련이란 사람들과 함께 시간을 보내는 것이다. 복음의 정신으로 일상의 삶을 사는 것이 제자 훈련이다."


**나를 향한**
**하나님의 목적 찾기**

하나님은 당신을 위한 매우 개
인적인 목적을 갖고 계신다. 그 목적을 발견하기 위한 첫걸음은
하나님이 특정한 청지기 역할을 당신에게 주셨다는 사실을 깨닫
는 것이다. 하나님은 그분의 피조 세계 일부를 관리하는 청지기
로 당신을 부르셨다.

당신을 향한 하나님의 목적은 당신이 다른 사람을 섬기고, 그
들을 제자로 삼고, 그들에게 예수님의 이야기를 전해 주는 것이
다. 하나님은 당신을 통해 영광을 받기를 원하신다. 이것이 당신
이 하는 모든 일을 탁월하게 해내야 하는 이유다. 지구상에서 이
루어지는 모든 일의 궁극적인 핵심은 하나님께 영광을 돌리는 것
이다.

당신을 향한 하나님의 목적은 그 목적을 위해 당신의 꿈, 직
업, 재능, 은사를 그분께 드리는 것이다. 하나님은 당신을 이렇게
하도록 부르셨다.

당신의 개인적인 인생 목적을 어떻게 발견할 수 있을까? 먼저
당신이 사랑하는 일을 찾아야 한다. 그런 다음, 그 일을 통해 다른

사람을 전도하고 그 일을 탁월하게 해내라. 물론 쉽지 않을 것이다. 사도 바울에게 한번 물어보라. 모든 선교 현장에는 위험과 실패가 가득하다. 하지만 분명한 건, 당신의 삶이 하나님의 놀라운 이야기를 전하게 될 것이다!

그리스도를 위해 당신의 일을 훌륭하게 해내면 인생의 마지막 순간에 의미와 목적으로 충만했던 지난날을 돌아보며 진정으로 뿌듯한 미소를 짓게 될 것이다.

C. S. 루이스의 판타지 소설《나니아 연대기*The Chronicles of Narnia*》시리즈의《사자와 마녀와 옷장*The Lion, the Witch and the Wardrobe*》에서 쫓겨난 네 아이에게 산타클로스가 신비한 선물을 하나씩 주는 장면은 읽을 때마다 너무 좋다. 받을 당시에는 아무도 몰랐지만 이 선물은 나중에 하얀 마녀와 그 졸개들을 상대할 때 꼭 필요한 것들이었다. 예를 들어, 전쟁이 한창 치열하게 벌어질 때 루시는 주변에 가득한 부상자들을 보고서 자신이 상처를 치유하는 마법 물약을 받았다는 사실을 깨닫는다. 피터는 자신이 받은 칼과 방패가 하얀 마녀를 공격하기 위한 도구임을 깨닫는다. 그 순간, 그들은 예수님을 상징하는 사자인 아슬란이 자신들에게 무엇을 원하는지를 이해한다.

우리도 마찬가지다. 영적 은사든 선천적인 재능이든 하나님이 우리에게 주신 선물을 잘 돌아보면 그분이 우리에게서 무엇을 원하시는지 좀 더 분명히 알게 된다.

당신 삶의 목적을 찾는 일은 '하나님의 말씀'을 아는 데서 시작된다. 즉 하나님이 이 땅에서 무엇을 하고 계신지를 알아야 한다. 하나님이 하시는 주된 일은 모든 사람에게 복음을 들을 기회를 주시는 것이다. 그런 다음에는 자기 내면을 찬찬히 살피고 기도하면서 당신이 하나님께 받은 특별한 재능이 무엇인지 파악해야 한다. 그리스도의 몸인 교회 안에서 지체들의 지혜로운 조언도 구해야 한다. 그러면 당신의 삶을 향한 하나님의 뜻을 분별할 수 있을 것이다.

하나님은 당신을 향해 특별한 목적을 갖고 계시다. 그 목적을 발견하기 전까지는 우리는 진정으로 살아 있음을 느낄 수 없다.

하나님이 다스리신다면서
왜 세상은
악과 고통으로 난리죠?

2023년 2월, 튀르키예와 시리아에 끔찍한 대지진이 일어나 56,000명 이상이 죽고 최소한 23만 채의 건물이 파손되거나 파괴되었다.[19] 구조대원들 말에 따르면 지진 발생 후 몇 주 동안 죽음의 악취가 사방에 가득했다고 한다.

1999년 4월 20일, 총기를 든 두 명의 범인이 미국 콜로라도주 콜럼바인고등학교에 난입한 사건으로 13명의 무고한 사람이 목숨을 잃고 24명 이상이 부상을 입었다. 범인들은 범행 후 스스로에게 총을 겨누어 자살했다. 이 사건 이후에도 수십 년간 쇼핑몰이며 상점, 교회에서 총기 난사 사건이 잇따랐다. 심지어 초등학교에서도 총기 난사 사건이 벌어졌다. 예를 들어, 샌디훅초등학교에서는 6-7세 아이 20명을 포함해서 26명이 목숨을 잃었다.

제프리 다머는 1978년에서 1991년까지 17명의 남자와 소년들을 죽여 토막 낸 뒤에 '먹었다.' 존 웨인 게이시는 33명의 젊은 남자와 소년들을 죽인 뒤 자기 집 지하실에 묻었다. 그는 '포고'라는 광대 분장을 하고서 아이들을 즐겁게 해 주던 사람이라 더욱 충격이었다.

2001년 미국을 공격한 9/11 테러로 2,996명의 목숨이 사라졌다. 숱한 사람이 다쳤고 건물이 파괴되었다. 그로 인한 일련의 여파는 아직까지도 완전히 가시지 않았다.

가장 많은 인간의 목숨을 빼앗아 간 지도자는 마오쩌둥이다. 그는 1958년에서 1962년 사이에 약 4,500만 명의 자국민을 학살했다. 이는 히틀러와 스탈린이 죽인 사람을 합친 것보다도 많다.

도무지 말이 안 나오는 이런 참담한 상황에서 하나님이 세상을 다스리신다는 것이 말이 되는가? 하나님은 폭력을 멈출 힘이 없으신 것 아닌가? 아니, 세상에 폭력이 가득하든 말든 신경조차 쓰시지 않는 게 아닐까?

이런 끔찍한 세상 속에서도 선하신 하나님에 대한 믿음을 잃지 않기 위해 어떤 이들은 '하나님도 우리만큼 당황스럽지만 우리에게 자유 의지를 주셨고 그 결정을 번복할 수 없어서 속수무책으로 보고만 계실 수밖에 없다'고 결론을 내린다. 이것이 영화 〈브루스 올마이티Bruce Almighty〉의 주제다. "자유 의지는 간섭해서는 안 되네." 모건 프리먼처럼 생긴 신이 짐 캐리와 세상의 상태에 관해 논하다가 화를 내며 말한다.

믿거나 말거나 이 문제에서 평안을 찾기 위한 유일한 방법은 하나님을 인간사를 통제할 수 없는 분이 아니라 오히려 더 완벽하게 통제하시는 분으로 보는 것이다.

**우리는**
**작은 하나님을**
**좋아한다**

철학자들은 세상에 가득한 부당해 보이는 고난의 문제를 "악의 문제"라 부른다. 악의 문제는 흔히 BC 4세기 그리스 철학자 에피쿠로스가 주장한 것으로 알려져 있다. 그 뒤로 2,500년 동안 사람들은 이 문제를 이렇게 표현해 왔다. "하나님이 사랑이 가득하시다면 세상에서 벌어지는 끔찍한 일들을 멈추고 싶어 하실 것이다. 그분이 전능하시다면 끔찍한 일을 멈추실 수 있을 것이다. 따라서 끔찍한 일이 여전히 벌어지고 있다는 것은 하나님이 전능하시지 않거나 사랑이 충분하시지 않다는 뜻이다. 아니, 그보다는 하나님이 존재하시지 않을 가능성이 더 높다."

물론 이는 좀처럼 반박하기 힘든 주장이다. 하지만 이 주장에는 중요한 가정 하나가 빠져 있다. 하나님의 사랑과 능력이 무한하다면 그분의 지혜도 무한하다고 보는 것이 합리적인 생각이다. 그리고 그분의 지혜가 그분의 능력처럼 우리보다 무한히 크다면 과연 우리가 그분의 뜻을 이해할 수 있을까?

잠시 생각해 보라. 이 우주를 존재하게 하기 위해서는 얼마나 큰 능력이 필요할까?

천문학자들은 우주에 별이 2,000해(垓) 개가 존재한다고 추정한

다. 이 숫자를 쭉 나열해 보면 200,000,000,000,000,000,000,000이
된다. 영이 무려 '23'개다.

당신이 나와 같은 평범한 사람이라면 100만, 10억, 1조라는
숫자의 차이도 감이 오지 않을 것이다. 자, 다음과 같이 해 보면
이 숫자들의 차이가 피부에 좀 더 와닿을 것이다.

100만 초 전에 당신이 무엇을 하고 있었는지 아는가? 이 시간
은 약 11일 전이다. 그때 나는 아들의 테니스 시합을 구경하고 있
었다. 상대편 아이의 부모와 내가 유일한 관중이었다. 우리는 상
대방을 불쾌하게 하지 않는 선에서 각자 자신의 아이를 응원하고
있었다. 우리 아들이 듀스에서 승리를 거두자 민망해서 상대편
부모와 눈을 마주칠 수 없었던 기억이 난다.

10억 초 전은 어떤가? 그때 무엇을 하고 있었는지 기억하는
가? 이 시간은 31년 하고도 8개월 전이다. 10억 초 전에는 존재하
지도 않았기에 그때 자신이 무엇을 하고 있었는지 기억할 수 없는
사람도 많을 것이다. 10억 초 전은 1990년대 초다. 그때는 빌 클
린턴이 막 대통령에 당선된 때였다. 그때 첫 웹 사이트가 만들어
졌다. 그때 포레스트 검프는 한 공원 벤치에서 초콜릿을 먹고 있
었다.

1조 초 전은 또 어떤가? 그때가 얼마 전이라고 생각하는가? 한
2세기 전? 아니다. 시계를 계속해서 뒤로 감으라. 1조 초 전은 약
31,710년 전이다.

이제 우주에 최소한 2,000해 개의 별이 있다는 사실에 관해 다시 생각해 보라. 하나의 별은 매 초 약 1조 개의 원자가 폭발하는 것만큼의 에너지를 발생시킨다. 어떤 별은 너무 커서 묘사할 길조차 없다. 예를 들어, 우리 은하계 안에 있는 에타 카리나이 별은 태양보다 무려 500만 배나 밝다.

별들은 우리가 상상조차 할 수 없는 드넓은 범위 안에 존재한다. 현재 허블 망원경은 우리가 알지도 못했던 은하계에 관한 희미한 적외선 이미지를 보내오고 있다. 그 은하계는 지구에서 약 120억 광년 떨어져 있는 것으로 추정된다. 이는 우리가 '초속' 299,292킬로미터의 속도<sup>빛의 속도</sup>로 나는 우주선에 올라타도 그 은하계들까지 도착하려면 약 120억 년이 걸린다는 뜻이다. 천문학자들은 우리가 그 은하계들에 도착하는 순간, 거기서부터 몇십억 광년 거리 내에 있는 별들을 또 보게 될 거라 추정한다.

이 모든 것은 하나님이 단순히 "빛이 있으라"라는 말씀으로 창조하신 것이다.

이제 이 능력을 '우리'의 능력과 비교해 보자. 나는 내 매트리스도 머리 위로 들 힘이 없다. 우리 집에는 내가 생산해 내는 '와트'를 측정할 수 있는 로잉머신이 있다. 내가 약 30초간, 버틸 수 있는 최대 속도를 내면 약 350와트가 생산된다. 이 정도면 작은 냉장고를 약 2분간 가동하기에 충분한 전력이다. 이것이 내 힘으로 낼 수 있는 최대 출력이다.

하나님은 능력만큼이나 지혜에서도 우리를 한없이 초월하신다. 그렇다면 내 머리로 이해할 수 없는 것들이 있다는 점을 인정하지 않을 수 없다. 이는 하나님이 우리가 아직 볼 수 없는 아름다운 목적을 이루고 계실 가능성이 100퍼센트 있다는 뜻이다.

바트 어만이라는 유명한 무신론자는 노스캐롤라이나대학교 채플 힐에서 강의를 하고, 우리 집에서 그리 멀지 않은 곳에서 살고 있다. 어만 박사는 목회를 준비하고 있었지만 그가 말하는 "목적 없는 악"의 존재로 골몰하다 신앙을 잃었다. 그런데 그의 말 이면에는 엄청난 가정이 있다.[20] 그 가정은 만약 목적이 있다면 '자신이' 이를 찾아낼 만큼 지혜롭다는 것이다. 하지만 지식이 유한한 인간이 무한히 지혜로우신 하나님의 모든 목적을 간파할 수 있다는 것은 너무도 오만한 가정이 아닌가?

앞서 말했듯이 우리 문제의 핵심은 우리가 하나님을 우리보다 그리 크게 생각하지 않는 것이다. 우리는 하나님을 단지 우리보다 약간 더 크고, 약간 더 똑똑한 존재로 생각하는 경향이 있다.

하지만 우주를 창조하기 위해 하나님이 얼마나 크고 위대한 존재여야 하는지를 생각한다면 이는 정말 말이 안 되는 관점이다.

하나님은 그냥 큰 정도가 아니시다. 하나님은 크기에 관한 인간의 모든 범주를 초월하신다. 하나님은 우리가 아무리 과장된 표현을 사용해도 다 표현할 수 없을 만큼 큰 분이시다.

성경의 하나님은 우리가 충분히 다룰 수 있는 작은 존재와는 정반대이시다. 영국 철학자 이블린 언더힐은 우리의 머리로 이해할 수 있을 만큼 작은 신이라면 우리가 예배할 만한 신이 못 된다고 했다.

여기에 아이러니가 있다. 우리는 우리의 예배를 받아 마땅하고 우리 존재의 신비를 통제하며 우리의 열정에 불을 지필 능력이 있으면서도 작은 하나님을 원한다. 하지만 오직 '큰' 하나님만 그런 것을 하실 수 있다. 문제는 큰 하나님은 두렵다는 것이다. 그런데 사실 이거야말로 좋은 현상이다! 진짜 하나님이라면 우리의 두려움을 자아내야 마땅하다! 우리 인간은 그런 하나님을 통제하거나 조종할 수 없다. 진짜 하나님이라면 당연히 그럴 수 없어야 한다. 그런 하나님은 우리를 섬기지 않는다. 피조물인 우리가 그분을 섬긴다. 이것만이 큰 하나님 앞에서 우리 인간이 유일하게 보일 수 있는 적절한 반응이다. 잠언 1장에서 기자가 이렇게 말하는 이유이기도 하다. "여호와를 경외하는 것<sup>두려워하는 것</sup>이 지식의 근본이거늘 미련한 자는 지혜와 훈계를 멸시하느니라."잠 1:7

하나님의 위엄 앞에서 경외감으로 떨지 않는다면 절대 그분을 진정으로 알 수 없다. 그리고 그분을 모르면 그분을 우리 인간만한 크기로 축소하기 때문에 그분을 의심할 수밖에 없다. 하나님의 위엄 앞에서 경외감으로 떨지 않으면 그분을 의심할 수밖에 없다. 반면에 그분을 두려워하면 그분이 정확히 어떤 분인지를 알게 된다.

바로 이와 같은 일이 욥에게 일어났다.


## 고난의 대명사,
## 욥

우리는 욥에 관해 많이 알지 못한다. 그가 언제 살았는지 모른다. 성경은 그가 살던 시대를 알려 주지 않는다. 우리는 그가 어디에서 살았는지도 사실상 모르는 것이나 다름없다. 성경은 우스 땅이라고 말하지만 학자들은 그곳이 어딘지에 관해 우리보다 딱히 더 아는 정보도 없다. '노란색 벽돌 길을 따라가면 우스 땅이 나올까?' 하는 정도?

우리가 욥에 관해 아는 것은 그가 "온전하고 정직〔한 사람〕"이었다는 것이다.욥 1:1 심지어 성경에도 이런 평을 들은 사람은 그리 많지 않다. 욥은 착한 사람이었다. 오늘날로 보자면, 그는 자신의 어머니를 사랑하고 채식을 하고 도서관에서 빌린 책을 항상 제때 반납했다. 그는 휴대폰에서 새 업데이트를 하기 전에 항상 '약관'을 한 자도 빠짐없이 읽었다. 한마디로 그는 모든 면에서 정석 자체였다.

성경에서 우리가 그를 처음 만난 뒤 장면은 하늘로 바뀐다. 하늘에서 하나님이 직원들과 회의를 열고 계신다. 그렇다. 하늘에서도 회의가 열린다. 그런데 성질이 고약하다 못해 타락해 쫓겨난 전 직원 하나가 초대도 받지 않고 회의에 참석한다. 그자의 이름은 사탄이다. 히브리어로 '참소자' 혹은 '고발자'를 의미한다.

사탄은 이렇게 말한다. "하나님, 그거 아시나요? 사람들이 하나님을 섬기는 건 어디까지나 자신의 이익을 위해서입니다. 하나님이 뭔가를 주시니까 사람들이 섬기는 겁니다. 주신 것을 도로 빼앗으면 분명 저들은 하나님께 등을 돌릴 겁니다."<sup>성경을 내 말로 번역한 것이다</sup>

그러자 하나님이 말씀하신다. "좋다. 그럼 욥을 시범 케이스로 사용해 보자. 욥은 사랑하는 모든 것을 빼앗기고 나서도 상관없이 나를 사랑할 것이다."

사탄이 신경질적인 말투로 "어디 해 보시죠"라고 내뱉더니 바로 실행에 옮긴다. 욥의 사업, 집, 자녀, 건강까지 그에게 중요한 모든 것을 빼앗았다. 단, 아내만 빼고.

이 대목에서 당신은 자리에서 벌떡 일어나 소리를 쳐야 마땅하다. "잠깐! 뭐라고? 하나님이 저렇게 훌륭한 사람에게 고통스러운 일이 일어나도록 허락하셨다고? 어떻게 그러실 수 있지?" 이 물음의 답을 찾고자 욥기의 나머지를 읽어 본다. 하지만 답은 어디에도 없다.

이윽고 욥의 친구들이 나타난다. 그들은 좋은 친구들이 다 그렇듯 며칠간 아무 말 없이 요셉 곁에 머물며 함께 울어 준다. 그러다 어느 순간 갑자기 분위기가 이상하게 흘러간다. 친구들은 욥의 고난에 대한 답을 찾으려 애쓴다. 그리고 그 과정에서 그렇지 않아도 힘든 욥을 더 힘들게 한다.

"이보게, 우리가 아는 하나님은 공의로우셔. 그리고 알다시피 모든 일에는 이유가 있지 않은가. 그래서 말인데, 자네가 모든 것을 잃었다는 것은 뭔가 잘못을 했다는 뜻이야. 자, 무슨 잘못을 했는가? 우리에게 말해 보게."

욥이 손사래를 친다. "아냐, 물론 나는 완벽하지 않아. 하지만 이런 일을 당할 만한 짓은 저지른 적이 없네."

"이보게, 욥. 자네는 삶의 전부를 잃었어. 뭔가 이유가 있지 않고서야 어떻게 이런 일이 일어날 수 있겠는가. 우리가 기다려 줄 테니 잘 생각해 보게."

"정말이야. 나는 여태껏 나름대로 착하게 살아왔네."

"깊이 돌아보지 않는군. 자, 어제 무엇을 했는가?"

욥기의 37개 장 내내 이런 실랑이가 계속된다. 욥은 결백을 주장하지만 친구들은 욥에게 죄가 있다고 확신한다.

이윽고 하나님이 나타나신다. 악과 고통의 문제에 대한 답을 주시려고? 아니, 하나님은 오히려 더 많은 질문을 던지신다. 정확히는 64개나 되는 질문이다. 예를 들어, 다음과 같은 질문이다.

＊ 욥, 내가 우주를 지탱하기 위해 정한 물리학의 법칙에 관해 어떻게 생각하느냐? 그것을 이해나 할 수 있느냐?

* 내가 성운을 창조할 때 너는 무엇을 하고 있었느냐?

* 폭풍은 어디에서 오느냐? 언제 폭풍이 올지 네가 예측할 수 있느냐?

* 욥, 염소의 번식 습관에 관해 얼마나 아느냐?


왜 하나님이 욥을 무대 위에 세우고 대답하기 불가능한 질문을 속사포처럼 쏟아 내는 기자회견으로 상황이 돌변했는가? 만사를 이해하는 것은 욥이 아니라 하나님의 일이라는 점을 알려 주시기 위해서다.

하나님은 욥이 이 대화에 옳은 시각으로 임하고 있지 않다는 점을 보여 주기 위해 대화의 흐름을 바꾸신다. 하나님은 사실상 이렇게 말씀하신다. "이런 자연적 현상 이면의 신비를 상상조차 할 수 없는 네가 정말로 고통과 고난에 숨겨진 이유를 알 수 있으리라 생각하느냐?"

욥의 친구들은 욥의 상황을 보고 어리석은 가정을 하고 있다. "욥은 잘못했고 하나님은 화가 몹시 나셨다." 이는 참으로 단순 무식한 말이다. 하나님의 길과 우리의 길은 같지 않다. 하나님의 길이 더 크다. 조금 큰 정도가 아니라 몇 천억조 배나 더 크다. 하나님은 이렇게 말씀하신다. "성운의 분포, 염소의 번식을 이해하지 못한다면 나와 논쟁할 자격이 없다."

이어서 하나님은 이런 식으로 말씀하신다. "네가 이 세상을 하루라도 운영할 수 있을 것 같으냐?" 생각해 보라. 하나님은 전 세계 인구 80억 명의 삶을 동시에 조율하신다. 이는 마치 무한한 경우의 수를 낳는 80억 명의 자유 의지와 동시에 체스 게임을 하면서도 모든 게임을 원하는 결과로 이끌어 가는 것과도 같다.

마지막으로, 이 이야기를 마무리하시면서 하나님은 마이크를 놓으시고 욥은 무릎을 꿇는다. 하나님은 초자연적인 방법으로 욥의 친구들을 혼내시고, 욥이 잃은 모든 재산을 두 배로 돌려주신다.

욥기를 읽어 본 적이 있다면 아마도 성경 책을 손에 들고서 '이게 도대체 뭐지?'라는 생각을 했을 것이다.

나는 욥기가 큰 하나님에 관한 다섯 가지 요지를 제시하고 있다고 믿는다. 이를 알면 하나님이 세상 모든 것을 진정으로 다스리신다는 점을 이해하는 데 도움이 된다.

스포일러: 요지는 사탄이나 악, 고통이 아니다.


## 하나님의 능력은 주권적이다[21]

많은 학자가 칭기즈칸이 역사상 가장 강력한 왕이었다는 데 동의할 것이다. 칭기즈칸은 1162년에 태어나서 몽골을 통일한 뒤에 자신의 제국을 동쪽으로는 아시아 대륙을 가로질러 태평양까지, 서쪽으로는 아드리아해의 이탈리아와 그리스로, 북쪽으로는 러시아까지 확장했다. 그는 천재성과 자기 훈련을 통해 작은 유목 민족을 무시무시한 전쟁 기계로 탈바꿈시켰다.

그런데 딱 한 가지 문제가 있다. 칭기즈칸이 1227년에 세상을 떠났다는 사실이다. 그의 아들들이 몽골제국을 이어받아 100년 넘게 통치했지만 그 위대했던 제국은 1368년에 역사의 뒤안길로 사라졌다.

하나님은 모든 나라와 왕국과 제국, 나아가 온 우주, 보이는 영역과 보이지 않는 영역, 지구는 물론이고 모든 행성을 다스리신다. 하나님은 그분의 적과 귀신, 심지어 사탄까지도 다스리신다. 사실, 사탄은 모든 일, 심지어 겨우 한 사람의 삶을 불행하게 만드는 일이라도 하나님께 허락을 구해야 한다.

하나님은 깊은 바다와 높고 험준한 산꼭대기, 우리가 미처 그런 곳이 있는지조차 알지 못하는 곳, 우리에게 아무런 영향을 미치지 않아 보이는 곳까지 세상 모든 곳에서 역사를 행하신다. 욥기 38장 26절은 하나님이 스프링클러를 틀어 아무도 살지 않는 땅에도 물을 뿌리신다고 말한다. 반면에 나는 매일 보는 우리 집 마당에도 물 뿌리는 걸 자주 까먹는다.


## 하나님의 시각은 한계가 없다

1939년작 영화 〈오즈의 마법사The Wizard of Oz〉에서 도로시와 친구들은 마법사의 방으로 들어간다. 그들이 다가가자 마법사의 음성이 진동한다.

마법사 오즈: 나는 위대하고 강력한 오즈다! 너희는 누구냐?
　　　　　　너희는 누구냐?

도로시 : 저는 작고 약한 도로시예요. 부탁 좀 드리려고 왔어요.

마법사 오즈: 그 입 다물라! 위대하고 강한 오즈는 너희가 온

이유를 이미 알고 있노라.[22]

　마법사는 귀찮게 찾아와 부탁한다며 도로시 일행을 꾸짖는다. 결국 그는 뇌, 심장, 용기를 달라는 일행의 요구를 들어주겠다고 하지만 먼저 도전을 받아들여 그만한 가치가 있는지를 증명해 보이라고 한다. 사악한 마녀의 빗자루를 가져오라는 것이다. 이는 그 스스로는 할 수 없는 일임이 분명하다.

　도로시와 토토는 마법사의 목소리에 벌벌 떤다. 내가 어릴 적에 이 장면은 무한히 전지하고 전능하신 하나님 앞에 서면 어떠할지를 아주 조금이나마 상상할 수 있게 해 주었다. 물론 그 음성은 영화에서처럼 커튼 뒤에 숨어 있는 작은 사람에게서 나오는 소리가 아니다. 그 음성은 무無에서 만물을 존재하게 하신 무한히 큰 하나님의 소리다. 이 하나님은 만물보다 먼저 계셨으며, 모든 것을 이해하시고, 처음부터 끝까지 모든 것을 아신다.

　우리가 하나님의 이 속성을 표현할 때 사용하는 단어는 '전지하심'이다. 이는 모든 것을 아시고 모든 것을 가능한 모든 시각에서 보신다는 뜻이다.

이는 내 생각이 너희의 생각과 다르며 내 길은 너희의 길과
다름이니라 여호와의 말씀이니라 이는 하늘이 땅보다
높음같이 내 길은 너희의 길보다 높으며 내 생각은 너희의
생각보다 높음이니라. <sup>사 55:8-9</sup>

나는 내 시각으로 상황을 보는 것을 정말 잘한다. 하지만 아내의 시각에서 상황을 보는 것은 그만큼 잘하지 못한다. 물론 하나님의 시각에서 상황을 보는 것은 더더욱 제대로 못 한다. 하나님은 가장 평범한 일<sup>염소의 탄생</sup>에서 가장 중요한 일<sup>죽음</sup>까지 모든 것을 항상 즉 과거와 현재와 미래를 다 내다보신다. 여기에는 당신이 탁자 다리에 발가락을 부딪친 날까지도 포함된다. 하나님이 당신 입에서 나온 모든 말을 들으셨다고 확신해도 좋다.

하나님은 이 모든 세상을 창조하고서 하나님의 할 일 목록을 완성한 다음, 손을 털고서 다른 일로 넘어가시지 않았다. 그렇지 않다. 하나님은 지금도 모든 것을 유심히 지켜보고 계신다. 아무도 신경 쓰지 않는 것, 심지어 아무도 모르는 가장 덜 중요한 것까지 다 지켜보고 계신다. 하나님은 이 지구, 나아가 온 우주에서 매일, 아니 수조 분의 1초 동안 일어난 일까지 다 기억하신다. 나는 오늘 아침에 뭘 먹었는지도 벌써 잊어버렸다. 그런데 하나님은 나를 비롯한 전 세계 80억 명이 아침 식사로 뭘 먹었는지 일일이 다 아신다. 방금 당신이 이 문장을 읽는 동안 1초가 지났다. 하나

님은 그 1초 동안 80억 명이 뭘 했는지 아시며 이를 절대 잊지 않으신다.

욥은 하나님의 시각을 깨닫고서 즉시 무릎을 꿇는다. "나는 깨닫지도 못한 일을 말하였고 스스로 알 수도 없고 헤아리기도 어려운 일을 말하였나이다." 욥 42:3

욥이 할 수 있는 가장 현명한 일은 자신의 지식이 얼마나 유한한지를 인정하는 것이었다.

### 하나님의 선한 목적이 보장되었다

어느 날 사탄이 이렇게 말했다. "아무래도 하나님께 도전해야겠어." 그리하여 그는 10시에 열리는 하나님의 천사 원탁회의에 참석해서 모든 천사 앞에서 하나님께 도전했다.

아마도 모두의 입이 떡 벌어졌을 것이다. 이어서 모두가 숨을 죽였다. "방금 저 자가 하나님께 도전한 거 맞아?" 천사들은 서로에게 물었다. 하나님은 일말의 동요도 없이 그 도전을 받아들이셨고, 욥기 전체에 걸쳐 사탄이 틀렸음을 증명해 보이셨다. 하나님은 사탄이 틀렸음을 증명해 보이셨을 뿐 아니라, 오히려 사탄의 궤계를 역이용하여 그분의 목적을 이루셨다. 사탄의 공격은 오늘날의 당신과 나를 포함해서 수 세기 수많은 신자를 격려한 책을 탄생시켰다.

분명 이는 사탄이 계획한 상황이 아니었다. 하나님은 이 악과 비극과 실패까지 사용하여 그분의 목적을 이루신다.

"아이고, 애굽 군대가 우리를 추격하고 있어. 뒤에서는 군대가 쫓아오고 있어. 앞에는 도저히 건널 수 없는 이 홍해가 가로막고 있으니 그야말로 진퇴양난이야!"

"아, 이 거인 골리앗은 도무지 막을 수가 없어!"

"예수님이 죽어서 무덤에 장사 되셨으니 이젠 다 끝이군!"

성경을 보면 하나님이 인생 최악의 날들로도 최상의 목적을 이루시는 일이 계속해서 나타난다. 하나님은 지금도 이 같은 역사를 행하고 계신다. 당신의 삶에서 하나님이 삶 이면에 불가사의하게 역사하신 사건이 있는가? 하나의 인간관계가 깨진 뒤에 더 건강한 관계를 얻게 된 일, 암에 걸리고 나서 인생에서 가장 중요한 것을 소중히 여기게 된 일, 아이가 생기지 않아 답답하던 시기에 앞서 같은 어려움을 겪었던 친구의 마음을 비로소 이해하게 된 일 등.

당신과 나는 유한한 시각에도 불구하고 힘든 시간 속에서 나타난 하나님 역사의 작은 일부라도 볼 수 있다. 하물며 우리가 하나님이 보시는 것을 이해한다면 그분의 역사를 얼마나 더 많이 볼 수 있겠는가.

영국의 저널리스트 맬컴 머거리지는 이 점을 잘 설명하고 있다.

당시에는 지독히 참담하고 고통스럽게 느껴졌던 경험을

지금 와서 돌아보면 예상과 달리 큰 만족이 느껴진다. 사실, 75년간 세상을 살면서 내가 배운 모든 것, 내게 진정한 발전과 깨달음을 안겨 준 모든 것은 행복한 순간이 아닌 고통스러운 순간에서 탄생했노라고 확실하게 말할 수 있다.[23]

우리의 고통은 하나님이 자신을 드러내실 기회가 된다. 로마서 8장 28절은 이렇게 말한다. "우리가 알거니와 하나님을 사랑하는 자 곧 그의 뜻대로 부르심을 입은 자들에게는 모든 것이 합력하여 선을 이루느니라."

이 구절이 말하지 '않는' 것에 주목하라. 이 구절은 고난이 즐겁다고 말하지 않는다. 누군가 고난이 즐겁다고 말한다면 어서 정신병원에 연락하기를 바란다. 하지만 욥이 깨달았듯, 인간의 안 좋은 경험까지도 하나님의 손을 거치면 "합력하여" 선을 이룬다. 우리가 지금 일어나는 일을 모두 이해할 수는 없지만 지금도 돌아보면 고통스러운 순간 속에서 탄생한 좋은 것 중 '일부'를 이미 볼 수 있다. 조금만 시간을 내고 조금만 분별력을 발휘하면 지금도 우리가 겪는 고통 속에서 '이미' 그 목적을 볼 수 있다. 그렇다면 언젠가 무한한 시간 속으로 들어가 하나님의 시각으로 바라볼 때 그분의 선한 목적을 하나도 빠짐없이 보게 되지 않겠는가.

존 파이퍼는 이 점을 누구보다 명쾌하게 표현하고 있다. "하나님은 항상 우리의 삶에서 10,000가지 일을 행하고 계시지만 우리는 기껏해야 그중 겨우 세 가지 정도만 인식할 뿐이다."[24]

당신의 고난에 적용될지 모르는 선한 목적 몇 가지를 소개해 보겠다. 이 모든 목적이 모든 상황에 적용되지는 않으며, 이 목록에 포함되지 않은 선한 목적도 있다.

1. 하나님 음성을 듣는 귀가 더 활짝 열린다.
2. 다른 누군가를 하나님과의 더 깊은 관계로 이끌게 된다.
3. 가족이나 배우자, 다른 이들과 더 가까워지게 된다.
4. 사람들을 돕는 사역에 동참하거나 직접 사역을 시작하게 된다.
5. 비슷한 어려움을 겪고 있는 사람들을 돕기 위한 간증 거리를 얻는다.
6. 예수님과 조금 더 닮은 모습이 된다.
7. 예수님을 더 사랑하게 된다.

내가 사는 곳에서 그리 멀지 않은 곳에 빌트모어 하우스라는 오래된 저택이 있다. 그 저택 벽은 거대하고 말문이 막힐 정도로 아름다운 태피스트리 직물로 장식되어 있다. 수만 가닥의 색실이 한 가닥도 엉뚱한 자리에 있지 않고 아주 정교하게 짜여 완벽한 그림을 만들어 낸다. 하지만 태피스트리를 뒤집어서 뒷면을 보면 색실이 얼기설기 얽혀 있는 복잡한 형태가 보인다. 여러 가닥의

실이 무작위로 사방으로 뻗은 것처럼 보인다.

지금 우리 삶은 태피스트리의 무질서한 뒷면처럼 느껴진다. 하지만 언젠가 하나님이 역사의 태피스트리를 뒤집으시면 그때는 단 하나의 실오라기도 엉뚱한 자리에 있지 않다는 걸 보게 될 것이다. 하나님은 우리 삶의 모든 사건을 예수님의 아름다운 그림으로 짜고 계신다. 우리 안에서, 그리고 세상 속에서 그 그림이 완성되고 있다.

내가 우리 교인들에게 자주 하는 말이 있다. '요'로 시작되는 구약의 세 인물을 보면 우리의 고난 속에 숨겨진 하나님의 가장 큰 세 가지 목적을 이해할 수 있다는 것이다.

* 욥〔요욥〕: 고난을 통해 하나님을 더 이해하고 사랑할 수 있게 된다.
* 요셉: 고난을 통해 다른 사람을 구할 수 있게 된다.
* 요나: 고난의 징계를 통해 정신 차려 옳은 길로 돌아올 수 있게 된다.

야곱의 아들 요셉은 바로의 오른팔 자리까지 올라갔다. 그는 7년의 풍년과 7년의 흉년 동안 지도자로서 제국을 이끈 뒤에야 비로소 자신이 당한 고난의 이유를 이해하게 되었다. 그는 형들 손에 구덩이에 빠진 뒤 수년간 감옥에서 썩다가 하나님의 섭리로 하루아침에 죄수에서 애굽의 총리로 승진했다. 그는 훗날 형들에게 이렇게 말했다. "당신들은 나를 해하려 하였으나 하나님은 그것을 선으로 바꾸사 오늘과 같이 많은 백성의 생명을 구원하게 하시려 하셨나니."창 50:20

사탄이 요셉을 해하려고 계획한 일을 하나님은 오히려 선하게 사용하셨다. 요셉이 이 점을 이해하기까지는 상당히 오랜 시간이 걸렸다. 하지만 결국에는 그 의미를 깨달았다. 당신이 그리스도인이고 현재 고난을 겪고 있다면 말해 주고 싶다. 하나님은 당신을 위한 선한 목적을 갖고 계신다. 당신이 하나님을 사랑하고 그분을 신뢰하며 그분 음성에 귀를 기울이면 언젠가 알게 될 것이다.

### 하나님의 약속은 영원하다

욥기에서 내가 가장 좋아하는 구절을 대라고 하면 아무 망설임 없이 19장 25절이라고 말할 것이다. "내가 알기에는 나의 대속자가 살아 계시니 마침내 그가 땅 위에 서실 것이라."

내가 이 구절을 사랑하는 이유는 다음과 같다. 이 구절을 잘게 쪼개 보자.

＊ "내가 알기에는": 요셉의 확신이 실로 아름답다.

＊ "나의 대속자": 쓰레기를 황금으로 바꾸시는 분.

＊ "살아 계시니": 하나님은 살아서 우리에게 관심을

기울이신다.

* "마침내": 모든 것이 마무리되는 마지막 장.

* "땅 위에 서실 것이라": 하나님이 승리하실 것이다.


욥의 삶은 욥기 42장의 진리를 그대로 보여 준다. 욥은 결국 잃은 것을 남김없이 되찾았다.

당신이 잃은 모든 것도 결국 되찾게 될까? 바로 천국이 그렇게 되는 곳이다. J. R. R. 톨킨의 소설 《반지의 제왕: 왕의 귀환*The Return of the King*》에서 샘와이즈는 "모든 슬픈 일이 없던 일이 되는 곳"이라는 유명한 말을 했다.[25] 천국에서 우리는 잃은 것을 전부 회복할 뿐 아니라, 우리의 일시적인 상실을 통해 하나님이 더 큰 선을 위해 역사하고 계셨음을 분명히 보게 될 것이다. 또한 하나님을 사랑하고 믿는 이들은 결국 영원한 삶으로 들어가 온전한 기쁨을 얻을 것이다.


주께서 생명의 길을 내게 보이시리니 주의 앞에는 충만한 기쁨이 있고 주의 오른쪽에는 영원한 즐거움이 있나이다.<sup>시</sup>

16:11


부활의 날, 승리가 죽음을 삼킬 것이며 우리는 충만한 기쁨을 누릴 것이다. 여기서 "충만한 기쁨"이란 더는 커질 수 없을 만큼 큰 기쁨이며, "영원한 즐거움"이란 끝없이 지속되는 즐거움을 의미한다.

이 약속을 굳게 믿으면 지금 당장이라도 그 기쁨 속으로 들어갈 수 있다. 그러면 우리의 영원은 이미 시작된 셈이다. 이 땅에서의 삶은 끝없이 확장되는 천국 앞에 붙은 점 몇 개의 점<sup>생략</sup>표; "……"에 불과하다.

고통에 익숙했던 C. S. 루이스는 이렇게 말했다. "이 세상이 행복을 위해 마련된 곳이라고 생각하면 지독히 참기 힘들다. 하지만 이 세상을 훈련과 교정의 장소로 생각하면 그리 나쁘지 않다."[26]

현재 우리의 삶이 고통스러워도 계속해서 고통스럽지는 않을 것이다. 언제나 하나님의 영원한 약속을 기억하라.

## 하나님의 임재를 약속하셨다

모세는 적에 맞서 약속의 땅을 차지할 준비가 된 이스라엘 백성에게 당부했다. "너희는 강하고 담대하라 두려워하지 말라 그들 앞에서 떨지 말라 이는 네 하나님 여호와 그가 너와 함께 가시며 결코 너를 떠나지 아니하시며 버리지 아니하실 것임이라."<sup>신 31:6</sup>

예수님은 반대를 무릅쓰고 복음을 전할 준비가 된 제자들에게 당부하셨다. "내가 너희에게 분부한 모든 것을 가르쳐 지키게 하

라 볼지어다 내가 세상 끝날까지 너희와 항상 함께 있으리라 하시니라. "마 28:20

두 경우 모두, 사람들은 역경을 맞아 무너졌다가 다시 일어나 승리를 거두었다. 그리고 그 과정 내내 하나님이 함께하셨다.

하나님의 임재는 고통 없는 승리나 단기간의 승리를 보장하지 않는다. 하나님이 함께하신다고 해서 그때부터 무조건 편한 꽃길이 펼쳐지는 건 결코 아니다. 그 대신 고통의 경험이 변화된다. 하나님의 임재는 끝까지 우리와 함께하실 것이라는 약속이다. 당신은 어떤지 모르겠지만 고난 속에서 나를 가장 힘들게 하는 것은 풀리지 않는 의문보다 외롭다는 느낌, 나 혼자라는 생각이었다. 안 그래도 고통스러운데 아무도 나를 신경 쓰지 않을 때는 정말이지 견디기 힘들다.

하나님의 임재는 그런 두려움을 몰아낸다. 삶이 너무 힘들고 뜻대로 되는 일이 하나도 없어 보일 때가 있다. 하지만 그런 순간에도 하나님은 여전히 우리 곁에서 역사하고 계신다. 시간의 제약을 받지 않으시는 하나님은 사탄의 어떠한 공격에도 흔들리지 않으신다. 하나님은 우주 만물을 창조하셨으며, 그 안에 사는 우리를 불꽃 같은 눈동자처럼 지켜보고 계신다. 심지어 그냥 지켜만 보시는 게 아니라, 공감하신다.

아픈가? 예수님도 아프셨다.

외로운가? 예수님도 외로우셨다.

배신감이 드는가? 예수님도 배신당하셨다.

고난 속에는 내가 이해할 수 없는 게 너무 많다. 하지만 십자가 때문에 한 가지만은 확실히 안다. 고난은 하나님이 나를 버리셨거나 잊으셨다는 뜻이 아니다. 우리의 인생 날들이 아무리 어두워도 예수님의 빈 무덤이 우리 삶에 빛을 비춘다. 우리의 고통 가운데서도 하나님이 함께하신다.

코리 텐 붐과 언니 베치는 나치 포로수용소에서 끔찍한 고통을 겪었다. 코리는 언니가 이렇게 말했던 걸 기억한다. "하나님이 들어가실 수 없을 만큼 깊은 구덩이는 없다는 걸 그들에게 말해 줘야 해."[27]

아버지가 에콰도르 해변에서 호전적인 부족에게 살해당한 뒤 아들 스티브 세인트는 그 해변으로 돌아가 아버지를 죽인 부족과 친구가 되고 그들을 그리스도께로 인도했다. 그는 이렇게 말했다. "우리는 〔인생의〕 모든 장chapter이 다 좋기를 바라지만 하나님은 마지막 장에 이르러서야 다른 모든 장을 이해하게 될 거라 약속하신다."[28]

욥의 이야기 내내 하나님은 우리에게 이 메시지들을 보여 주신다. 그분의 '능력'은 주권적이다. 그분의 '시각'은 한계가 없다. 그분의 '선한 목적'이 보장되어 있다. 그분의 '약속'은 영원하다. 그분의 '임재'를 약속하셨다.

욥 이야기는 "세상에 왜 그토록 수많은 악과 고통이 존재하는가"라는 질문에 대한 답변서가 아니다. 그 이야기는 하나님이 어떤 분이신지에 관한 계시다. 악과 고통 앞에서 우리 인간에게 필요한 것은 바로 이 계시다.

욥의 고난은 여전히 인간이 온전히 이해하기 힘들다. 심지어 하나님의 목적은 고난당하는 당사자인 욥 자신과 주변 친구들, 욥기를 읽는 우리에게도 숨겨져 있다. 하지만 욥의 고통과 고난 이야기는 성경 전체에서도 하나님의 본성을 가장 잘 보여 주는 대목이다.

우리에게 하나님 뜻에 관한 설명은 필요하지 않다. 우리에게 필요한 건 하나님이 어떤 분이신지에 관한 계시다. 우리에게는 의문에 대한 답보다 하나님의 임재가 더 필요하다. 우리에게는 그 안에서 우리가 쉴 수 있을 만큼의 큰 하나님이 필요하다.

이것이 바로 예수님이 이 땅에 오신 이유다. 예수님 덕분에 우리는 그 하나님의 친밀한 임재, 우정, 우리의 영혼에 주시는 그분의 쉼을 알 수 있게 되었다.

하나님이 세상사를 다스리시는가?

그렇다.

세상에 악과 고통이 존재하는가?

그렇다.

악과 고통이 존재한다고 해서 하나님이 세상에 대한 통제권을 잃으신 것이 아니다. 십자가와 부활이 그 증거다. 하나님은 모든 것이 합력하여 선을 이루게 하신다. 따라서 그분 안에 있는 우리에게는 모든 십자가가 부활로 끝난다. 예수님이 그러셨던 것처럼 말이다.

악과 고통 속에서 하나님이 얼마나 놀랍고 엄청난 분이신지 더 생생하게 보게 되고, 그분께로 더 가까이 달려가게 되길 바란다. 또한 절대 잊지 말라. 그 악과 고통의 한복판에서 하나님이 당신과 함께 계신다. 당신은 결코 혼자가 아니다.

지금 당장은 이 진실이 와닿지 않을 수도 있다. 하지만 하나님은 당신의 삶에서 좋은 뭔가를 준비하고 계신다. 십자가와 부활의 복음에서 이를 확신할 수 있다. 우리 하나님은 실로 큰 분이시다. 따라서 언젠가 당신이 모든 일을 그분의 관점에서 볼 날이 오면, 모든 일이 어떻게 합력하여 그분의 영광과 우리의 선을 완벽히 이루고 있었는지를 분명히 이해하게 될 것이다. 당신 삶의 모든 실 가닥이 하나로 엮여 온전한 사랑의 밧줄을 이룬다.

하나님은 이 엄청난 일을 행하실 만큼 큰 분이시다. 이것이 오직 그분만이 우리의 예배를 받아 마땅하신 이유다.

성경 윤리,
너무 구시대적 마인드
아닌가요?

아, 그리운 80년대여.

그때는 쭉 펴면 길이가 족히 15미터는 될 법한 꼬불꼬불한 선이 수화기에 연결된 전화기로 통화를 했다. 집집마다 부엌이나 거실 벽면에 그 유선 전화기가 붙어 있었고, 온 가족이 공용으로 썼다. 그 시절 우리 집 전화번호는 아직도 기억난다. 하지만 지금은 가장 친한 친구들의 개인 휴대폰 번호도 정확히 기억하지 못한다.

당시는 사람들이 예고 없이 우리 집에 들르곤 했다. 예상치 못한 노크 소리가 들린다 해도 엽총에 총알을 장전하면서 경찰서에 전화를 걸지 않았다. 누가 아무 약속 없이 들르든, 심지어 진공청소기를 팔려고 찾아온 외판원에게도 시원한 차 한잔을 건네며 스스럼없이 이야기를 나누었다.

당시만 해도 쇼핑몰은 놀라운 곳이었다. 사회적·문화적 활동이 그곳에 집결되어 있었다. 금요일 밤이면 모든 사람이 쇼핑몰로 몰려갔다. [미국의 경우] 요즘은 쇼핑몰을 가면 유령이 나올 것 같다. 에스컬레이터를 탄 사람들만 드문드문 보일 뿐이다. 운동장만 한 주차장에는 이제 배달 차량만 가득하다.

1980년대에는 개를 데리고 식당에 들어가는 게 허용되지 않았다. 흡연은 가능했지만 흡연자를 위한 구역이 따로 있었다. 흡연자가 아니라도 그 구역에 앉는 사람이 많았다. 사람들이 간접흡연 따위를 신경 쓰지 않았기 때문이다. 음악을 듣고 싶으면 큼지막한 여행 가방만 한 라디오 세트를 주로 어깨에 메고 다녔다.

당시는 그야말로 음악 시장의 전성기였다. 록 밴드들은 미친 듯이 기타를 치고 빛의 속도로 빠르게 드럼을 쳤다. 분위기가 고조되면 누군가가 무대 위에서 3,000달러짜리 기타를 부수어 흥을 더욱 돋우었다.

1982년, UNC<sup>노스캐롤라이나대학교</sup> 남자 농구 팀은 마이클 조던이라는 떠오르는 스타의 맹활약에 힘입어 NCAA<sup>미국대학스포츠협회</sup> 우승컵을 들어올렸다. 영화 〈록키<sup>Rocky</sup>〉의 록키 발보아<sup>실베스터 스탤론</sup> 분는 머리를 수없이 맞고서도 승리할 수 있다는 사실을 모두에게 증명해 보였다. 영화 〈인디아나 존스<sup>Indiana Jones</sup>〉의 주인공 인디아나 존스<sup>해리슨 포드</sup> 분는 세계 곳곳의 보물을 발견했고, 영화 〈베스트 키드<sup>The Karate Kid</sup>〉의 주인공 다니엘<sup>랄프 마치오</sup> 분은 깡패들에게 본때를 보여 주었으며, 영화 〈탑건<sup>Top Gun</sup>〉의 주인공 매버릭<sup>톰 크루즈</sup> 분은 이름 모를 공해<sup>公海</sup> 상에서 러시아의 공격으로부터 미국을 지켜 주었다. 생각해 보라. 이런 것들은 여전히 우리의 가슴 속에 남아 있다.

그리움이 마구 몰려올 때마다 80년대가 너무 좋았던 시절처럼 느껴진다. 하지만 과연 당시가 지금보다 '실제로' 더 좋았을까? 당시에는 다른 인종과의 결혼을 대놓고 반대하는 사람이 많았다. 몇몇 주에서는 의사당 위에 1861-1865년 미국 남북전쟁 당시 노예 제도를 지지한 남부연합 정부의 공식 국기인 남부연합기를 거리낌 없이 걸기도 했다. 에이즈라는 병이 미국을 강타하자 많은 사람은 그것을 동성애자에 대한 하나님의 심판으로 명명하며 치료제를 개발하지 말아야 한다고 주장했다. 성폭력 피해자들은 노골적으로 무시당하고, 심지어 오히려 사건의 원인 제공자 취급을 받았다. CNN과 MTV는 24시간 미디어 소비 시대를 열었다. 80년대에는 폭탄 맞은 듯한 파마 스타일이 유행했다.

이 모든 것이 겨우 '40년 전' 일이다. 그러니 수천 년 전에 쓰인 성경이 구시대적인 책으로 취급받는 것도 무리는 아니다. 윤리를 바라보는 우리의 관점은 매년 변한다. 그런데 도대체 왜 수천 년 전의 윤리적 관점이 우리에게 중요하다는 걸까?

**성경, 언제나**
**'모든' 문화의**
**반감을 샀다**

나는 성경에 관한 이 질문을 자주 받는다. 특히 대학 캠퍼스에서는 성<sup>性</sup>과 관련해서 이 질문이 자주 날아온다. 우리 사회는 1960년대 이후로 성 혁명을 겪고 있다. 어제의 금기가 오늘의 자랑거리가 되었다. 1980년대에는 정상이던 것이 오늘날에는 편협과 고집으로 취급받는다. 아마 오늘날 정상인 것 역시 10년 안에 구식이 되지 않을까 싶다.

나는 이 학생들에게 성경이 현대인의 비위에 맞지 않는다고 해서 틀린 것은 아니라는 점을 설명하기 위해 무던히 애쓴다. 우리 조상들이 눈살을 찌푸리던 것들을 이제 우리는 높이 평가하고 있다. 예를 들어, 인종 평등을 대하는 성경의 시각은 1700년대 미국 노예 소유주들에게 반감을 샀다. 이것이 1800년대 영국 선교사들이 노예를 개종시키고 교육하고자 편집한 '노예 성경'에 대개 출애굽기와 신약의 상당 부분이 빠진 이유다. 그들은 평등에 관한 관념이 노예들 머릿속에 들어가는 것을 원치 않았다. 엘리자베스 캐디 스탠턴은 성경 전체를 철저히 분석하여 여성 인권과 참정권의 정당성을 주장하고 혁명을 일으켜 당시 세대의 반감을 샀다. 그는 한 세대에는 비난을 받았지만 다음 세대에는 다른 사람들을 계몽한 사람으로 칭송받았다.

나는 한 이슬람교 국가에서 한동안 섬긴 적이 있다. 그곳에서 결혼이 한 남자와 한 여자 사이에서만 이루어져야 한다는 식의 성 윤리에 관한 발언을 했을 때는 다들 고개를 끄덕였다. 그런데 성적 죄를 저지른 사람을 용서하는 것이 하나님 뜻이라고 말하면 다들 고개를 세차게 흔들었다. "그럴 수는 없어요! 그런 일이 절대 일어나서는 안 돼요! 간음하거나 동성애를 행한 자들을 용서한다면 사회 자체가 무너질 겁니다!"

성경은 양상만 다를 뿐 '모든' 문화의 반감을 산다. 팀 켈러가 자주 말했듯이 성경은 "모두에게 똑같이 반감을 사는 대상equal-opportunity offender"이다.

문화는 급속도로 변한다. 지금은 과거보다 더 빨리 변하며, 그 속도는 계속해서 더욱 빨라지는 듯하다. 어제 소셜 미디어에서 인기를 끌던 사람이 오늘은 구독 취소를 당한다. 이렇게 시시각각 변하는 문화의 한복판에서 나는 한 권의 옛 책이 현대 삶에 대해 시대를 초월한 온전한 시각을 제시한다고 주장한다. 나는 왜 그렇게 주장할까?

첫째, 약간의 겸손이 작용하고 있다. 우리는 조부모 세대가 믿었던 것들을 돌아보며 고개를 내젓는다. "고등교육을 받았다는 사람들이 저런 걸 믿었다니, 도저히 믿을 수 없어!" 하지만 생각해 보라. 그들도 자신들의 조부모에 대해 똑같이 생각했다. 과연 우리의 손자 손녀들이 훗날 오늘의 우리를 돌아보며 "와~ 정말 모든 걸 깨달은 분들이었어. 정말 지혜로워. 정말 앞서간 분들이야!"라고 말할까?

그럴 리가! 분명 우리 후대는 이렇게 말할 것이다. "저런, 도대체 무슨 생각으로 그런 거야? 도대체 어떤 괴물들이길래 그런 짓을?" 후대가 뭘 비판할지 이미 짐작이 간다. 자기 내면에서 삶의 방향을 찾는 경향, 성전환 수술, 잔인한 낙태 수술, 한편에서는 깨끗한 식수가 없어서 수많은 사람이 신음하는 데 다른 한편에서는 사치를 부리는 모습……. 이외에도 이 시대가 당연하게 여기는 많은 것을 후대에서는 문화 수준이 낮고 뒤떨어진 사고방식으로 평가할 것이다. 우리가 미국의 노예제도를 돌아보며 혀를 끌끌 차는 것처럼 말이다. 미래 세대가 우리를 얼마나 세차게 비판할지 생각하면 두렵기까지 하다.

시시각각 변하는 문화 속에서 성경은 스스로 옳고 그름에 관한 하나님의 시대를 초월한 기준이라고 변함없이 고집스럽고도 단호하게 주장하고 있다. 이 주장을 왜 진지하게 받아들여야 할까?

물론 궁극적으로 내가 성경을 진지하게 받아들이는 것은 그것이 하나님 말씀이고, 하나님은 옳고 그름을 선포하실 도덕적 권위를 지니고 계시기 때문이다. 성경이 하나님에게서 왔다는 증거는 셀 수 없을 만큼 많다. 그중에서도 성취된 예언, 예수님의 부활, 그분이 보여 주신 유례없이 아름다운 삶이 가장 강력한 증거다. 이 책에서 우리가 성경을 신뢰해야 할 모든 이유를 깊이 논할 수는 없다. 따라서 우리가 성경을 신뢰하는 '가장 근본적인 이유'는 그것이 하나님이 쓰신 책임을 믿기 때문이라는 점만 기억하고 넘어가자.[29]

하지만 여기서 끝이 아니다. 나는 수십 년간 목회하면서 성경을 도덕에 관해 역사상 가장 혁명적이고, 좋은 의미에서 진보적이고, 좋은 의미에서 보수적이며, 또한 가장 계몽적인 지침으로 보는 데 도움이 되는 여러 진실을 발견했다.


## 혁명을
## 원하는가

역사상 손꼽히는 위대한 도덕적 혁명들의 배경에는 성경이 있었다. 일례로 노예제도에 관해 살펴보자. 어떻게 그리스도인이 노예제도를 행하고 심지어 조장하기까지 할 수 있냐고 묻는 사람이 많다. 좋은 질문이다.

슬픈 현실은 거의 모든 주요 문화권에서 노예제도를 행했다는 것이다. 사회학자 토머스 소웰은 15-19세기 사이, 유럽 노예 상인들이 1,100만 명의 아프리카 흑인들을 거래했다고 지적한다. 하지만 같은 기간에 아랍반도에서는 그보다 두 배나 많은 노예 거래가 이루어졌고, 유럽 노예 상인들에게 팔린 모든 노예는 동포를 희생시켜 이익을 취한 다른 아프리카인에게 붙잡혀 팔린 사람들이었다.[30]

이런 역사적 사실을 소개하는 건 유럽 노예무역의 사악함을 축소하기 위해서가 아니다. 단지 노예제도가 역사상 거의 모든 주요 인류 문명에서 만연했다는 점을 보여 주기 위해서다. 악한 인간들은 자기 힘을 사용하여 다른 인간을 속이고 착취한다. 노예제도는 그런 악함을 표출한 방식 중 하나다.

소웰은 거의 모든 문명이 노예제도를 행한 반면에 그 제도를 폐지하기 위해 노력한 유일한 집단은 기독교 국가들이었다는 점을 짚어 준다. 미국에서 노예제도 폐지를 가장 강력하게 촉구한 부류는 기독교 설교자와 교사들이었다. 기독교 사회는 윌리엄 윌버포스, 존 웨슬리, 프레더릭 더글러스 같은 개혁자들을 탄생시켰다. 이와 같은 노예제도 폐지론자들은 개혁을 외치는 근거로 기독교의 가르침을 제시했다.

이 사실에 관해서도 가만히 생각해 보라. 대서양 연안에서 성행하던 노예무역은 아프리카와 아랍 국가들의 '반대' 속에서 폐지되었다. 그로 인해 모든 아랍 국가에서 노예제도가 법적으로 완전히 폐지된 건 1981년에 와서야 이루어졌다.[31]

좀 더 최근 일을 말해 보자. 흑인 공민권을 위한 혁명은 또 어떠한가? '침례교 설교자'였던 마틴 루서 킹 주니어가 미국에서 인종차별 철폐를 외친 건 결코 우연이 아니다. '서슴없이 할 말을 하는 그리스도인'인 데스몬드 투투 주교 덕분에 남아프리카공화국에서 인종격리정책<sub>아파르트헤이트</sub>이 종식된 것도 우연이 아니다. 이 리더들은 성경적 확신에서 비롯한 세계관을 바탕으로 목소리를 높였다.

미국의 여성 참정권 운동도 전적으로 남녀가 평등하게 창조되었다는 성경의 기본 개념에서 비롯했다. 지금 우리는 이를 당연하게 받아들인다. 하지만 100년 전만 해도 그렇지 않았다. 단, '성경적' 이상은 처음부터 확고했다. 여자도 하나님의 형상을 따라 창조되었고, 그래서 남자와 똑같은 존중을 받아 마땅하다. 오늘날에도 기독교 국가를 제외하면 많은 나라에서 남성이 여성을 동등하게 보지 않는다. 앞서 말했듯이 여성 참정권 운동의 지도자들이 남녀평등을 주장하기 위해 사용한 문서는 다름 아닌 '성경'이었다.

과학과 기술은 분명 우리 사회에 큰 유익을 끼쳤지만 그것들이 가장 중요한 도덕적 혁명을 낳지는 않았다. 오히려 최악의 잔혹 행위 이면에 과학과 기술이 있는 경우가 많다.


## 참그리스도인들의
## 역사 속 활약상

버지니아대학교University of Virginia

에서 찰스 매튜스 박사의 강연을 들었던 기억이 난다. 그때 그는 오늘날 기독교에 도덕적으로 반대하는 무신론자 대부분이 사실상 "기독교인 무신론자"라고 말했다. 이는 그들이 기독교를 반대하는 근거가 주로 기독교 세계관을 통해 형성된 가르침에서 왔다는 뜻이다.

무신론자 프리드리히 니체도 이 점을 인정했다. 그는 자신이 기독교를 도덕적으로 반대하는 근거가 궁극적으로는 기독교에서 배운 원칙들이라고 말했다. 한 역사학자는 이렇게 지적한다. "오늘날 무신론자들은 1,000년 전 무신론자와 같지 않다. 그들은 기독교인 무신론자들이다."[32]

많은 무신론자가 세계 어디를 가나 가장 열악한 곳에서는 꼭 그리스도인을 만나게 된다는 사실에 당황스러움을 금치 못한다. 기독교 신앙에는 신자들이 최악의 환경으로 기꺼이 들어가 섬기게 만드는 뭔가가 있는 것이 분명하다. 왜 그리스도인은 비참한 환경 속에서 가장 소외된 가장 약한 자들을 돕는 것일까? 답은 바로 성경에 있다. 그리스도인들은 성경의 페이지마다 기록된 도덕적 명령을 읽고 세상을 향한 하나님의 사랑을 발견한 뒤에 인생들을 변화시키고 구하기 위해 세상으로 나간다.

불과 몇 년 전만 해도 사하라사막 이남 아프리카 병원은 단 한 곳도 빠짐없이 모두 기독교 선교사들이 설립했다.[33] 혹은 성매매 문제에 관해 생각해 보라. 어린아이를 성 노예로 삼는 것은 도덕적으로 구역질나는 짓이지만 여전히 성행하고 있다. 오늘날 성매매의 최전선에서 싸우는 사람 중 많은 이들이 성경을 읽고서 그 일에 뛰어들었노라 고백한다.

그리스도인은 가난을 뿌리 뽑고, 남녀평등을 증진시키고, 사회 기반 시설을 구축하며, 아픈 사람을 고쳐 주고, 한센병 환자 같은 소외된 이들의 존엄성을 지켜 주고자 세계 곳곳에서 이름도 빛도 없이 고군분투하고 있다. 예를 들자면 끝이 없다.

그리스도인이라고 해서 본성이 선한 사람이라는 게 아니다. 그리스도인도 엉망진창인 인간일 뿐이다. 하지만 그리스도인이 붙든 책, 성경이 우리를 빚는다. 그 책이 우리를 안전지대에서 끄집어내 더없이 아름다운 긍휼과 희생의 삶으로 이끈다.

성경의 도덕성에 문제가 있다고 생각하는 건 대개 성경을 너무 대충대충 읽은 결과다. 중간중간 문제처럼 보이는 것들을 꼬집어 성경 전체가 문제라고 성급하게 결론을 내려 버린 탓이다.

성경은 하나의 '이야기', 지저분한 인류 역사 속에서 진행되는 하나의 거대한 이야기이며, 하나님의 계시는 한 번의 큰 사건을 통해 이루어지지 않았다는 점을 기억해야 한다. 이에 관한 신학적 용어는 "점진적 계시progressive revelation"다. 이야기가 진행될수록 하나님이 의도하신 도덕성이 더 분명하게 드러난다는 뜻이다.

처음에 하나님은 외적인 법으로 그분의 나라를 다스리셨다. 이것이 구약의 패턴이었다. 그러다 예수님이 오셨다. 그분은 개인의 내면에서부터 시작하여 나라들을 변화시키는 새로운 길을 여셨다. 바로 사람들 마음속에 복음의 씨앗을 심는 것이었다. 그러면 그 씨앗이 자라 마침내 불의를 없애고 평등을 증진시킨다.

일부다처제 문제를 보자. 다수의 비판자가 아브라함, 이삭,

야곱, 다윗 같은 성경의 위대한 '영웅'이 일부다처제를 행했지만 성경이 그 행태를 정죄하지 않는다는 점을 지적한다. 하지만 그에 대한 구절을 자세히 읽어 보라. 성경이 일부다처제에 관한 이야기를 할 때는 항상 끝이 안 좋다. 그리고 신약에서 바울은 한 남자와 한 여자가 평생 함께 사는 것이 결혼에 대한 하나님의 원래 의도였음을 들어 일부다처제가 나쁘다고 지적한다. 하나님의 원래 의도는 그분이 처음 지으신 책, 창세기에 분명히 나타나 있다.

또 다른 예를 보자. 아브라함과 이삭과 야곱은 맏아들을 우선시하는 문화적 전통을 따랐다. 하지만 가족의 전 재산을 한 아들에게만 몰아주는 것은 불공평하고 부당한 시스템이었다. 성경 어디에서 이 전통을 비난하고 있는가? 직접적인 비난은 찾을 수 없다. 하지만 하나님이 더 어리거나 약한 아들에게 복을 주시는 모습이 계속해서 나온다. 하나님은 에서가 아닌 야곱, 르우벤이 아닌 요셉, 가장 크고 강한 엘리압이 아닌 이새의 막내아들 다윗을 통해 역사하셨다. 하나님은 무시당하는 이들에게 은혜를 베풀고 약한 이들을 보호하는 복음으로 장자권 시스템을 허무셨다.

그렇다면 성경은 왜 이런 관행을 즉각적이고도 직접적으로 비난하지 않는가? 바울과 사도들이 사회 개혁을 더 분명하게 외쳤으면 좋았을 거라고 말하는 사람이 많다. 실제로 로마 세계에는 많은 사회 개혁이 필요했다. 예를 들어, 책임감 있는 정부, 노예제도 폐지, 정당한 전쟁의 원칙, 공평한 형벌 등 개혁해야 할 사안들이 산적했다. 물론 예수님과 사도들은 이런 개혁을 '이끌지는' 않았다. 언젠가 이런 개혁을 이끌 원칙들을 가르치기는 했지만 말이다.

사도들이 이런 개혁을 메시지의 초점으로 삼았다면 듣는 이들은 이런 것에만 집착해 이런 개혁을 가능하게 하는 복음 자체는 소홀히 여길 수 있었기 때문이다. 하나님은 개인들을 내면에서부터 변화시켜 사회를 변화시키신다. 하나님은 먼저 개인들의 가치와 세계관을 바꾸신다.

하나님은 그분의 교회에 복음 전파의 사명을 맡기셨다. 그 복음에는 우리 사회에 필요한 모든 위대하고 숭고한 개혁의 씨앗이 있다.


## 모든 것이
## 복음 안에 있다

복음은 세상에서 각종 평등화를 이루게 하는 가장 강력한 요인이다. 그리스도께서는 그분 안에서는 유대인이나 헬라인, 노예나 자유인, 남자나 여자, 어린아이나 노인 같은 구분이 없고 모두 하나라고 가르치신다. 갈 3:28 복음은 이 시대의 가장 진보적인 사상가들보다 여전히 까마득히 앞서 있다.

그렇다고 해서 진보를 표방하는 모든 새로운 사상을 하나님에게서 온 것으로 받아들여서는 안 된다. 인간의 사상은 잘못된 방향으로 흐르기가 너무도 쉽다. 따라서 우리의 가치는 성경의 명령에 단단히 뿌리 내려야 한다. 역사의 옳은 편에 서려고 애쓰지 말라. 그냥 하나님 말씀 편에 서려고 하라.

시대에 맞는 관습은 시대를 초월한 진리 아래 놓여야 한다. 우리가 80년대에 훌륭하게 여겼던 것들은 90년대의 멋진 것들에 자리를 내주었다. 이제 요즘 아이들은 멋진 것이 아닌 죽여주는 것들을 원한다.

성이나 자유의 본질, 자기 자신에게 충실한 것의 의미 등에 관해 우리 사회가 옳다고 말하는 것은 그리 중요하지 않다. 하나님은 당황하시지 않는다. 하나님은 처음부터 역사를 지켜보셨기에 지금 우리 인류가 실제로 어디로 향하는지 정확히 아신다. 그리고 우리 모두를 '지으신' 분으로서 그분은 우리가 어떻게 살 때 번성하는지를 아신다. 그분은 의의 기준 자체이시기에 옳고 그름을 명확히 아신다. 그분은 선한 아버지 자체이시기에 선과 악에 관한 그분의 관점을 전하라고 명령하신다.

따라서 다음번 사상이 우리 문화를 휩쓸 때 흥분하지 말라. 마음을 가라앉히고 성경으로 돌아가라. 그 안에 완전히 끝내주는

<sup>gnarly</sup> 인도하심을 찾을 수 있다. 〔이 시대 사람들도 여전히 "gnarly"라는 옛날 표현을 사용한다. 그렇지 않은가?〕

하나님은 왜
내 기도를
무시하시죠?

디지털 시대가 되면서 새로운 형태의 거부 방식이 등장했다. 당신도 알 것이다. 아마 당신도 이미 당했으리라.

메시지를 보냈는데…… 분명 읽었다. 읽음 표시가 되어 있다.

상대방이 분명 메시지를 읽었는데 어떤 답장도 하지 않는다.

용기를 내서 재미있는 표현이나 웃긴 실수 동영상 링크를 나누었는데 며칠이 지나도록 답변이 없다.

그야말로 투명인간 취급이다.

채팅으로 스무 명에게 웃기거나 의미 있는 뭔가를 나눴는데 '아무도' 응답하지 않으면 정말 비참하다. 이는 우리가 파티에서 무슨 말을 했는데 모두가 얼어붙어서 우리를 쳐다보기만 하는 상황의 디지털 버전이다. 쥐 죽은 듯 고요한 사이버 공간의 적막…….

"좋아요"나 웃음 표시 혹은 "!!" 같은 간단한 반응만 있어도 괜찮을 것이다. 하지만 상대방이 메시지를 읽고 아무런 반응도 보이지 않는다면? 심지어 무슨 말을 해야 할지 고민 중을 뜻하는 말줄임표조차 뜨지 않는다면?

## 빵을 구했는데
## 전갈을 받았다

솔직히 인정하자면, 때로 나는 기도할 때 이렇게 무시당하는 느낌을 받는다. 내 모든 기도 후에 하나님이 귀에 들리는 종소리나 엄지 척 이모티콘으로 반응해 주신다면 얼마나 좋을까. 하나님이 내 요청에 응답하고 계신다는 걸 알 수 있도록, 하다못해 내 스크린에 몇 분간이나마 지금 답을 쓰는 중이라는 의미의 작은 말줄임표만 떠도 좋을 것이다.

하나님이 실제로 응답하는 중이라는 확신만 있어도 얼마든지 기다릴 수 있다. 하지만 때로 아무것도 느껴지지 않는다. 그럴 때면 하나님께 무시당한 것만 같다.

어떤 의미에서 기도는 큰 믿음의 도약이다. 생각해 보라. 기도는 보이지 않는 하나님께 마음을 쏟아 내는 것이다. 그런데 하나님은 왜 최소한 우리를 아는 체조차 하시지 않는 걸까? 왜 하나님은 우리의 기도를 듣고 역사하고 계신다는 사실을 조금이라도 더 확실하게 보여 주시지 않는 걸까?

우리의 기도로 상황이 실시간으로 변하는 게 보이지 않으면 기도하기가 쉽지 않다. 하지만 성경은 하나님이 어떻게 응답하고 계신지를 볼 수 없어도 그분이 분명 우리의 기도를 들으셨고 이를 무시하고 계시지 않는다고 말한다. 예수님이 믿을 만한 분이라면 이 말씀은 사실일 수밖에 없다. 그리고 그분은 십자가에서 우리를 향한 사랑을 증명해 보이셨다. 그분이 나중에 우리를 무시할 생각이라면 십자가에서 우리를 위해 돌아가셨을 리가 없다. 십자가에서 그분은 우리를 떠나지도 버리지도 않겠다는 약속을 지키기 위해 무슨 일이든 하실 수 있다는 사실을 증명해 보이셨다. '그 때' 그 약속을 지키신 하나님이 '지금' 우리의 기도를 듣겠다는 약속도 주셨다.

그렇다면 기도의 열쇠는 믿음이다. 때로 하나님은 우리가 요청하는 대로 해 주시지 않는다. 이는 우리를 사랑하시지 '않기' 때문이 아니라 오히려 사랑하시기 때문이다.

예수님은 제자들과 나눈 즐거운 대화에서 이 점을 분명히 밝히셨다. 제자들은 예수님께 "기도를 …… 우리에게도 가르쳐 주옵소서"라고 요청했다.눅 11:1 그때 예수님이 가르쳐 주신 진리 가운데 하나는 이것이다. "너희 중에 아버지 된 자로서 누가 아들이 생선을 달라 하는데 생선 대신에 뱀을 주며 알을 달라 하는데 전갈을 주겠느냐."11-12절

잠시 이 구절의 논리를 생각해 보자. 자녀가 치킨 너겟을 달라고 하면 "좋다, 손을 내밀렴"이라고 해 놓고 그 손바닥에 코브라를 올려놓을 부모가 있을까? 물론 없다. 아이가 배가 고파서 치킨 너겟을 달라고 하면 모든 부모는 당장 달려가서 치킨 너겟에 감자튀김까지 사 올 것이다. 모든 부모는 자녀를 행복하게 해 주고 싶어 한다.

혹시 이렇게 묻고 싶은가? "하지만 하나님은 왜 내가 요청한 치킨 너겟을 주시지 않죠?" 예수님의 예를 뒤집어 보면 답이 나온다. 당신의 자녀가 가지고 놀 전갈을 달라고 하면 어떻게 하겠는가? 전갈을 구해다 주겠는가? 절대 그럴 리 없다. 아마 자녀에게 해롭지 않은 토끼 같은 동물을 가져다주지 않을까? 하나님도 마찬가지다. 하나님은 우리를 '사랑하심에도 불구하고'가 아니라 오히려 우리를 '사랑하시기 때문에' 우리가 요청한 것을 주시지 않을 때가 있다.

우리를 사랑하시기에, 지금 우리가 구하는 것 대신 우리에게 진짜 필요한 것을 주신다. 때로 우리가 치킨 너겟이라 생각해서 구하는 게 실은 전갈인 경우가 있다. 인생의 어느 시점에선가 우리는 위대한 신학자 가스 브룩스의 말이 참이었음을 배우게 된다. 브룩스는 때로 우리가 응답받지 못한 기도에 대해 하나님께 감사해야 한다고 말했다.

솔직히 말해, 나는 빵을 달라고 기도했다가 전갈 같은 걸 받은 적이 있다. 그로 인해 몹시 힘들고 괴로웠다. 하지만 시간이 흘러 그 아픔이 나를 치유의 길로 이끌었음을 깨닫게 되었다. 나는 그 고통 중에도 하나님을 믿어야 했다. 그 고통이 어떻게 해서 결국 나의 빵으로 변했는지는 나중에서야 깨달을 수 있었다.

십자가 자체는 제자들에게 이렇듯 전갈처럼 보이고 또 그렇게 느껴졌다. 필시 그들은 하나님이 통제력을 잃으신 것 아닌가 하는 의심에 빠졌을 것이다. 하지만 그 십자가는 결국 구원을 위한 하나님의 도구가 되었다.


## 영적
## 플랭크 운동

제2차 세계대전의 가장 어두운 순간에 윈스턴 처칠은 자신의 모교인 남자고등학교 해로스쿨로 돌아갔다. 그는 거기서 다음과 같은 유명한 연설을 했다. "이것이 교훈입니다. 절대 포기하지 마세요. 절대 포기하지 마세요. 절대, 절대, 절대, 절대!"[34]

누가복음 18장에서 예수님도 제자들에게 기도에 관한 비슷한 권면을 하셨다. 그분은 억울한 일을 당한 한 과부에 관한 비유를 해 주셨다. 하지만 과부에게 변호사를 고용할 돈이 없는 탓에 재판관은 그녀를 무시했다. 이 재판관은 옳은 일에 별 관심이 없는 사람이었다. 이에 과부는 재판관의 집 밖에 천막을 치고서 재판장이 일터나 마트, 헬스클럽 등 어디를 가든 자신의 억울함을 풀어 달라고 귀찮게 졸랐다.

그래서 어떻게 되었는지 보라. "그가 얼마 동안 듣지 아니하다가 후에 속으로 생각하되 내가 하나님을 두려워하지 않고 사람을 무시하나 이 과부가 나를 번거롭게 하니 내가 그 원한을 풀어 주리라 그렇지 않으면 늘 와서 나를 괴롭게 하리라 하였느니라."눅 18:4-5 이어서 예수님은 제자들에게 이렇게 말씀하셨다. "너희도 하나님께 이렇게 기도해야 한다."

예수님은 하나님을 부정직하고 못된 재판관에 비유하신 게 아니다. 하나님이 그런 재판관과 얼마나 다른 분이신지 대비對比해 보여 주신 것이다. "악한 재판장이라도 끈질긴 요구에 응할진대 사랑 많으신 하늘 아버지는 우리의 끈질긴 기도에 얼마나 더 응답하시겠는가." 예수님은 그렇게 말씀하신다.

누가는 이 비유에 관한 예수님의 요지를 처음부터 분명히 밝힌다. "예수께서 그들에게 항상 기도하고 낙심하지 말아야 할 것을 비유로 말씀하여."눅 18:1

보다시피 우리에게는 이 못된 재판장과 달리 우리의 요청을 기쁘게 들으시는 하늘 아버지가 계신다. 그분은 우리에게 얼마나 관심이 많으신지, 우리의 머리에서 머리카락 한 올이 떨어지는 순간마저 아시고 아들을 보내 우리를 위해 죽게 하실 정도로 우리를 소중히 여기신다. 이 비유는 그분이 끈질긴 요청을 통해서만 주시는 복들이 있다는 점을 가르쳐 준다.

끈기는 믿음의 행위다. 기도를 포기하면 하나님이 나를 신경 쓰시지 않는다고 선언하는 것과 마찬가지다. 계속해서 하나님 앞으로 찾아가면 아직 응답이 없어도 그 응답이 어디에서 오는지 안다는 뜻이다.

자, 이렇게 제안하고 싶다. 기도할 때 항상 문제를 아뢰는 것으로만 시작하지 말라. 찬양을 부르며 시작하라. 찬양은 하나님이 부탁을 들어주지 않을 수 없도록 아부하는 작업이 아니다. 찬양은 우리가 지금 어떤 하나님께 이야기하는 건지 기억하도록 자신을 일깨우는 일이다. 그럴 때 기도에 확신이 생긴다.

하나님께 우리의 요구를 상기시킬 필요는 없다. 오히려 우리가 그분의 신실하심을 기억해야 한다. 상기가 필요한 것은 그분이 아니라 우리다.

그리고 이 비유는 하나님은 무례하다 느끼실 정도로 우리가 문제를 계속해서 그분께 아뢰기를 기다리신다는 점을 분명히 보여 준다. 예수님은 "계속해서 구하라"고 말씀하신다. 하나님은 어떤 요청에 대해서는 끈기 있는 사람에게만 응답해 주신다.

혹시 이렇게 묻고 싶은가? "왜죠? 하나님이 우리에게 주고 싶어 하신다면 왜 처음 구할 때 바로 주시지 않나요?"

그것은 끈기가 우리의 영적 성숙을 위해 하나님이 사용하시는 주된 도구 중 하나이기 때문이다. 저항 훈련이라는 훈련법이 있다. 이는 우리의 근육이 우리 몸무게를 버텨야 하는 상황을 만들어 근육 강도를 키우는 것이다. 몸 전체에서 손에서 팔꿈치까지 팔뚝과 발가락만 바닥에 대는 플랭크라는 운동을 하는 사람을 헬스클럽에서 본 적이 있을지 모르겠다. 무척 힘든 운동이지만 효과는 만점이다.

하나님의 응답을 기다리는 것은 일종의 영적 플랭크 운동이다. 믿음 근육을 사용하면 영이 점점 강해진다. 포기하지 않을 때마다 다른 방법으로는 이를 수 없는 새로운 믿음의 수준에 이른다. 예레미야 선지자는 이렇게 말했다. "기다리는 자들에게나 구하는 영혼들에게 여호와는 선하시도다."애 3:25 나는 기다림을 별로 좋아하지 않지만 기다림의 유익을 실제로 많이 경험했다. 내 삶에서 가장 큰 영적 성장이 찾아온 기간은 하나님이 내 기도에 응답하시지 않는 것 같아 답답한 가운데서도 인내를 발휘하려고 애쓴 기간이다.

기다리는 내내 우리의 생각보다 훨씬 더 많은 일이 벌어지고 있다. 하나님은 오직 시간만이 말해 줄 수 있는 선한 일을 행하고 계신다. 이 사실을 받아들이고 영적 플랭크 운동을 계속하라.

## 하나님과의 씨름은 흔적을 남긴다

어릴 적에 나는 레슬링을 좋아했다. 고등학교 교실에서 하는 그런 어설픈 레슬링이 아니다. 사춘기 남자아이들이 몸에 딱 달라붙는 타이츠를 입고 어색한 자세로 뒤엉켜 끙끙거리는 모습은 보기 좀 그렇다. 여기서 나는 널리 알려진 전 프로레슬러 헐크 호건과 언더테이커, 나름 외모에 멋을 부린 거인들이 의자로 서로의 등을 공격하는 '진짜' 레슬링을 말하는 것이다. 누군가가 링 코너에 오르면 어떤 공격이 펼쳐질지 다들 짐작하리라.

성경에 이와 같은 시간제한 없는 치열한 레슬링 시합에 관한 기록이 있다. 창세기 32장에 그 기록이 있다. 한쪽 코너에는 야곱이라는 교활한 사기꾼이, 반대쪽 코너에는 하늘에서 내려온 천사<sup>혹은 사람</sup>가 있다.

이는 몹시 살벌한 이야기다. 아브라함의 손자 야곱은 정말 큰일이 났다. 형 에서가 그를 죽이려고 쫓고 있다. 혹은 야곱이 그렇게 지레짐작하고 있다. 30년의 원한이 정점에 이르렀다. 원한의 매치가 벌어지기 직전이다. 솔직히 야곱은 이런 일을 당해도 싸다. 그는 정말 매사에 부정직한 사람이었다.

야곱은 에서가 이 원한의 매치를 위해 친구들을 끌고 오고 있다는 소식을 듣는다. 한두 명도 아닌 무려 무장한 남자 400명이다. 야곱은 급박한 코너에 몰린 사람이 그러하듯 엎드려 기도하기 시작한다.

기다리던 하나님의 응답은…… 야곱과 씨름할 상대를 링으로 내보내는 것이었다. 400명이 몰려오는 것도 모자라 이제 천사까지 합세하여 한밤중에 싸움을 걸어온다. 동이 틀 때까지 둘의 씨름은 계속된다. 생각만으로도 피곤해진다. 무승부로 치닫는 것처럼 보이는 순간, 그 천사<sup>혹은 사람</sup>가 야곱의 고관절을 쳐서 뼈를 어

141

긋나게 한다. "잠깐! 애초에 이런 힘이 있었다면 왜 첫 라운드에 야곱을 쓰러뜨리지 않았지?"

야곱이 누워서 고통스러워하는 동안 천사는 그에게 이름이 뭐냐고 묻는다. 야곱이 속이는 자를 의미하는 "야곱"이라고 답하자 천사는 고개를 흔들며 말한다. "하나님은 네게 새로운 이름을 주셨다. 이제는 이스라엘이라고 하라. 하나님과 겨루어 이긴 사람이라는 뜻이다."

당신이 육신으로 나타나신 하나님과 직접 한밤중에 씨름하게 되지 않기를 바란다. 하지만 예수님은 우리의 기도가 때로는 힘겨운 씨름일 수 있음을 예상하라고 말씀하신다. 어떤 복은 고난의 기나긴 밤 내내 지속되는 씨름을 통해서만 찾아온다. 하나님은 그 씨름을 통해 우리의 정체성을 변화시키거나 새롭게 빚으시고, 우리가 그분만을 의지하도록 우리 안에 절뚝거림을 만들어 내신다.

이 씨름은 흔적을 남기며, 바로 이것이 하나님이 의도하신 바다. 야곱은 다리를 절뚝거릴 때마다 자신에게 하나님이 얼마나 필요하며 그분이 얼마나 신실하신지를 떠올렸다. 우리도 그리하게 될 것이다.

명심하라. 하나님은 그분을 기다리는 이들에게 선하시다. 하나님은 쓰라리고 아픈 경험을 통해 우리의 마음을 부드럽게 하시거나 우리의 결단을 강하게 하시거나 우리의 발걸음에서 으스댐을 제거하신다.

하나님을 의지하게 되는 것이 우리를 향한 그분의 목표다. 그리고 그 의지가 목표라면 약함은 되레 우리의 강점이 된다.

바로 앞 문장을 다시 한 번 읽어 보라.

당신의 문제점은 기도 자체가 아니다. 끈기가 부족한 것이 문제다. 고통스럽다고 싸움을 너무 빨리 포기한 것이 문제다. 돌파구가 나타나기 직전에 멈춘 것이 문제다.

야곱처럼 진짜 기도는 항상 우리에게 상처를 남긴다. 하나님은 우리를 극한의 상황까지 몰아가신다. 우리의 능력이 바닥 나고 자기 의존이 무너질 때까지 몰아가신다. 그때부터 우리는 절뚝이게 된다. 그렇다. 우리는 약해진다. 하지만 더 중요한 의미에서 하나님은 사실상 우리를 더 강하게 만드신다. 얻어터지고 싸움에 지쳤지만 전보다 더 강하게 하나님을 믿게 된다. 하나님은 절망의 순간으로 우리를 이끄시고, 더는 다른 선택지가 없는 우리는 그 자리에서 그분을 꼭 붙든다. 그렇게 그분과 함께할 때 우리는 전에 없이 강해진다.

## 내 기도가
## 응답되지 않는 이유,
## 어쩌면……

하나님이 기도에 응답하시지 않는 이유를 우리가 항상 알 수는 없다. 어떤 것들은 영원에 이르기 전까지는 온전히 이해할 수 없다. 때로 기도 응답의 '지체'는 우리의 믿음이나 구하는 동기를 비롯해서 우리 자신의 문제점과는 전혀 상관이 없다. 그런데도 기도가 응답되지 않는 이유를 간단히 점검할 수 있는 몇 가지 방법을 여기서 소개하고자 한다. 성경에서 찾아낸 다음 상황이 우리의 기도가 응답되지 않는 이유인 경우가 있다.

**어쩌면 하나님 뜻이 아닌 내 뜻을 추구하고 있을지 모른다** ○ 우리가 노골적으로 반항할 때 하나님은 우리 삶에 복을 부어 주시지 않는다. 시편 기자는 이렇게 말한다. "내가 나의 마음에 죄악을 품었더라면 주께서 듣지 아니하시리라."시 66:18 베드로는 남편이 아내를 잘 대하지 않으면 그들의 기도가 막힐 것이라고 경고한다.벧전 3:7 이외에도 성경의 다른 부분에서 예수님은 노골적인 죄가 하나님의 복을 차단한다고 말씀하신다. 이는 불신자나 신자나 동일하게 적용된다. 당신의 삶에 고백하지 않은 고의적인 죄가 있는가?

**어쩌면 하나님께 더 좋은 계획이 있을지 모른다** ○ 우리의 '유한

'한' 지식으로는 모든 것을 알 수 없음을 인정해야 한다. 때로 하나님은 미워서가 아니라 사랑해서 우리가 하는 요청을 들어주시지 않는다. 우리도 사랑하는 사람을 위해 그럴 때가 있지 않은가. 예를 들어, 우리는 자녀보다 더 많은 것을 알기에 때로 자녀의 요청을 들어주지 않는다. 최근 나는 열여섯 살이 된 딸에게 차를 사 주었다. 당연히 딸은 금 테두리를 한 아우디를 원했지만 대신 수동 기어 차량을 사 주었다. 그러자 딸은 "내가 왜 수동 기어 운전을 배워야 해요? 이건 너무 힘들어요"라고 말했다.

그때 나는 이렇게 말했다. "아빠도 알아. 하지만 ① 수동 기어 차량을 몰 줄 아는 것은 꽤 요긴한 기술이고 ② 차를 도난당할 위험이 적을뿐더러 ③ 운전 중에 휴대폰을 사용할 일이 없어지고 ④ 친구들이 차를 빌려 달라고 하지 않을 거야. 이것만 해도 삶이 훨씬 편해지겠지." 나는 분명 딸이 요구한 것과 다른 것을 주었다. 그것은 내게 더 좋은 계획, 평생 딸에게 더 큰 도움이 될 계획이 있었기 때문이다.

물론 딸에게 수동 기어 차량을 사 준 내 지혜에서는 얼마든지 흠을 찾아낼 수 있다. 하지만 내가 말하고 싶은 진의는 이해했을 것이다. 우리 하늘 아버지의 지혜는 언제나 우리의 지혜보다 낫다. 때로 하나님은 우리가 그분이 아시는 것을 안다면 당연히 요구할 법한 것 즉 우리에게 꼭 필요하고 좋은 것을 주신다.

**어쩌면 하나님의 선하심에 대한 확신 없이 그분께 나아가고 있을**

**지도 모른다** ○ 예수님의 형제 야고보는 기도에 관해 이것을 경고한다. "너희 중에 누구든지 지혜가 부족하거든 모든 사람에게 후히 주시고 꾸짖지 아니하시는 하나님께 구하라 …… 오직 믿음으로 구하고 조금도 의심하지 말라 의심하는 자는 …… 무엇이든지 주께 얻기를 생각하지 말라."약 1:5-7

야고보는 도움을 구하기 위해 하나님께 나아갈 때 의심하지 말고서 구해야 한다고 말한다. 그렇다고 해서 항상 하나님이 하시는 일에 관한 절대적인 확신과 절대 흔들림 없는 평안 속에서 살아야 한다는 뜻은 아니다. 내가 아는 모든 그리스도인은 때로 의심과 혼란에 빠진다. 야고보의 말은 '이중적인 태도로' 하나님께 나아가지 말아야 한다는 뜻이다. 하나님이 곧바로 응답해 주시지 않으면 조용히 다른 방도를 추구하지 말라는 뜻이다.

주일에는 "하나님, 우리 가정에 역사해 주세요"라고 기도해 놓고서 월요일에는 배우자를 괴롭히거나 교묘하게 조종하거나 자신의 불륜을 정당화한다.

주일에는 "하나님, 제 재정을 책임져 주세요"라고 기도해 놓고서 월요일에는 탈세를 도모하거나 고객에게 바가지를 씌우거나 다음 주에 내려고 했던 십일조 헌금을 써 버린다.

이런 식의 이중적인 태도를 멈추고, 하나님을 전적으로 신뢰하고 그분 뜻에 온전히 순복하라. 그분이 당신의 삶에서 선한 역사를 완성하시기까지 얼마나 걸리든 그 자세를 유지하라.

**어쩌면 충분히 오랫동안 기도하지 않았을지 모른다** ○ 어두컴컴한 씨름의 밤이 며칠 더 남았을지 모른다. 절대 포기하지 말라. 기도 응답이 내일 올 수 있다. 그다음 날 올 수도 있다. 하나님이 결국 응답하시리라는 기대감으로 기도하라. 하나님을 꽉 붙잡고서 야곱처럼 "절 축복하기 전까지는 주님을 놓지 않겠습니다"라고 말하라.

이를 어떻게 설명해야 할지 모르겠다. 다만 성경을 보면 분명히 알 수 있는 사실은 하나님이 끈질기게 기도할 때만 주시는 것들이 있다는 것이다. 예수님은 이 진리를 뒷받침하는 많은 비유를 주셨다. 그러니 포기하지 말라. 나는 예수님이 12시에 응답을 보내려고 계획하셨는데 11시에 기도를 멈춘 사람이 많다고 확신한다.

19세기 전도자이자 고아원 설립자 조지 뮬러는《기도가 전부 응답된 사람*Release the Power of Prayer*》이라는 책에서 다섯 명자기 아들의 친구들의 구원을 위해 끝까지 기도했던 이야기를 전해 준다.[35] 뮬러는 그들이 신자가 될 때까지 하루도 빠짐없이 기도하겠다 결심했다. 그렇게 기도를 시작한 지 18개월 만에 첫 번째 사람이 그리스도를 영접했다. 정말 긴 시간이다! 당장 응답이 나타나지 않아도 한 가지를 놓고서 500일 동안 매일 기도해 본 적이 있는가?

첫 번째 사람이 구원을 받자 뮬러는 일기장에 하나님을 찬양하는 글을 썼다. 하지만 아직 네 명이 남았기에 계속해서 기도했다. 그로부터 5년 뒤 두 번째 사람이 그리스도를 영접했다. 그 뒤로도 뮬러는 멈추지 않고 기도했다. 다시 6년이 흘러서 세 번째 사람이 그리스도를 영접했다. 뮬러는 계속해서 기도했다. 36년 뒤 노인이 된 뮬러는 아직 회심하지 않은 마지막 두 사람에 관해 일기장에 이렇게 썼다. "하나님을 믿고 계속해서 기도하며 응답을 기다릴 것이다." 마지막 두 사람이 그리스도를 영접한 것은 뮬러가 그 기도를 시작한 지 52년 뒤였다. 그리고 이는 그가 세상을 떠난 뒤의 일이었다.

뮬러는 "항상 기도하고 낙심하지 말아야" 한다는 예수님의 가르침을 실로 진지하게 받아들였다. 눅 18:1

요한계시록의 매우 감동적인 장면 중 하나에서 우리는 하나님이 우리의 기도를 단 하나도 놓치지 않으셨다는 사실을 볼 수 있다. "이십사 장로들이 그 어린양 앞에 엎드려 각각 거문고와 향이 가득한 금 대접을 가졌으니 이 향은 성도의 기도들이라." 계 5:8

당신과 나 같은 수많은 "성도"들이 오랜 세월 정의를 위해 기도하고 도우심을 구했지만, 때로는 그 기도가 무시당하는 것처럼 느껴지지 않았던가. 하지만 아니었다. 하나님은 그 모든 기도를 하나하나 들으셨으며, 고이 보관하셨다.

동료 목사인 타일러 스테이션이 이 구절에 관해 한 설명이 마음에 와닿는다. "하나님은 우리가 불쑥 내뱉은 지극히 간단한 요청부터 마음 깊은 곳에서 터져 나온 울부짖음까지 우리의 모든 기도를 수집하셨다. 마치 갓난아이가 손가락으로 칠하고 끄적인 낙서를 수집하는 할머니처럼 …… 하나님은 우리가 드린 모든 기도, 심지어 우리가 이미 잊어버린 기도까지도 소중히 간직하셨다. 그리고 그 기도를 여전히 이루고 계신다. 당신과 내 기도가 응답되는 쪽으로 역사의 궤적을 구부리고 계신다."36

언젠가 하나님은 세상을 최종적으로 회복시키실 때 우리가 드린 모든 기도를 최종적이고도 완전하게 이루시면서 그 회복의 과정을 시작하실 것이다.

> 또 다른 천사가 와서 제단 곁에 서서 금 향로를 가지고 많은 향을 받았으니 이는 모든 성도의 기도와 합하여 보좌 앞 금 제단에 드리고자 함이라 향연이 성도의 기도와 함께 천사의 손으로부터 하나님 앞으로 올라가는지라 천사가 향로를 가지고 제단의 불을 담아다가 땅에 쏟으매 우레와 음성과 번개와 지진이 나더라. 계 8:3-5

지금 천국에는 치유와 정의, 회복, 억울함에 관한 우리의 부르짖음으로 차고 넘치는 황금 대접이 있다. 그 기도 가운데 일부는 내가 드린 기도다. 때로 하나님은 치유나 정의 회복에 관한 우리의 기도에 지금 응답해 주신다. 하지만 때로는 지체하실 때도 있다. 그럴 때 우리는 기도의 응답을 받기까지 30-40년을 기도해야 한다. 때로는 이 땅을 떠날 때까지도 기도의 응답을 받지 못할 수 있다. 그렇다고 해서 하나님이 우리를 무시하신 건 아니다. 요한계시록에서 분명히 말하듯 하나님은 우리의 모든 기도를 고이 간직하신다.

세상의 최종적인 회복은 우리 성도가 오랜 세월 동안 드린 모든 기도가 온전히 이루어지면서 시작된다. 우리가 갈망하던 모든 정의와 치유, 회복, 억울함이 풀리는 일이 그 순간에 완전하고도 최종적으로 이루어질 것이다.

결국, 신자의 모든 기도는 응답된 기도다.

절대, 절대, 절대, 절대 포기하지 말라. 끈질기게 기도하라.

## 여호와는 나의 목자시니, 그분으로 충분합니다

당신이 응답받지 못한 기도에 관해 묻는다면 아마도 현재 고통스러운 상황을 겪고 있을 가능성이 높다. 이를테면,

* 그릇된 길로 달려가고 있는 자녀
* 사랑하는 사람을 잃은 일
* 가족이나 친구의 배신

* 불임

* 끊을 수 없을 것만 같은 중독

* 만성 통증

* 직업이나 목회, 생활 여건에 관한 좌절감


당신이 응답받지 못한 기도에 관해 묻고 있다면 아마도 당신은 '지금' 뭔가를 경험하고 싶은데 하나님은 당신이 기다리기를 원하시는 상황일 것이다. 그렇다면 기다리는 동안 확신이 필요하다. 그래서 시편 23편을 살펴보고자 한다. 시편 23편이 보통 장례식장에서 읽는 구절인 것을 잘 안다. 하지만 지금 힘든 상황이라면 뭔가의 상실 때문에 애통하고 있을 테니 장례식이나 다를 바 없다. 지금 당신에게는 소망이 필요하다. 시편 23편을 읽으면서 당신이 필요한 것을 전부 가졌다는 진실을 다시 마음에 새기기 바란다.


"여호와는 나의 목자시니 내게 부족함이 없으리로다." 내게는
하나님이 계시고 그분이 나를 지켜보시니 내게 필요한 것이
모두 있는 셈이다. 하나님이 내 편이시니 뭐든 내 힘으로
바꾸려고 할 필요가 없다.


"그가 나를 푸른 풀밭에 누이시며." 푸른 풀밭에서 양은 보통

뭘 하는가? 먹이를 먹는다. 다윗이 푸른 풀밭에 누워 있다는
것은 목자의 임재로 '충만해서' 심지어 더는 굶주림도 느끼지
않는다는 뜻이다. 풀밭에 누워서 낮잠을 잔다는 것은 지극히
편안함과 안전을 느낀다는 뜻이다.

"쉴 만한 물가로 인도하시는도다." 하나님은 만족과 평안이
넘치는 곳으로 나를 데려가신다.

"내 영혼을 소생시키시고." 내 마음과 내 뜻은 부서지고
흔들리고 깨졌지만 하나님은 나를 그분의 발치로 다시 이끌어
나를 채우고 회복시키신다. 그분이 내 곁에 있고 그분의 약속이
내 앞에 있으니 나는 계속해서 전진할 수 있다.

"자기 이름을 위하여 의의 길로 인도하시는도다." 하나님은
나를 새로운 장소, 새로운 도전, 새로운 모험으로 인도하신다.
때로 나는 싫어서 억지로 따라가기도 하지만 하나님이
인도하시는 곳에는 항상 공급하심이 있다.

"내가 사망의 음침한 골짜기로 다닐지라도." 내 길에도
어두운 날, 심지어 더 어두운 밤이 있다. 하지만 하나님이 나와
함께하시기에 두려워할 이유가 전혀 없다. 그분께는 밤이 항상

낮과 같다. 그분이 나의 태양이시요 나의 방패이시다. 내가
어두운 터널을 통과하는 내내 그분이 지켜 주신다. 나는 혼자가
아니다.

"해를 두려워하지 않을 것은 주께서 나와 함께하심이라 주의
지팡이와 막대기가 나를 안위하시나이다." 하나님이 방향을
알려 주고 보호하기 위한 도구를 들고서 내 곁에서 나를
지켜보고 계신다.

"주께서 내 원수의 목전에서 내게 상을 차려 주시고."
먹는 것은 쉼과 만족의 상징이다. 나는 어두움과 혼란의
한복판에서도 하나님의 임재를 풍성하게 누리고 그분의
보호하심 가운데 쉰다.

"기름을 내 머리에 부으셨으니 내 잔이 넘치나이다." 기름
부음은 복이다. 그것은 하나님의 영이 나와 함께하셔서
머리부터 발끝까지 나를 덮고 계신다는 확신이다. 하나님이
고통 중에서도 내게 주시는 복은 넘쳐흐를 정도로 풍성하다.

"내 평생에 선하심과 인자하심이 반드시 나를 따르리니."
나는 하나님의 선하심과 인자하심에서 도망칠 수 없다.

이것들이 항상 나의 바로 뒤에 있다. 그리스도인으로서 우리는 예수님을 따르는 것의 중요성에 관해 이야기하길 좋아한다. 하지만 예수님이 우리를 뒤따르시면서 우리의 비극을 승리로, 우리의 불행을 기적으로 바꾸고 계신다는 사실을 깨닫는 것도 그에 못지않게 중요하다.

"내가 여호와의 집에 영원히 살리로다." 하나님은 지금 나와 함께하실 뿐 아니라 영원히 함께하실 것이다. 내가 그분의 다스리심에서 벗어날 길은 없으며, 내가 무슨 짓을 해도 그분의 사랑 밖으로 내쳐지지 않는다. 그 누구도 위협이나 위해로 나를 그분의 사랑에서 떼어 낼 수 없다.

기도가 응답되지 않아 불행하거나 불안하거나 두려운 모든 이에게 말하고 싶다. 눈을 들어 하늘을 보라. 당신의 목자는 단 한 번도 당신을 떠나신 적이 없다.

의의 길은 삶의 길이라기보다는 예수님이 우리에게 필요한 전부라는 확신을 의미한다. 다윗의 고백처럼 우리에게 목자가 있다면 그것만으로 충분하다. 그분을 알고, 믿고, 소중히 여기고, 그분의 임재 안에서 쉴 수 있다면 기도 응답을 기다리는 동안 필요한 모든 준비를 갖춘 셈이다.

하나님은 우리의 기도를 무시하신 적이 없다. 그분은 우리가 미처 우리에게 필요한지 몰라서 구하지 않는 요청에까지 응답하고 계신다.


## 약속의 말씀,
## 하나님의 사전 응답

최근 어디에선가 우리가 하루에 6,000-7,000개의 생각을 한다고 주장하는 전문가의 글을 읽었다. 이 글을 읽은 뒤에 우리가 하루에 70,000-80,000개의 생각을 한다고 주장하는 전문가도 있다는 사실을 발견했다. 이 둘의 차이는 우리가 커피를 몇 잔이나 마시느냐에 따라 결정되는 게 아닐까 싶다. 이는 어디까지나 내 생각이다.

둘 중 어느 '전문가'가 옳은지는 나도 모른다. 하지만 한 가지 사실만큼은 분명하다. 우리 두뇌는 하루 종일 정말 많은 일을 한다. 우리는 정말 '많은' 생각을 한다.

그런데 그중 얼마나 많은 생각이 하나님의 약속에 뿌리를 두고 있는가? 성경에 3,000개 이상의 약속이 있다는 것을 아는가? 몇 가지 약속만 소개해 보면 다음과 같다.

1. 하나님은 우리를 위한 선한 계획이 있으시다. 하나님은 우리를 복 주시고 복의 통로로 삼고자 하신다. 예 29:11

2. 하나님은 우리에게 쉼을 주신다. <sup>마 11:28</sup>

3. 하나님은 우리에게 일만 주시지 않고, 그 일을 하는 데
   필요한 모든 힘을 주신다. <sup>빌 4:13</sup>

4. 하나님은 매일의 양식을 공급해 주신다. <sup>마 6:11</sup>

5. 아무것도 우리를 하나님의 사랑에서 떼어 낼 수 없다. <sup>롬 8:38-39</sup>

6. 하나님은 우리 짐을 대신 져 주시고 우리를 위해 싸워
   주신다. <sup>수 23:10</sup>

7. 하나님은 우리에게 하나님 나라 주기를 기뻐하신다. <sup>눅 12:32</sup>

8. 성령은 우리가 어떻게 기도해야 할지 모르는 것들에 대해
   기도해 주신다. <sup>롬 8:26</sup>

9. 하나님은 우리를 떠나지도 버리지도 않으실 것이다. <sup>수 1:5</sup>

10. 하나님은 예수 그리스도 안에서 그분의 풍성하심을 따라
    우리에게 필요한 모든 것을 공급해 주신다. <sup>빌 4:19</sup>

이제 겨우 열 개다. 아직 2,990개가 남았다. 비록 열 개 약속만 살펴보았을 뿐이지만 기분이 너무 좋다. 다윗이 이렇게 감탄한 것도 무리가 아니다. "하나님이여 주의 생각이 내게 어찌 그리 보배로우신지요 그 수가 어찌 그리 많은지요 내가 세려고 할지라도 그 수가 모래보다 많도소이다 내가 깰 때에도 여전히 주와 함께 있나이다." <sup>시 139:17-18</sup>

그렇다면 왜 우리는 한 가지 문제를 만나면 그 문제에 관해

5,789가지 걱정을 하면서 하나님의 약속에 관해서는 전혀 혹은 거의 생각하지 않는 것인가?

우리 삶의 확신과 안정, 기쁨은 하나님의 약속에 대한 의식과 정비례한다. 마음속에 하나님의 약속을 가득 채우라. 하나님의 약속을 묵상하라. 하나님의 약속을 암송하라. 모세는 이렇게 말했다. "이는 너희에게 헛된 일이 아니라 너희의 생명이니."<sup>신 32:47</sup>

약속의 말씀은 우리의 기도에 대한 하나님의 사전 응답이다. 그러니 그 약속을 믿으라. 하나님의 약속 안에서 쉬면 우리의 영혼이 평안해질 뿐 아니라 하나님이 주시려는 능력을 받는다.

그리고 무엇을 하든 포기하지 말라. 용기를 잃지 말라. 하나님이 지금 당신이 하는 기도를 유심히 듣고 계신다.

내가 최근에 경험한 한 가지 일을 나누면서 이번 장을 마무리하고 싶다. 그 일을 통해 하나님이 우리의 기도에 반드시 응답해 주신다는 사실을 다시금 분명히 깨닫게 되었다.

머릿속에 이 광경을 그려 보라. 노스캐롤라이나주 윈스턴세일럼에서 우리가 개척한 교회 단상에 내가 서 있다. 이 교회는 부흥이라고밖에 표현할 수 없는 일을 경험하고 있다. 한 자리도 빠짐없이 꽉 차 있는 성도석을 보는데 성령이 내가 '30년도 더 전'인 10대 시절에 드린 기도를 생각나게 하신다.

나는 윈스턴세일럼에서 자랐고, 어릴 적에 다니던 교회는 그다지 활기가 없는 평범한 침례교회였다. 나는 열여섯 살에 구원을 받았고, 내가 받은 네 번의 세례식 중 최고였다 그 뒤로 우리 교회가 부흥하기를 간절히 원했다. 성경에서 읽은 것처럼 수백 명씩 그리스도를 영접하고 하나님의 임재가 분명하게 드러나는 일이 우리 교회에서도 나타나기를 간절히 소망했다. 친한 친구들과 나는 매 주일 한 시간 반씩 교회에 일찍 나와 그런 부흥을 우리 교회에도 달라고 눈물로 기도했다.

우리는 1년간 열심히 기도했고, 주일마다 나는 부푼 가슴으로 교회에 갔다. '이번 주가 될지도 몰라. 지금일지 몰라. 어쩌면 오늘 하나님이 하늘 문을 여실지 몰라.' 그리고 매 주일, 변함없이 정체된 교회 예배를 보며 지독한 실망감을 안고 집에 돌아왔다.

결국 나는 대학교에 들어가 바빠지면서 다른 것에 관심을 쏟기 시작했다. 하지만 '하나님이 왜 그 기도에 응답해 주시지 않았을까?' 하는 의문은 늘 있었다. 하나님이 그곳의 부흥을 '원하시는' 것만은 더없이 분명해 보였다. 내 기도는 하나님 뜻과 정확히 일치해 보였다. 그런데 왜 하나님은 내 기도를 들어주시지 않으셨을까? 나는 갓 믿은 따끈한 신앙심으로 어린아이처럼 순수하게 기도했는데 도대체 왜?

시간을 현재로 빨리 감아 보자. 이제 나는 새 교회에 서 있다. 이 교회 현관 앞에 서면 언덕 너머로 어린 시절 내가 다니던 그 교회가 보인다. 그곳에서 나와 함께 자란 많은 젊은이가 지금 이 교회의 개척에 참여했고, 실로 놀라운 부흥을 경험하고 있다. 이곳에서 수백 명이 그리스도를 영접했다. 이곳에 서 있는데 성령의 음성이 나를 휘감는다. "30년 전 넌 내가 네 기도를 듣지 않았다고 생각했지만 전혀 그렇지 않다. 난 네 기도를 한마디도 빠짐없이 다 들었다. 단지 네 예상과 다르게, 더 좋게 응답했을 뿐이다."

우리가 믿음으로 드린 모든 기도가 이렇게 응답되는 날이 올 것이라고 나는 확신한다. 당신이 현재 어떤 상황에 처해 있든 당신에게 한 가지만은 확실하게 말할 수 있다. "하나님이 듣고 계신다!"

그러니 결코 포기하지 말라.

하나님 뜻을 아는
특별한 비법이
있을까요?

매직 8볼<sup>Magic 8 Ball</sup>은 1950년에 처음 발명될 때만 해도 신기한 장난감이었다. 앨버트 카터와 에이브 북먼은 크리스털 볼이라고 부르는 둥근 장난감을 개발했다. 이 공 안에는 푸른색 액체와 떠다니는 주사위가 들어 있었다. 카터에게 이것은 신기한 물건 이상이었다. 그의 어머니는 자신이 영들과 소통하여 예지력을 발휘할 수 있다고 생각했다. 카터에게 이 작은 크리스털 볼은 결정을 내릴 때 초자연적인 도움을 소환할 수 있는 도구였다.

하지만 이것은 완전히 실패했다.

그런데 브런즈윅 빌리아드와 협업하면서 상황이 달라졌다. 그들이 기존의 아이디어를 개선하여 개발한 매직 8볼은 미국에서 수백만 개가 팔렸다. 아마도 매직 8볼은 어느 대학에 들어갈지, 프러포즈를 수락할지, 어떤 직장에 들어갈지를 비롯해서 우리가 상상하는 것보다 훨씬 더 많은 운명을 결정했을 것이다.

질문을 하고서 매직 8볼을 흔들면 다음과 같은 식의 답이 나온다.

"징조는 예스<sup>Yes</sup>를 가리킨다."

"전망이 그리 좋지 않다."

"답이 모호하니 다시 시작하라."

필시 이 책의 독자들은 대부분 무언가를 결정해야 할 때 매직 8볼의 도움을 받지 않을 것이다. 하지만 내가 아는 거의 모든 사람은 최고의 결정을 내리는 법을 알고 싶어 한다. "어떻게 하면 내 삶을 향한 하나님 뜻을 알 수 있죠?"는 내가 가장 자주 받는 질문이다.

사람들은 옳은 결정을 알려 주는 하나님의 '표시'가 있기를 바란다. 그리고 그런 표시가 있다면 이를 분간하는 법을 알고 싶어 한다. 예를 들자면 이런 식이다.

"목사님, 이 여자에게 데이트를 신청해야 할지를 놓고 하나님께 기도해 왔어요. 그런데 며칠 전 퇴근길에 옥외 광고판을 봤는데 그 회사 이름이 이 여자의 이름과 같은 글자로 시작하지 뭐예요! 게다가 광고판 글자 색이 이 여자의 눈 색깔과 같았어요. 그리고 광고판의 전화번호 마지막 두 자리가 이 여자의 나이와 똑같더라고요. 어떻게 이게 다 우연일 수 있겠어요? 목사님, 하나님이 이 여자에게 데이트를 신청하라고 말씀하신 건지 알고 싶어요."

어쩌면 그럴지도 모른다.

하지만 아닐 수도 있다. 솔직히 내가 볼 때는 접근 금지 명령의 전조처럼 보인다.

설명할 수 없는 따스한 느낌, 소름, 구름 형태, 심지어 내 친구처럼 "간이 서늘한 느낌"에서 하나님 뜻을 알게 되었다고 주장하는 이들도 있다. 물론 성령의 신비로운 인도하심을 무시할 생각은 추호도 없다. 분명 하나님은 기적적인 일을 행하실 때가 있다.

하지만 대개 우리의 이런 경향 이면에는 하나님이 일종의 까꿍 놀이를 하고 계신다는 가정이 있다. 우리는 마치 우리 삶을 향한 하나님 뜻이 세 개의 비밀 문 중 하나의 문 뒤에 있고, 이렇다할 단서나 도움 없이 우리 힘으로 어떤 문이 옳은지를 알아내야하는 것처럼 군다.

하지만 과연 하나님은 우리가 우리 삶을 향한 그분의 뜻에 관해 그런 식으로 생각하기를 원하실까? 매직 8볼의 말을 빌리자면, "내 영은 아니라고 말한다."

## 손쉬운 5단계 같은 건 없다

잠시 배경을 살펴보자. 50년 전까지만 해도 '하나님 뜻을 아는 것'에 관한 논의는 거의 없었다. 최소한 개인적인 의사결정 영역에서는 그런 내용을 찾아보기 힘들었다. 초대교회와 종교개혁 당시의 설교를 조사해 보면, 이 주제에 관한 설교는 단 한 편도 찾을 수 없다. 2,000년 동안 사람들은 우리만큼 성경을 열심히 연구했지만 이 질문은 그들이 궁금한 상위 세 번째나 상위 열 번째, 심지어 상위 100번째 질문 안에도 들지 못했다. 그런데 지금 이 시대에는 이것이 우리의 주된 질문이 되었다.

이는 무엇을 의미하는가? 우리 문화가 개인주의를 특징으로 하는 '셀피' 문화로 전락했다는 뜻은 아닐까? 이제 우리는 하나님 뜻을 '자아실현을 위한 중요한 도구' 정도로만 생각한다.

항상 그런 건 아니지만 신자들이 본의 아니게 하나님 뜻을 우상으로 변질시키는 일이 생각보다 훨씬 많이 일어난다. 그들은 하나님 자체를 아는 것보다도 그분의 뜻을 알기를 더 원하는 것처럼 보인다. 마치 그분의 뜻을 아는 것이 그분을 믿는 것보다도 더 중요한 것처럼 되어 버린 형국이다. 우리는 삶에서 모든 불확실성을 없애고 성공을 보장하기 위한 방법으로 하나님 뜻에 매달리고 있다.

여기서 '우리'는 말 그대로 '우리'다. 즉, 나도 똑같은 짓을 하고 있다.

우리 모두는 '내 삶에 대한 하나님 뜻을 발견하는 쉬운 5단계'를 원한다. 우리는 '바보도 찾을 수 있는 손쉬운 수준의' 하나님 뜻 찾기법을 원한다. 물론 하나님 뜻은 그런 식으로 이루어지지 않는다. 그럼에도 불구하고 우리는 빠른 해법을 바란다. "하나님, 그냥 속 시원하게 알려 주세요! 제가 경영학을 전공해야 할까요, 신학을 전공해야 할까요? 매디슨과 헤어져야 할까요, 아니면 결혼하자고 해야 할까요? 보스턴으로 이사해야 할까요, 아니면 시카고인가요?"

하나님이 이런 데 전혀 신경 쓰시지 않는다는 뜻은 아니다. 하나님은 분명 이런 것도 챙기신다. 하지만 성경을 보면 하나님 뜻은 우리가 '무엇을 하느냐'보다 '어떤 사람이 되느냐'에 관한 것이다. 하나님을 닮은 사람이 되면 자연스럽게 그분의 뜻을 행하게 된다.

'하나님 뜻'이라는 말에 관해 조금 더 깊이 이해할 필요성이 있다. 대학생 시절, 나는 하나님 뜻에 관한 문헌을 모조리 뒤진 끝에 성경에서 그 개념을 적어도 세 가지 방식으로 제시하고 있음을 발견했다.

### 하나님의 섭리적인 뜻

'하나님의 섭리적인 뜻'이란 하나님이 인류의 역사와 사건들을 통제하여 그분의 목적을 이루시는 불가사의한 방식을 가리킨다. 예를 들어, 예수님은 우리의 죄를 위해 십자가에서 돌아가시게 정해져 있었다. 그 무엇도 이 일을 막을 수 없었다.

에베소서 1장 11절에서 바울은 "모든 일을 그의 뜻의 결정대로 일하시는〔하나님〕"이라는 표현을 사용한다. 하나님이 모든 역사를 그분의 목적이 이루어지는 방향으로 이끌어 가시며, 그분이 이루고 싶어 하시는 일이 이루어지지 않는 경우는 단 한 번도 없다는 뜻이다.

앞서 보았듯이, 역사의 단 한 가닥 실도 제자리에서 벗어나는 법이 없다. 하나님이 섭리적인 뜻에 따라 온전히 다스리고 계심을 알면 우리 안에 평안이 가득해진다. 우리 삶이 아무리 통제 불능 상태에 빠진 듯 보여도 하나님의 통제 밖에 있는 건 아무것도 없다는 사실을 기억해야 한다.

**하나님의 도덕적인 뜻**

'하나님의 도덕적인 뜻'이란 곧 하나님의 명령을 가리킨다. 데살로니가전서 4장 3절에서 바울은 우리의 '성화'가 하나님 뜻이라고 말한다. 하나님은 우리가 날이 갈수록 더 거룩해지기를 원하신다. 하나님은 우리가 다른 사람을 죽이거나 간음을 저지르거나 도둑질하는 걸 원하시지 않는다. 그분은 우리가 서로를 사랑하고, 가난한 이를 돌보며, 하나님을 예배하고, 그분을 따라 그분의 사명을 이루기를 바라신다.

하나님의 섭리적인 뜻에서와는 달리, 우리는 이런 도덕적인 뜻에서는 벗어날 수 있다. 물론 벗어나 봐야 우리에게 손해다. 성경에서 "하나님 뜻"이라는 표현이 나오면사실상 그리 자주 나오지는 않는다 대개는 도덕적인 뜻이라고 보면 된다.

**도덕과 상관없는 결정에서의 하나님의 인도하심**

오늘날 신자들이 자기 삶을 향한 하나님 뜻을 찾는다 하면 보통 어떤 직업을 선택할지, 어느 도시로 이사할지, 어느 교회에 다

널지, 누구와 결혼할지를 묻는 걸 의미한다. 오늘 무슨 셔츠를 입을지, 점심 식사로 뭘 먹을지, 오늘은 어느 경로로 회사에 갈지를 물을 수도 있다. 다 좋다. 하나님은 우리를 사랑하시기에 우리 삶의 시시콜콜한 부분에까지 개입하고 싶어 하신다. 하지만 그런 문제에 관해서는 도덕적인 뜻만큼은 명확하게 알려 주시지 않을 수 있다.

성경은 이미 섭리적인 뜻과 도덕적인 뜻에 관해서는 분명히 밝혔다. 이 두 영역에서는 협상할 수 없다. 하지만 마지막 범주인 '도덕과 상관없는 결정'에서의 하나님의 인도하심에 대해서는 많은 사람이 오해하고 있다. 그들은 2번 문 대신 1번 문을 선택하면 삶을 망칠 거라고 불안해한다. 그들은 하나님이 자신을 위해 좋은 것을 많이 준비해 놓으셨는데 자신이 애틀랜타 대신 찰스턴으로 가는 바람에 자신에게 꿈의 직장을 소개해 줄 누군가나 자신과 가정을 이룰 연인을 만나지 못한 게 아닐까 걱정한다.

하지만 그거 아는가? 하나님은 당신이 찰스턴으로 갈 줄 아셨다. 그것이 당신에게는 예상 밖의 상황일지 모르지만 하나님께 예상 밖의 상황이란 있을 수 없다. 도덕과 상관없는 영역에서는, 당신의 결정으로 하나님의 첫 번째 계획이 무산되어 두 번째 계획 혹은 세 번째나 네 번째 계획으로 변경되는 일은 없다. 하나님 뜻은 그런 식으로 이루어지지 않는다.

그런데도 많은 사람이 자신을 향한 하나님의 특별한 계획을

167

놓쳤다고 생각하여 밤새 뒤척이고 손톱을 깨물고 공동체 소그룹 지체 앞에서 흐느낀다.

내가 그들에게 해 주고 싶은 조언은 반직관적으로 들릴 수 있다. "당신은 지금 엉뚱한 것에 집착하고 있어요."


## 옳은 것에
## 집착하라

정말로 하나님 뜻을 알고 싶다면 엉뚱한 것에 대한 집착을 멈추고 옳은 것에 집착하라.

"옳은 게 뭐죠?" 아주 좋은 질문이다.

### 하나님을 알고 그분을 닮아 가는 일에 집착하기

앞서 하나님 뜻을 따르는 것은 '무엇을 하느냐'보다 '어떤 사람이 되느냐'에 관한 거라고 말했던 내용을 기억하는가? 하나님을 알고 예수님처럼 행하는 만큼 우리는 하나님 뜻을 이루게 된다. 하나님 뜻은 우리가 그분처럼 되는 것이다. 그분을 닮아 가는 것이다. 바로 이것이 성숙이다. 하나님처럼 생각하는 법을 배워 가는 것이 곧 성숙이다.

우리 부부는 우리 아이들이 어른으로 자랐을 때 어른처럼 생각할 수 있도록 가르쳤다. 아이들이 어릴 때는 온갖 규칙을 따르게 했다. 하지만 아이들이 자랄수록 규칙을 점점 줄여 갔다. 우리의 바람은 아이들이 우리의 규칙이 전혀 필요 없어질 때까지 자라는 것이었다. 우리는 아이들이 스스로 성숙한 결정을 하는 사람이 되기를 바랐다. 우리는 아이들이 어른이 되어서도 갈림길을 만날 때마다 부모에게 일일이 방향을 묻는 사람이기를 원치 않았다. 우리의 목표는 우리 아이들을 성숙으로 이끄는 것이었다. 우리의 목표는 아이들이 자랄수록 성숙해져서 우리가 생각지도 못한 상황을 스스로 헤쳐 나갈 수 있게 되는 것이었다.

이와 비슷하게, 그리스도인의 성숙은 매번 하나님께 옳은 결정을 알려 달라고 요청하는 것이 아니다. 그리스도인의 성숙은 하나님처럼 생각하는 법을 배워 가는 것이다.

90년대에 유행했던 WWJD 팔찌를 기억하는가? WWJD는 "예수님이라면 어떻게 하실까?What would Jesus do?"를 의미한다. 그때는 어딜 가도 이 팔찌를 찬 사람을 볼 수 있었다. 지금은 예전만큼은 아니지만 그래도 여전히 가끔은 눈에 띈다. 팔찌의 인기와 상관없이, 이 질문은 언제든 던져 볼 만한 가치가 있는 관점이다. 언제 어디서 무엇을 하든 우리는 "예수님이라면 이 상황에서 어떻게 하실까?"라고 물어야 한다.

사실 예수님을 이미 잘 아는 사람이라면 본능적으로 그 답을 안다. 예수님이 하신 말씀을 알고, 평소에 그분과 시간을 많이 보내고, 그분의 도덕적인 뜻을 적극적으로 추구하는 사람은 그 답을 안다. 예수님처럼 생각하는 사람이 되면 그분의 뜻을 본능적으로 알고 행하기 시작한다.

예수님의 성품을 닮지 않으면 예수님 뜻을 알 수 없고, 예수님 말씀을 알지 못하면 예수님의 성품을 닮기 어렵다. 따라서 예수님 뜻을 추구한다고 말하면서 예수님이 하신 말씀을 공부하지 않고 있다면 십중팔구 그 사람은 예수님의 뜻도 말씀도 전혀 이해할 수 없다.

### 각 결정의 세부 사항 하나하나에 대한 집착 버리기

하나님은 우리가 대부분의 사안에서 그분께 받은 자연적인 능력으로 결정하기를 원하신다. 성경에 당신의 상황에 관한 구체적인 말씀이 있는지 확인하라. 모든 면을 고려하라. 긍정적인 면과 부정적인 면을 모두 나열하라. 당신이 보지 못하는 면을 볼 수 있는 사람들에게 조언을 구하라. 잠언은 지략을 한데 모으면 안전하고 승리를 거둘 수 있다고 말한다.[잠 11:14] 그리고 사도행전 곳곳에서 하나님이 다른 성도들을 통해 사도들을 인도하시는 모습을 볼 수 있다.

시간을 내서 하나님이 당신의 삶에서 이전에 행하신 일들을 돌아보라. 그분이 펼치고 계신 어떤 패턴이 눈에 들어올 수도 있다. 그분이 막 열어 주신 어떤 기회의 문을 위해 당신을 지금껏 준비시키고 계셨음을 보게 될 수도 있다.

당신의 속도를 늦추라. 하나님께 그분이 역사하실 시간을 드리라. 물론 그러는 동안 기도를 멈추지 말라. 당신에게 무언가 정보가 더 필요하다면 하나님이 공급해 주실 줄로 믿으라.

그런 다음, 결정해야 할 때가 오면 망설이지 말고 과감하게 결정하라. 잘못된 결정을 내리더라도 목자이신 하나님이 조용히 방향을 틀어 올바른 풀밭으로 인도하실 줄 믿으라.

기쁜 소식이다. 하나님은 에덴동산에서 이미 우리의 의사결정에 대한 신뢰를 잃으셨다. 그때 이미 하나님은 우리를 그분이 원하시는 곳으로 이끌려면 우리의 지혜로운 선택보다 그분의 사랑의 인도하심이 필요하다고 판단하셨다.

하나님의 인도하심을 따르는 길이야말로 가장 스트레스가 없는 최선의 길이다. 잠언 3장 6절은 매사에 하나님을 인정하면 그분이 우리의 길을 인도하실 것이라고 약속한다. 그분이 알아서 인도하시니 스트레스가 없을 수밖에. 내가 어린 시절 다닌 교회의 중고등부 목사님은 이 구절의 두 문장 사이에 담장을 그리라고 했다.

"너는 범사에 그를 인정하라."

"그리하면 네 길을 지도하시리라."

목사님은 이 두 문장 사이의 담장이 '내 역할'과 '하나님의 역할' 사이의 구분이라고 말했다. 이 약속의 말씀에서 내 역할은 하나님을 인정하는 것이다. 이는 이미 아는 것에서 순종하고, 옳은 결정을 위해 하나님이 주신 모든 자원을 활용한다는 뜻이다.

하나님의 역할은 내 길을 지도해 주시는 것이다. 그 목사님은 이렇게 말했다. "네가 네 역할을 감당하면 하나님도 그분의 역할을 하실 거야. 인생의 스트레스 대부분은 인간인 우리가 하나님의 역할을 대신 감당하려는 데서 온단다. 두려울 때 우리는 '이런 결과가 나타나면 어쩌지?', '이게 잘못된 결정이면 어떤 일이 벌어질까?' 하며 불안해하지. 하지만 하나님은 인내하시며 이렇게 말씀하신단다. '어서 담장을 넘어 네 역할로 다시 돌아가렴' 하고 말이야."

이 조언은 내가 인생에서 가장 중요한 결정을 할 때마다 큰 도움이 되었다. 내 성경 책에서 잠언 3장 6절의 두 구절 사이에 그린 담장은 지금까지 그대로 있다.

물론 모세처럼 불이 붙었으나 타지는 않는 기이한 떨기나무를 보거나 바울이 예수님 믿는 사람들을 괴롭히려고 다메섹으로 가다가 예수님을 만난 것 같은 극적인 경험을 하면 더없이 좋을 것이다. 그렇지만 하늘에서 어디로 가라고 알려 주는 음성이 들릴 때까지 마냥 기다리고 있지만 말라. 잠언 3장 6절 말씀처럼 이미 아는 것에서 순종하며 나아가라. 하나님이 말씀을 통해 이미 밝혀 주신 것들에 순종하면 그분은 우리를 원하시는 곳으로 인도하시겠노라 약속하신다.

다시 말해, 우리가 이미 '아는' 부분에서 순종하면 하나님 뜻

가운데 '알지 못하는' 부분을 발견하게 될 것이다. 선장이신 하나님이 배를 조종해서 이끌어 가고 게시니 더는 걱정하지 말고 당신이 몸담은 교회의 사역에 참여하라. 영적 은사를 사용하기 시작하라. 단기 선교 여행에 지원하라. 공동체 소그룹 모임에 참여하라. 아니면 아예 소그룹을 새로 만들어 시작하라. 지역사회를 돕는 단체를 찾아 힘을 보태도 좋다.

장담하건대, 하나님이 이미 하신 명령에 일단 순종하면 결국 그분의 뜻 가운데 나머지 뜻도 절로 알게 되고 행할 것이다.

## 3A의 교차점에서
## 소명을 발견하다

나는 능력ability, 끌림affinity, 확인affirmation이라는 세 원의 교차점에서 우리 삶의 소명을 분별할 수 있다고 생각한다.[37]

'능력'은 잘하는 것을 말한다.

'끌림'은 열정을 품은 것을 말한다. 무엇을 할 때 진정으로 살아 있는 기분을 느끼는가? 무엇을 할 때 창조된 목적을 이루고 있다 느끼는가? 무엇을 할 때 하나님이 기뻐하심을 느끼는가? 참고로, 열정이 있다 해서 다 잘하는 것은 아니다. 예를 들어, 나는 예배 음악에 열정이 있다. 하지만 실제로 나는 악기 하나도 제대로 다루지 못한다. 그렇다고 노래를 잘하는 것도 아니다. 그래서 아무리 열정이 있어도 전임 찬양 사역자나 찬양 작곡가, 레코딩 전문가의 길은 내 삶을 향한 하나님의 부르심이 아닐 가능성이 높다. 우리 교회 찬양 인도자가 몇 번이나 민망해하며 내게 이 점을 분명히 짚어 주었다.

'확인'은 하나님이 우리를 들어 쓰신다고 다른 성도들이 확인해 주는 영역이다. 솔직히 이 영역이 3A$^{\text{ability, affinity, affirmation}}$에서 가장 중요할지도 모르겠다. 예를 들어, 내가 설교를 시작한 지 얼마 안 되었을 때 내가 하나님의 말씀을 전하면 하나님이 나를 통해 자신에게 말씀하시는 걸 분명하게 느꼈다고 말하는 사람이 적지 않았다. 그리스도의 몸된 지체들이 확인해 준 덕분에 나는 하나님이 내게 어떤 재능을 주셨는지 분명히 알 수 있었다.

대체로 우리는 이 세 원의 교차점에서 소명을 발견하게 된다. 어떤 일을 잘하고, 그 일을 좋아하며, 우리가 그 일을 할 때 하나님이 역사하신다고 다른 사람이 확인시켜 주면, 하나님이 그분의 나라에서 우리를 그 방식으로 사용하기를 원하실 가능성이 높다.

목사, 전도사, 현장 선교사만 소명일까? 그렇지 않다. 3장에서 살폈듯이, 하나님은 많은 사람을 '소위' 세속적인 일로 부르시고 그에 맞는 능력을 주신다. 사실, 성경에서 "성령 충만"이라는 표현이 처음 사용된 것은 브살렐과 오홀리압을 설명하는 부분에서다. 브살렐과 오홀리압은 예술과 공예라는 '세속적인' 일을 위해 하나님의 영으로 충만했다. 출 31:1-6 세상에서 무슨 일을 하든 하나님의 영으로 충만하여 그분의 인도하심에 따라 하라. 그리하면 세상 어디를 가든 그곳을 하나님 나라 사역을 하는 장소로 바꿀 수 있다.

무엇보다도 하나님과의 관계에서 자라 가라. 그런 사람에게는 그분이 인도하신다고 약속하신다. 부디 명심하라. 하나님 뜻은 무엇을 하는지보다 어떤 사람이 되는지의 문제다. 하나님처럼 생각하는 사람이 되면 그분의 뜻을 본능적으로 행하게 된다.


**선한 목자의 양으로
산다는 것**

지금부터 말할 내용은 내가 전에 쓴 책, 《기도 먼저*Just Ask*》에서 가져온 것이다. 이 내용이 삶 속에서 하나님 뜻을 구할 때 어떻게 기도할지를 잘 압축해서 정리했다고 생각한다. 나는 크고 작은 모든 결정에서 항상 이 방법을 쓴다.

나는 이 기도를 "양의 기도"라 부른다. 이 상황에서 나를 목자의 인도하심이 필요한 양으로 보기 때문이다. 이 기도의 밑바탕에는 내가 어리석다는 중요한 전제가 있다. 목자에 비하면 나는 아는 것이 아무것도 없다. 양처럼 나는 툭하면 곤경에 빠지고 무기력해진다. 툭하면 뒤집어져서 스스로 다시 일어나지 못한다.

그럴 때 나는 어떻게 할까? 모든 것을 보시고 모든 것을 아시며 모든 것을 이해하시는 나의 전능하신 목자를 부른다.

내 입에서 다음과 같은 "양의 기도"가 절로 흘러나온다.

> 주님, 이런 결정을 하려고 합니다. 최대한 주님의 말씀에 귀를 기울이고 가능한 한 모든 방법으로 주님의 뜻을 분별하려 애썼어요. 훌륭한 믿음의 사람들에게 조언도 구했고 이 문제를 놓고 개인적으로 수많은 밤을 지새워 기도했습니다. 그래서 하나님, 이제 이렇게 하려고 합니다. 하지만 하나님, 저는 양이고 양은 어리석다는 사실을 잘 알아요. 그래서 이 결정에서 제 판단력을 의지하지 않습니다. 오직 절 인도해 주시는 선한 목자이신 주님의 능력과 긍휼만을 의지합니다. 혹시 이게 옳은 결정이 아니라면 주님의 막대기와 지팡이로 제 앞길을 가로막아 주시고, 가야 할 곳으로 다시 이끌어 주옵소서.

이 기도를 드리려면 한없이 낮아져야 한다. 하지만 이렇게 기도하며 나아가는 삶이야말로 진정한 능력의 삶이다. 내 명철을 의지하여 길을 스스로 알아낸 다음 그 길이 그릇된 길일지 모른다고 전전긍긍하며 평생을 살 것 없다. 하나님이 우리를 옳은 길로 인도하실 줄 믿고서 그분만 의지하고 따르며 살면 된다. 심지어 우리의 실수와 우리를 향한 다른 사람의 악행도 하나님이 우리를 의의 길로 인도하시는 것을 막을 수 없다. 시 23:3

하나님께 우리 자신을 맡기면 우리 인생을 우리 스스로는 물론이고 어느 누구도 망치지 못한다. 아무도 선한 목자의 양을 망하게 할 수 없다! 그분은 우리를 위해 자기 목숨을 내놓으셨다. 생각해 보라. 지금까지 그분은 우리 삶에 우리 자신보다도 더 아낌없이 투자하셨다. 우리를 구하시려 자신의 피를 다 쏟아 내셨다. 그분이 이렇게까지 투자한 대상을 방치하실 리가 없다.

그분의 양이 되어, 목자이신 그분을 믿으라.

성경은 하나님이 우리 삶을 인도하신다고 말한다. 단, 성경의 강조점은 우리가 흔히 강조하는 것과 다르다. 즉 우리는 하나님 뜻을 알아내는 것을 강조하지만 성경은 하나님이 원하시는 종류의 사람이 되는 것을 강조한다. 하나님은 우리가 먼저 그분이 원하시는 사람이 되면 우리 삶을 향한 그분의 특별한 뜻을 이룰 수 있도록 인도하겠다고 약속해 주신다.

그렇다면 가장 좋은 질문이자 가장 적절한 질문은 '무엇'을 하느냐가 아니라 '어떤 사람'이 되느냐다. "내 삶을 향한 하나님 뜻은 무엇인가?"가 아니라 "하나님은 어떤 사람을 인도해 주시는가?"가 중요하다.

하나님은 그분을 믿고 따르고 그분 앞에 겸손한 양을 인도하신다. 양의 자유를 받아들이라. 양이 가야 할 곳으로 간다면 그건 어디까지나 양의 능력이 뛰어나서가 아니라 놀라운 목자 때문이다. 그리고 우리에게는 가장 놀라운 목자가 계신다.

하나님을 믿어요,
그런데 왜 여전히
불안할까요?

요즘 사람들이 가장 걱정하는 문제들을 하나하나 나열하면서 이번 장을 시작하면 좋겠다 싶어 인터넷에서 사람들의 가장 큰 걱정거리가 무엇인지 검색했다. 그런데 검색할수록 꽤 오랫동안 한 번도 걱정하지 않았던 문제들에 관해 걱정하기 시작하는 나를 발견했다. 그러다가 그런 문제에 관해 그동안 너무 걱정하지 않았다는 사실이 걱정되기 시작했다. 그다음에는, 내가 전에는 걱정하지 않던 것들을 걱정하고 있다는 사실이 또 걱정스러워졌다. 그렇게 머릿속은 점점 뒤죽박죽이 되었다.

당신도 나름대로 걱정하는 문제가 있을 것이다. 그리고 그런 걱정거리는 당신이 원하는 수준보다 더 많을 것이다.

삶의 장면마다 불안이라는 배경음악이 흐른다. 한 친구는 불안이 삶의 모든 순간순간 분위기를 어둡게 만드는 불길한 사운드트랙과 같다고 고백했다. 영화를 보다가 문득 불길한 배경음악이 점점 커지기 시작한다. 특별한 문제가 딱히 눈에 보이지는 않는다. 10대 아들은 마당에서 평화롭게 자전거를 타고 있다. 하지만 금방이라도 뭔가 나쁜 일이 일어날 것처럼 불안하다.

많은 사람이 평생 그런 기분을 안고 살아간다. 자신이 정확히 무엇을 걱정하는지도 모른 채 그냥 조마조마하다. 뭔가 끔찍한 일이 닥칠 것만 같다.

여기서 내 목표는 불안의 원인을 다룰 성경적인 방법을 보여 주는 것이다.


## '하나님의 명령'에서 시작할 것

걱정하지 '말라'는 성경의 직접 적인 명령을 떠올리면 항상 도움이 된다. 바울은 단도직입적으로 말한다. "아무것도 염려<sup>걱정</sup>하지 말[라]."<sup>빌 4:6</sup> 걱정을 자주 하는 편 이라면 별로 위로가 되지 않을지도 모르겠다. '아니, 명령한다고 나아지나?'

하지만 그거 아는가? 하나님은 명령에 순종할 방법을 마련하 지도 않고 무작정 명령만 내리시는 분이 아니다. 음식 살 돈도, 구해 올 곳도 없으면서 자녀에게 점심 식사 걱정일랑 하지 말라 는 것은 너무 허황되고 모진 말이다. 우리가 자녀들에게 점심 걱 정을 하지 말라는 건 이미 음식을 마련했기 때문이다. 하나님이 우리에게 걱정하지 말라고 말씀하시는 이유도 똑같다. 하나님은 우리가 걱정하는 모든 문제를 다루실 수 있고 지금도 다루고 계 신다.

그래서 나는 하나님의 명령에서 시작하는 걸 좋아한다. 사실,

이 구절은 명령이라기보다는 약속에 가깝다. 혹은 약속에서 나온 명령이라 할 수 있다. 하나님이 걱정에서 자유로운 삶으로 우리를 초대하신다면 그런 종류의 삶이 실제로 가능한 것이다.

문제는…… 어떻게?

본격적으로 이야기를 시작하기 전에, 한 가지를 짚고 넘어가자. 이번 장에서 나는 "걱정worry; 염려"과 "불안anxiety"이라는 단어를 섞어서 사용할 것이다. 물론 상담사와 심리학자들이 이 두 단어를 다르게 사용한다는 점을 잘 알고 있다.

걱정염려은 주로 음식이나 돈, 임대료, 시험, 병원 진료 같은 일상적인 것들에 관한 일시적인 스트레스를 말한다. 걱정은 삶의 뭔가에 관해 지나치게 골똘하게 고민하는 데서 비롯한다.

불안은 어떤 상황이 자신이나 사랑하는 사람에게 실질적인 위협이 된다고 생각하는 데서 비롯하는 더 깊고 강한 스트레스다. 이는 삶의 배경에서 지속적으로 울리는 불길한 사운드트랙이다.

이번 장의 메시지는 두 상황 모두에 적용될 수 있다. 둘 다 문제의 뿌리는 비슷하다. 우리는 스트레스 가득한 삶에서 살고 있으며, 불안에 관한 최근 데이터는 꽤나 걱정스럽다. 미국불안우울증협회는 다음과 같은 통계 자료를 발표했다.

* 미국에서 "불안 장애는 가장 흔한 정신 질환이다." 미국
  인구의 19.1퍼센트인 4,000만 명이 이 질환에 시달리고

있다.[38]

* Z세대의 91퍼센트는 스트레스와 불안으로 인한 심각한
  심리적 증상을 호소한다.[39] 미국질병통제예방센터는
  "끊임없이 슬프고 절망적"이라고 말하는 10대
  여자아이들이 2011년 이후로 36퍼센트에서 57퍼센트로
  증가했다고 보고한다.[40]
* 13-18세 청소년의 거의 32퍼센트가 불안 장애에
  시달린다.[41]
* 세계보건기구는 팬데믹 때문에 불안과 우울증이 25퍼센트
  증가했다고 보고했다.[42]


불안과 우울증 같은 정서적 질환은 유전, 원가족, 가족력, 호르몬 불균형, 식단, 과거의 트라우마, 영적 문제 등 다양한 요인에서 근본 원인이 비롯할 수 있다.

이번 장에서는 영적인 원인에 초점을 맞출 것이다. 이는 내가 목사이니만큼 영적 문제를 가장 잘 알기 때문이다. 하지만 이유가 그래서만은 아니다. 대부분의 불안은 최소한 '어느 정도는' 영적 원인을 포함한다. 불안을 일으키는 다른 합당한 요인이 없다는 말이 아니다. 대개는 여러 요인이 섞여 있다.

다시 말해, 심리학자나 정신과 의사를 찾아가지 않고 이번 장만 읽으라고 말할 생각은 전혀 없다. 적절한 치료도 병행하면서

이번 장을 꼭 읽기를 바란다. 우리는 불안의 영적인 차원은 무시한 채 알약이나 일정 변경, 호흡법 같은 방법만 시도할 때가 많다. 우리의 몸, 영, 혼, 감정, 생각, 과거의 기억은 모두 서로 유기적으로 연결되어 있다. 그래서 우리의 불안은 이 모든 부분의 문제에서 비롯하는 경우가 대부분이다.

슬픔, 불안, 두려움 등 겉으로 드러나는 부정적인 감정을 연기처럼 생각할 수 있다. 연기를 따라가다 보면 결국 화재의 원인을 발견하게 된다. 그것이 '진짜' 문제점이다. 소방관들은 '연기부터 해결하려고' 애쓰지 않는다. 불 자체를 찾는다. 눈에 보이는 연기는 진짜 문제가 아닌 문제의 증거일 뿐이다. 감정의 연기를 따라내면 깊은 곳으로 들어가면 무엇이 불타고 있는지를 확인할 수 있다. 우리가 거짓 신을 예배하기 위해 세운 제단에서 연기가 피어오르고 있을 수도 있다.

그러니 불안이라는 감정을 연기라고 생각하라. 불이 우리 삶의 집 전체로 퍼지기 전에 그 연기를 따라가 불을 찾으라.


## 오늘의 공급하심과
## 내일의 하나님

가장 심오하고 통찰력이 뛰어나신 예수님은 걱정에 관해 뭐라고 말씀하셨을까? 성경에서 한

군데만 살펴보겠다. 이 가르침은 유명한 산상수훈의 한중간인 마태복음 6장 끝에 등장한다. 나는 사람들을 상담할 때마다 이 말씀을 소개한다. 이 아름다운 말씀을 찬찬히 읽어 보자.

그러므로 내가 너희에게 이르노니 목숨을 위하여 무엇을
먹을까 무엇을 마실까 몸을 위하여 무엇을 입을까 염려하지
말라 목숨이 음식보다 중하지 아니하며 몸이 의복보다
중하지 아니하냐 공중의 새를 보라 심지도 않고 거두지도
않고 창고에 모아들이지도 아니하되 너희 하늘 아버지께서
기르시나니 너희는 이것들보다 귀하지 아니하냐 너희 중에
누가 염려함으로 그 키를 한 자라도 더할 수 있겠느냐 또
너희가 어찌 의복을 위하여 염려하느냐 들의 백합화가
어떻게 자라는가 생각하여 보라 수고도 아니하고 길쌈도
아니하느니라 그러나 내가 너희에게 말하노니 솔로몬의
모든 영광으로도 입은 것이 이 꽃 하나만 같지 못하였느니라
오늘 있다가 내일 아궁이에 던져지는 들풀도 하나님이
이렇게 입히시거든 하물며 너희일까보냐 믿음이 작은 자들아
그러므로 염려하여 이르기를 무엇을 먹을까 무엇을 마실까
무엇을 입을까 하지 말라 이는 다 이방인들이 구하는 것이라
너희 하늘 아버지께서 이 모든 것이 너희에게 있어야 할 줄을
아시느니라 그런즉 너희는 먼저 그의 나라와 그의 의를 구하라

185

그리하면 이 모든 것을 너희에게 더하시리라 그러므로 내일

일을 위하여 염려하지 말라 내일 일은 내일이 염려할 것이요

한 날의 괴로움은 그날로 족하니라.<sup>마 6:25-34</sup>

이 구절에서 예수님은 불안에 관한 세 가지 요점을 짚어 주신다.

### 불안, 하나님을 축소하는 데서 싹튼다  마 6:25-33

우리는 대개 불안이 삶의 불확실성에서 자연스럽게 나오는 감
정이라 생각한다. 하지만 그건 그릇된 신학에서 나온 생각이다.
우리는 가장 관심을 집중하는 대상에 관해 가장 많이 걱정한다.
우리는 뭐든 인생에서 가장 중요한 요소라 여기는 것에 가장 많이
속을 태운다.

증거를 대라고? 나는 당신의 자녀가 받은 학교 성적에 관해 그
다지 걱정하지 않는다. 물론 나도 이론적으로는 당신의 자녀를
신경 쓴다. 물론 당신의 자녀가 공부를 잘하기를 바란다. 하지만
당신의 자녀가 수학 시험에서 낙제점을 받았다고 해서 내가 걱정
하는 마음에 밤잠을 설치지는 않는다. 솔직히 나는 당신의 자녀
에게 온 관심을 집중하고 있지 않다.

다른 예로, 나는 당신이 지난주에 제출한 프로젝트가 회사에
서 좋은 평가를 받았으면 한다. 하지만 그 일만 줄곧 신경 쓰며 안
절부절하지는 않는다. 당신이 그 일에 관해 기도 부탁을 하면 기

꺼이 기도할 것이다. 하지만 솔직히 이틀 정도 지나면 나는 그 일을 깜빡할 가능성이 높다.

우리는 가장 관심 있는 대상을 걱정한다. 이것이 예수님이 불안에 관한 논의를 시작하면서 먼저 우리가 무엇을 인생의 필수 요소로 여기는지 돌아보라고 명령하신 이유다.[43]

마태복음 6장 25절에서 "그러므로"라는 단어를 보라. "그러므로 내가 너희에게 이르노니 목숨을 위하여 무엇을 먹을까 무엇을 마실까 몸을 위하여 무엇을 입을까 염려하지 말라."

성경에서 "그러므로"라는 단어가 나타날 때마다 이어서 나올 말이 이전에 나온 말과 어떻게 연결되는지를 눈여겨봐야 한다. 25절의 "그러므로"는 예수님이 24절에서 전하신 중요한 요지를 다음 내용과 연결시키는 고리다. "한 사람이 두 주인을 섬기지 못할 것이니 혹 이를 미워하고 저를 사랑하거나 혹 이를 중히 여기고 저를 경히 여김이라 너희가 하나님과 재물을 겸하여 섬기지 못하느니라."

예수님은 이미 돈을 인생에서 가장 필수 요소로 여기는 사람이 많은 줄 알고 계신다. 그래서 불안에 관해 논할 시간이 되자 예수님은 우리의 은행 잔고에 관한 이야기부터 시작하신다. 그분은 기본적으로 이렇게 말씀하신다. "너희가 돈에 관심을 집중하면 항상 그것을 걱정하게 된다." 맞는 말씀이다. 대부분이 그러하듯 돈이 좋은 삶에 없어서는 안 될 요소라고 생각하면 돈을 어떻게 벌고 지킬지를 늘 고민하게 된다.

이어서 예수님은 돈에 대한 우리의 집착을 뒤흔드는 질문을 던지신다. 먼저, 25절에서 이렇게 물으신다. "목숨이 음식보다 중하지 아니하며 몸이 의복보다 중하지 아니하냐."

음, 좋은 질문이다. 나는 맛있는 음식과 근사한 옷을 좋아한다. 음식과 옷 없이 좋은 삶이란 상상하기 어렵다. 그런데 예수님은 하나님 나라에서 음식과 옷에 관련한 어떤 걱정도 하지 않으면서 두 가지 모두를 풍족하게 공급받는 생명체들을 소개하신다.

예수님은 하늘의 새들을 보라고 말씀하신다. 26절 "공중의 새를 보라 심지도 않고 거두지도 않고 창고에 모아들이지도 아니하되 너희 하늘 아버지께서 기르시나니." 새들은 먹이를 저장하는 일 즉 저축에 아무 신경도 쓰지 않지만 하나님이 돌봐 주시기에 아무 부족함 없이 지낸다.

예수님은 들꽃들을 보라고 말씀하신다. 28-29절 "들의 백합화가 어떻게 자라는가 생각하여 보라 수고도 아니하고 길쌈도 아니하느니라 그러나 내가 너희에게 말하노니 솔로몬의 모든 영광으로도 입은 것이 이 꽃 하나만 같지 못하였느니라." 꽃들은 어떻게 하면 곱게 보일지 고민하지 않으나 하나님이 꾸며 주시니 세상 그 무엇보다도 아름답다.

저축하지 말라는 게 아니다. 자신을 위해 근사한 것들을 사는 데 절대 돈 쓰지 말라는 것도 아니다. 일단 우리는 새나 꽃이 아니다. 다만 돈을 안전과 아름다움의 주된 원천으로 보아서는 안 된다는 것이다. 우리 하늘 아버지께서 이것들의 더 좋은 원천이요 제공자이시기 때문이다.

핵심 요지는 32절에 나온다. "이 모든 것에 관해 걱정하는 사람들은 하나님을 모르는 사람들이다. 너희에게는 너희에게 무엇이 필요한지 아시는 하나님 아버지가 계신다."내 말로 번역한 것이다 하나님은 우리에게 음식과 옷이 필요한 줄 아신다. 그리고 우리는 그분이 우리를 사랑하시는 줄 안다. 따라서 우리는 그분이 새와 꽃을 돌보시듯 우리에게 필요한 모든 것을 공급해 주실 줄 믿어야 한다.

한번은 신앙심이 깊으면서도 다른 사람 이목이 신경 쓰여 극도로 불안해하는 한 청소년에게 이런 질문을 받은 적이 있다. "제가 정말로 믿음이 있다면 친구들이 절 좋아할지에 신경 쓰지 않아야 하는 거 아닌가요? 친구가 없을까 봐 걱정하면 안 되는 거 아닌가요?"

나는 그 아이에게 이렇게 말했다. "그렇지 않아. 신경 쓰이는 게 당연해. 하나님은 네가 우정을 원하도록 창조하셨어. 우리 모두는 다른 사람들이 자신을 사랑하고 받아 주기를 원한단다. 예수님의 말씀은 그분을 알고 믿으면 우정 같은 건 필요하지 않다는 뜻이 아니야. 너한테 이런 것이 필요한 줄 아시는 하늘 아버지가 계심을 알고서 안심하라는 뜻이지. 진짜로 예수님을 믿을 수

189

있겠니? 그분이 돌보시니 하늘의 새들이 얼마나 평화로이 하늘을 날고 땅에 핀 꽃들이 얼마나 아름다운지 봐. 그런데 그분이 새나 꽃보다 자녀인 우리를 얼마나 더 신경 쓰시겠니? 무엇보다도 그분은 새나 꽃이 아닌 바로 너를 위해 십자가에서 돌아가셨잖아. 하나님이 꽃도 그토록 잘 돌봐 주신다면 넌 얼마나 더 잘 돌봐 주시겠니? 분명 네게 필요한 친구들을 만나게 해 주실 거야."

뭔가에 집착할 거라면 하나님께 집착하라. 그러면 "이 모든 것"이 당신에게 더해질 것이다. 33절 여기서 예수님이 말씀하신 "이 모든 것"은 무엇을 말하는가? 음식, 아름다움, 자존감, 친구, 안전 같은 것들이다. 예수님은 "나를 가장 우선시하면 이 모든 것이 의미 없어질 것이다"라고 말씀하시지 않았다. 그분은 이것들이 필요한 존재로 우리를 지으셨다.

만일 내게 하나의 인생 구절을 고르라면 나는 마태복음 6장 33절을 선택할 것이다. 솔직히, 이 약속은 아무리 많이 들어도 질리지 않는다. 예수님은 군이 꼭 걱정하고 싶다면 '하나님을 기쁘시게 하고 그분의 뜻을 행하는 것'에 관해 걱정하라고 말씀하신다. 그분께 순종하는 데 초점을 맞추면 그분이 우리의 관계며 재정적 안정, 무엇을 입을지, 어디서 살지, 우리 삶이 세상에 어떤 영향을 미칠지를 비롯해서 나머지 모든 필요를 돌봐 주실 것이다. 군이 걱정해야만 한다면 하나님과 친밀히 동행하는 것에 관해 걱정하자.

특히 돈 걱정! 돈에 관한 조언을 한 가지만 더 하겠다. 대부분 가장 많이 걱정하는 분야가 돈이기 때문이다. 돈 걱정에 관한 사람들은 주로 저축형과 소비형으로 나뉜다. 보너스로 500달러를 받으면 당장 백화점으로 달려가 텔레비전을 새로 사는 사람이 있다. 그들은 소비형 인간이다. 저축형 인간은 인생의 궂은 날을 위해 그 500달러를 저금해 둔다. 재밌게도 서로 다른 이 두 유형이 결혼을 많이 하며, 결혼하고 나서 서로 상대 배우자에게 돈에 관한 문제가 있다고 불만을 갖는다.

저축형 인간은 소비형 인간이 어리석고 충동적이라고 생각한다. 반면에 소비형 인간은 저축형 인간이 욕심과 두려움이 많다고 생각한다. 하지만 오직 하나님만 주실 수 있는 것을 돈에서 찾으면 어떤 유형이든 상관없이 둘 다 돈을 대하는 태도에 문제가 있는 것이다. 저축형 인간은 돈에서 안정을 찾는 반면 소비형 인간은 돈에서 자존감을 찾는다. 저축형 인간은 미래에서 기쁨을 찾는 반면 소비형 인간은 현재에서 기쁨을 찾는다.

예수님은 비유에서 이 둘을 개별적으로 다루신다. 새들은 먹이를 쟁여 놓지 않지만 하나님은 새들을 안전하게 지켜 주신다. 꽃들은 꽃잎에 돈을 쓰지 않지만 하나님은 꽃들을 아름답고 존귀하게 꾸며 주신다.

예수님은 이렇게 말씀하신다. "돈에 관한 걱정일랑 그만하고 이제 하나님과 늘 동행하는 삶에 초점을 맞추렴. 아버지 하나님을 안전과 기쁨의 주된 원천으로 삼으렴. 그렇게 하면 그분이 새나 꽃보다 너희를 더 잘 돌봐 주실 것이다."

C. S. 루이스가 이 요점을 잘 정리했다. 삶에는 '첫 번째'인 하나님과 음식, 관계, 재정, 우정을 비롯한 나머지 모든 것인 '두 번째들'이 있다는 것이다. 우리가 첫 번째 것을 첫 번째로 삼으면 하나님은 두 번째인 것들을 돌봐 주겠노라 약속하신다. 하지만 두 번째인 것들을 첫 번째로 삼으면 첫 번째 것을 잃을 뿐 아니라 두 번째인 것들을 즐길 능력도 잃는다.[44] 이는 마태복음 6장 33절을 C. S. 루이스가 자기 식으로 풀이한 것이다. 실로 훌륭한 풀이다.

물론 이 원칙은 금전적 걱정만이 아니라 양육, 건강, 결혼, 교육, 일 같은 다른 것들에 관한 걱정에도 적용할 수 있다. 명심하라. 하나님 나라를 먼저 구한다고 해서 다른 것을 전혀 고민하지 않는다는 뜻은 아니다. 단지 우리의 안전이나 안정, 자유, 기쁨이 그런 것들에 달려 있다고 믿지 않는다는 뜻이다. 예수님의 말씀처럼 아무도 두 주인을 섬길 수 없다.

예수님은 '이 세상의 염려'에 관해 말씀하실 때 "염려"라는 단어를 사용하셨다. 성경학자들은 이 단어를 '불안'으로 해석해 왔다. 이는 숨이 막힐 정도로 우리의 영혼을 짓누르는 근심의 의미를 함축한다.

"너희 염려를 다 주께 맡기라 이는 그가 너희를 돌보심이라"라는 베드로전서 5장 7절 말씀은 마음에서 걱정거리를 꺼내 예수님께 드리라는 뜻이다. 예수님은 우리와 함께 우리와 우리의 걱정 거리까지 붙잡아 줄 만큼 충분히 강하시기 때문이다. 너무 많이 근심하면 그 무게에 눌려 주저앉아 버린다. 우주를 짊어지신 분의 어깨에 모든 걱정거리를 내려놓으라.

나는 불안이 사라지면 불안에서 비롯하는 온갖 다른 죄에서도 해방된다는 사실을 발견했다. 존 파이퍼의 설명을 들어 보자.

> 불안에서 얼마나 많은 악한 행동과 태도가 비롯되는지 잠시
> 생각해 보라. 재정에 대한 불안은 질투와 탐욕, 축재, 도둑질을
> 낳을 수 있다. 어떤 일의 성공에 대한 불안은 우리를 짜증 많고
> 퉁명스럽게 만들 수 있다. 관계에 대한 불안은 다른 사람에게
> 마음을 닫고 무관심하고 무정하게 만들 수 있다. 누군가가
> 우리에게 어떻게 반응할지에 대한 불안은 진실을 숨기고
> 거짓말을 하게 만들 수 있다. 따라서 불안을 정복할 수 있다면
> 많은 죄를 정복할 수 있다.[45]

불안은 문제를 너무 많이 생각하고 하나님을 너무 적게 생각 하는 데서 시작한다. 좋은 삶은 하나님이 우리가 진 짐을 아시며 그 짐을 우리 자신보다 훨씬 더 잘 짊어지신다는 점을 알고서 자유와 기쁨 가운데 그분과 동행하는 삶이다.

## 불안, 하나님이 나를 얼마나 많이 생각하시는지
## 축소하는 데서 싹튼다  마 6:26, 30

'하나님은 나한테 관심 없으셔. 난 철저히 혼자야. 그래서 어떤 것도 해낼 수 없어.' 불안에 시달리는 사람들은 문제에 대한 즉각적인 해법이 눈에 들어오지 않을 때마다 이런 식의 생각에 빠진다. 이런 경우, 자칫 우리는 중독으로 불안을 해소하려 든다. 극단적인 경우에는 자포자기에 빠질 수 있다.

하지만 이런 생각은 거짓말이다. 하나님은 단 한 사람의 자녀도 잊거나 방치하시지 않는다. 예수님은 하나님이 하늘을 나는 새들을 얼마나 잘 돌보시는지를 생각해 보라고 하신 뒤에 이렇게 말씀하신다. "너희는 이것들보다 귀하지 아니하냐."마 6:26

예수님은 하나님이 꽃들을 얼마나 아름답게 지으셨는지를 지적하신 뒤에 이렇게 말씀하신다. "오늘 있다가 내일 아궁이에 던져지는 들풀도 하나님이 이렇게 입히시거든 하물며 너희일까보냐 믿음이 작은 자들아."마 6:30 이 말씀은 작은 것새와 들꽃에서 큰 것당신과 나으로 이어지는 점층법이다. 다시 말해, 하나님이 피조세계에서 새의 안전과 꽃의 아름다움까지 신경 쓰시는 분이라면 당연히 우리를 신경 쓰시지 않겠는가. 인간은 새와 꽃보다 한없이 더 귀한 존재다. 우리는 하나님의 형상을 따라 창조되었으며 하나님은 인간이 되어 우리를 위해 죽으실 만큼 우리를 아끼셨다.

반면에 누가복음 12장 31-32절에서 예수님은 큰 것에서 작은 것으로 내려가는 점강법을 사용하신다. 하나님이 우리 죄를 위해 예수님을 보내 죽게 할 만큼 우리를 사랑하셨다면<sup>큰 것</sup> 당연히 우리의 일상적인 필요<sup>작은 것</sup>를 아시지 않겠는가.

사도 바울은 이렇게 표현했다. "자기 아들을 아끼지 아니하시고 우리 모든 사람을 위하여 내주신 이가 어찌 그 아들과 함께 모든 것을 우리에게 주시지 아니하겠느냐."롬 8:32

자신에게 물어보라. "하나님이 나를 향한 사랑을 증명해 보이기 위해 무엇을 더 하셔야 하는가?"

이 사실을 생각하면 아이들이 어릴 적 가족 휴가 때 아내와 나를 졸랐던 일이 기억난다. 디즈니월드에서 종일 노느라 저녁 식사 시간이 평소보다 30분 정도 늦어지니 아이들이 "아빠, 오늘 저녁밥은 없는 거예요?"라고 물었다.

솔직히 나는 이렇게 답하고 싶었다. "너희를 여기까지 데려와서 너희를 즐겁게 해 주려고 수만 명에게 둘러싸여 뙤약볕 아래 불타는 아스팔트 위에서 아홉 시간 내내 서 있던 아빠가 설마 너희에게 저녁을 굶기겠니? 저 수많은 사람에게 이리저리 치이면서 태양처럼 뜨거웠던 놀이공원을 종일 걸어 다녔다면 너희를 향한 아빠의 사랑이 충분히 증명된 것 아니니? 너희를 여기에 데려오기 위해 얼마나 많은 희생이 필요한지 아니? 너희가 겨우 90초 동안 놀이기구를 타기 위해 아빠가 두 시간 동안 서서 기다린 게 과연 이 아빠를 위해서였을까? 아빠가 너를 디즈니월드에 데려올 정도로 아낀다면 당연히 네 저녁밥을 챙겨 주지 않겠니?"

휴, 한숨이 나온다. 아이들을 데리고 휴가를 가는 건 보통 힘든 일이 아니다. 여담인데, 나는 아이들을 데리고 가는 휴가를 더는 '휴가'라 부르지 않기로 했다. 전혀 쉴 수 없기 때문이다. 집에 돌아오면 정서적으로 완전히 탈진이 되고 만다. 그래서 애초에 기대하지 않으려 아예 명칭을 '가족 여행'으로 바꾸었다. 덕분에 이제는 휴가, 아니 가족 여행을 떠날 때보다 더 피곤해진 상태로 돌아와도 너무 실망하지는 않는다.

하나님도 때로 우리에게 이런 답답함을 느끼시지 않을까? 하나님은 우리 죄를 위해 자기 아들을 십자가로 보내 굴욕과 수치를 당하며 죽게 하셨다. 하지만 어찌하여 우리는 우리의 청구서, 가족, 미래를 그분께 다 내맡기지 못하는가.

그리스도인에게 걱정은 본질적으로 '비이성적인' 것이다. 걱정은 하나님이 우리를 천국에 데려가실 수는 있지만 이 땅에서 우리의 삶은 통제하시지 못한다고 말하는 거나 다름없다. 하나님이 영원에 대해서는 충분해도 나의 오늘에 대해서만큼은 충분하지 않다고 말하는 것이다. 하나님이 우리를 영원한 형벌에서는 구해 내셨어도 이 땅의 현실의 어려움은 피하게 해 주실 수 없다고 말하는 것이다.[46]

우리는 둘 중 하나를 선택해야 한다. 우리의 선을 위해 만물을 주권적으로 다스린다고 말씀하시고 우리에게 필요한 모든 것을 공급해 주겠다고 약속하시는 성경의 하나님을 믿든가 혹은 믿지 않든가. 다시 말해, 걱정한다는 건 무신론자처럼 구는 것이다! 무신론자가 이런 것에 관해 걱정하는 데는 그럴 만한 이유가 있다. 그들은 모든 것이 궁극적으로 자신에게 달려 있다고 믿기 때문이다.

그리스도인은 다르게 생각해야 한다. 우리에게는 변함없이 우리의 선을 추구하시는 주권적인 하나님이 계신다.

따라서 우리가 입으로 무슨 말을 하든지 간에 우리가 진짜 무엇을 믿는지는 걱정하느냐 하지 않느냐를 통해 드러난다.

내가 이번 장을 어떻게 시작했는지 기억하는가? 내가 걱정하지 말라는 '명령'을 받았다는 말로 시작했다. 우리가 앞서 살펴본 마태복음 본문을 보면 예수님은 염려하지 말라고 여러 차례 명령하신다. 또한 "두려워하지 말라"는 성경에서 가장 많이 반복되는 명령으로, 무려 366번이나 나타난다. 다시 말해, "두려워하지 말라"라는 명령은 1년 365일 치하고도 하루치가 남는다.

그런데 감사하게도 하나님은 "이 멍청이들아, 걱정일랑 그만해라. 이건 규칙이야. 그냥 따라!" 하고 윽박지르시지 않는다. 하나님은 걱정을 떨쳐 내야 하는 '이유'와 그 '방법'까지 자상하게 알려 주신다. 하나님은 그분의 신실하심을 보여 주는 그림을 그려 주신 뒤 이렇게 말씀하신다. "나를 의지하고 믿으렴. 내 사랑으로 두려움일랑 다 내쫓으렴. 모든 두려움을 내게 맡겨라, 내가 처리

해 줄 테니."

우리는 그렇게 할 수 있다. 하나님은 이 말씀대로 분명 하실 수 있기 때문이다.

빌립보서 4장 6절에서 바울은 이렇게 말한다. "아무것도 염려하지 말고 다만 모든 일에 기도와 간구로, 너희 구할 것을 감사함으로 하나님께 아뢰라."

이 구절을 소화하기 좋도록 간단명료한 명령으로 쪼개 보자.

* 모든 것을 하나님께로 가져가라. 몇 가지나 어려운 것만이 아닌 모든 것을.
* 당신이 자신을 사랑하는 것보다 더 당신을 사랑하시는 하나님과 이야기하고 있다는 사실을 떠올리며 기도하라.
* 하나님께 요구하지 말고 그분 앞에서 겸손하라. 무엇이 가장 좋은지 그분이 아신다고 믿으라.
* 하나님이 당신의 요청에 응답하실 줄 믿는다는 점을 감사로 정중하게 표현하라. 그분이 응답하실 줄 믿지 않는다면 감사하는 것이 불가능하다.
* 요청을 하나님께 아뢴 뒤에 하나님이 모든 것을 아신다는 사실을 '알라.'

여기서 바울이 말하는 기도는 우리의 문제를 예수님 발치에 내려놓은 뒤에 절대 다시 집어 들지 않는 걸 의미한다. 문제를 그분 앞에 내려놓지 않고서 그분께 문제에 관해 아무리 말해 봐야 소용없다. 우리의 기도는 하나님 앞에서 큰 소리로 걱정하는 시간일 때가 너무도 많다. 하나님은 우리가 문제를 그분 앞에서 늘 어놓기만 하지 말고 그분 앞에 내려놓기를 원하신다.

### 불안은 거짓 선지자다  마 6:27, 34

27절에서 예수님은 걱정 많은 군중을 설득하신다. 우리가 걱정하는 일의 대부분은 현실로 이루어지지 않는다. 따라서 불안은 대개 존재하지도 않는 빚에 대해 이자를 내는 것이다.

나아가, 걱정해 봐야 우리가 걱정하는 상황이 바뀌지도 않는다. 불안은 우리 마음속에만 존재하고, 우리가 걱정하는 상황에는 아무런 영향도 끼치지 못한다. 이 구절에서 예수님의 질문을 보라. "너희 중에 누가 염려함으로 그 키를 한 자라도 더할 수 있겠느냐."마 6:27 걱정이 우리 삶에 뭐 하나라도 더해 줄까? 전혀 아니다. 아이러니하게도 걱정은 우리에게 뭔가를 주기는커녕 수명만 줄일 뿐이다. 의사들은 병원에 찾아오는 사람의 75-90퍼센트가 스트레스나 불안 관련 질병으로 찾아온다는 점을 지적한다.[47]

유명한 메이오클리닉의 찰스 메이오 박사는 이렇게 말했다. "걱정은 혈액순환, 심장과 분비선, 신경 기관 전체에 큰 영향을 미친다. 나는 과로로 죽은 사람은 못 봤지만 걱정 때문에 죽은 사람은 많이 봤다."[48]

물론 걱정은 심장에 영향을 미친다. 단, 그건 대개 좋은 영향이 아니다.

그렇다면 왜 걱정은 문제와 시련에 대한 올바른 반응처럼 느껴질까?

다른 사람들은 어떤지 몰라도 내 경우에는 걱정을 하면 '뭔가를 하는' 기분이 든다. 불안에 에너지를 쏟으면 내가 걱정하는 일을 다루려고 실제로 뭔가를 한 것 같은 기분이 든다. 하지만 다 알다시피 문제에 마음을 졸이는 건 실제적인 문제 해결과는 아무런 상관이 없다.

걱정은 우리의 건강악영향 말고는 아무 데도 영향을 미치지 못한다. 하지만 모든 염려를 예수님께 맡기면 마음이 평안해지고 문제가 해결된다.

한 리더십 코치에게서 창업 초기에 인도에 사는 '가상 비서'를 고용했던 이야기를 들은 적이 있다. 그는 매일 오후 5시에 가상 비서에게 밤새 완수해야 할 일의 목록을 이메일로 보냈다. 오후 5시에 보낸 건 인도에 사는 가상 비서와 시차가 있어서다. 두 사람은 서로 낮과 밤이 정반대다. 그는 회사의 설립자로서 회사에 관해 걱정할 일이 정말 많았다. 하지만 매일 아침 8시에 그는 비서에게서 짧은 이메일을 받고 다시 힘을 냈다. "여기 부탁하신 일을 모두 완수해서 보내드립니다. 확인해 보십시오."

그러던 어느 날 밤, 그는 가상 비서에게 보내는 매일의 할 일 목록에 즉흥적으로 이렇게 덧붙였다. "직원들 월급 주는 일, 고객이 우리 제품을 친구에게 소개하는 것, 우리 제품을 판매하는 소매업체에 관해 나 대신 걱정해 주십시오."

이튿날 아침, 그는 가상 비서에게서 이런 이메일을 받고 몹시 기뻤다. "사장님께서 주무시는 동안 제가 밤새 깨어서 이 문제를 엄청나게 걱정했습니다. 이제 이 문제들을 사장님의 유능한 손에 다시 맡깁니다."

그는 이렇게 말했다. "이렇게 꾸준히 하다 보니 내가 잘 때 누군가가 대신 걱정한다는 사실만으로도 이상하게 잠을 좀 더 푹 잘 수 있었다. 물론 아침에 다시금 문젯거리를 마주해야 했지만 걱정거리를 가상 비서에게 대신 맡기면 밤에 더 잘 쉴 수 있었다."

흥미로운 정신적 기술이다. 하지만 그리스도인에게는 '실제로' 짐을 맡길 분이 계신다. 그리스도인은 하늘 아버지께서 지극히 강하신 손으로 모든 일을 다스리고 계신다는 사실을 알기에 밤새 단잠을 잘 수 있다.

나아가, 불안은 거짓 선지자다. 왜냐하면 우리가 걱정하는 일은 대부분 실제로 일어나지 않기 때문이다. 당신이 걱정하는 일 중에 실제로 일어나지 않은 일이 얼마나 될까? 힌트: 거의 다.

34절에서 예수님이 이 문제를 어떻게 다루시는지를 보라. "그러므로 내일 일을 위하여 염려하지 말라 내일 일은 내일이 염려할 것이요." 이 말씀을 읽으면 이런 생각이 든다. '내가 걱정하는 게 바로 이거야. 바로, 내일이 걱정이야!' 하지만 내일이라는 시간 속에 내가 걱정하는 일 말고 또 뭐가 있는지 아는가? 바로, 하나님이 계신다. 그리고 오늘 우리에게 힘 주시는 하나님이 내일도 힘을 주시리라. 하나님은 일어나지 않는 999가지 일이 아니라, 실제로 일어날 한두 가지 일을 다룰 힘을 우리에게 주신다.

하나님은 광야에서 만나를 공급하심으로써 이스라엘 자손에게 이 부분을 가르치셨다. 광야는 음식을 구할 만한 곳이 못 된다. 하지만 거의 매일같이 하나님은 비타민이 가득한 크래커 비슷한 만나라는 먹을거리를 공급해 주셨다. "만나"라는 단어는 문자적으로 "이것이 무엇이냐?"라는 뜻이다. 이스라엘 백성은 그 음식이 뭔지 몰랐지만 그것으로 매일 배를 채웠다. 안식일을 제외한 매일 아침 백성들은 만나를 거두어 종일 먹었으며, 만나 코티와 바만나 빵도 만들었다.[49] 단, 규칙이 있었다. '그날 하루에' 필요한 양만큼만 거둘 수 있었다. 만나를 보관하려 들면 썩어서 벌레가 생겼다.[50]

하나님은 만나를 통해 이스라엘 백성에게 무엇을 가르치셨을까? "내일 일은 걱정하지 말라. 필요한 것은 필요할 때 공급해 줄 것이다. 내일도 '일용할 양식'을 어김없이 챙겨 줄 거고, 뭐가 필요하든 보내 주겠다."

우리 머릿속에 온갖 시나리오가 맴돈다. '도둑을 맞으면? 실직을 당하면? 퇴직금이 날아가면? 직장에서 모함당하면? 사춘기 우리 아이가 나와 마주하기 싫어하면? 아내가 암에 걸리면? 내가 끝내 결혼하지 못하면? 그러면…… 어쩌지?'

현실적으로 우리는 이런 가상 시나리오에 대처할 수 있는 게 아무것도 없다. 대개 이런 일은 어차피 우리의 통제권 밖에 있기 때문이다. 그리고 우리가 통제할 수 없는 일을 걱정한다고 해서 그 일을 더 잘 통제할 수 있게 되는 것도 아니다.

무엇보다 이 일을 통제하실 수 있는 분을 아는데 왜 그리 걱정하는가?

그렇다면 걱정은 어리석을 뿐 아니라 완전히 불필요한 짓이다. 신실하신 하나님이 오늘만큼이나 내일도 함께하겠다고 약속하셨다는 사실을 안다면 전혀 걱정할 필요가 없다. 하나님은 우리를 지켜보며 말씀하신다. "나를 믿으라! 내가 어제 너와 함께한 것을 기억하느냐? 내가 어제처럼 내일도 너와 함께할 것이다. 내가 다 알아서 해 줄 테니 걱정하지 말라!"

그러니 당신이 알지 못하는 것과 통제할 수 없는 것에 괜히 걱정하지 말라. 머릿속에서 그런 걱정일랑 지우고, 당신이 '아는' 다음과 같은 진실을 대신 채워 넣으라.

* 하나님이 지켜보신다.
* 하나님이 돌봐 주신다.

* 하나님은 쉬지 않고 일하신다.
* 분자 하나도 하나님의 통제 밖에 있지 않다.

찰스 스펄전은 저서 *The Salt-Cellars*소금 저장고에서 침례교 설교자 알렉산더 맥라렌의 명언을 소개했다. "불안은 내일의 슬픔을 없애는 대신 오늘의 힘만 없앨 뿐이다."[51]

내일 어떤 상황이 펼쳐지든 하나님이 그 시간 속에서도 우리와 함께 계셔 그날을 살아갈 힘을 주실 것이다. 거짓 선지자 말에 더는 귀를 기울이지 말라. 구약 시대 사람들은 거짓 선지자에게 돌을 던졌다. 우리도 불안에 그만큼 강력한 조치를 취해야 한다.

한 분이신 참된 선지자, 절대 거짓말하는 법이 없으시고 절대 우리를 실망시키지 않으시며 반드시 약속을 지키시는 선지자, 곧 예수님께로 관심을 돌리라.

예수님은 진리를 말씀하신 선지자였을 뿐 아니라, 우리가 두려워하는 모든 것을 십자가에서 자신의 온몸으로 기꺼이 온전히 받아 내신 신인God-man이셨다. 바로 이 하나님이 지금 우리에게 모든 문제를 그분께 맡기라고 말씀하신다.

예수님을 마음속에 가득 채우면 걱정이 들어올 틈이 없다. "너희는 먼저 그의 나라와 그의 의를 구하라 그리하면 이 모든 것을 너희에게 더하시리라."마 6:33

거짓 선지자를 찾으며 시간 낭비하지 말고 예수님을 찾으라.

삶에 대해 걱정하는 대신 예배와 기도로 그분과 교제하고, 성경 말씀에 푹 잠기며, 이 신앙 여정을 함께할 사람을 가까이하는 데 집중하라.

걱정과 불안에 대한 해답은 문제없는 삶이 아니다. 우리에게 항상 신경 쓰시는 전능하신 하나님을 믿는 믿음이다.

사랑의 하나님이라더니
어떻게 사람들을
지옥에 보낼 수 있죠?

많은 사람이 '지옥'이라는 개념을 기독교 신앙이 잘못되었다는 확실한 증거로 여긴다. 그들에게 지옥은 기독교의 모든 체계를 뒤엎는 결정적 모순이다. "사랑과 용서와 은혜가 많은 하나님이라고 하더니만 그런 신이 사람들을 지옥에 보낸다고? 이거야말로 모순이 아닌가!"

지옥은 하나님을 '우리를 괴롭히며 즐거워하는 잔인하고 가학적인 존재'로 보이게 만든다. 참으로 부당하게 느껴진다. 살면서 실수하지 않는 사람은 없다. 이 세상 그 누구도 완벽하지 않다. 하지만 그렇다고 해서 지옥? 죄에 비해 너무 지나친 형벌 아닌가.

어떤 이들은 몇몇 최악의 인간들을 지옥에 보내는 데는 어쩔 수 없이 동의한다. 히틀러는 지옥에 가야 마땅하다. 연쇄살인범 제프리 다머도 마찬가지다. 테러리스트와 아동 학대범도 지옥행 형벌을 고려할 만하다. 하지만 그런 인간은 어디까지나 극소수다.

"지옥 개념은 〔까다롭고 심술궂던〕 구약 시대 하나님의 유물이 아닐까?" 어떤 이들은 구약 시대의 하나님을 '아직 온유한 예수님으로 이미지 세탁을 하기 전인 중학교 시절의 하나님'으로 본다. 또 어떤 이들은 지옥을 '종교의 이름으로 권력을 쥔 자들이 사람들을 통제하기 위해 꾸며낸 개념'으로 본다. 예수님이 성경 속 누구보다도 지옥에 관해 많이 말씀하셨다는 사실을 알고서 많은 이가 충격에 빠진다. 실제로 예수님은 천국보다 지옥에 관해 더 많은 말씀을 하셨다!

지옥은 성경의 가르침 중 중요한 부분이지만 오늘날 지옥만큼 인기 없는 기독교 메시지도 없다. 많은 이에게 지옥은 믿음으로 나아가지 못하게 하는 '주된' 걸림돌이 된다.

사실, 충분히 이해한다. 대학교 시절 나도 이 문제로 신앙의 위기를 겪었다. 정신을 못 차릴 정도였다. 하나님보다도 내가 더 사람들을 불쌍히 여기는 것 같았다. 나는 아무리 원수라도 영원한 지옥에 떨어지는 것까지는 바라지 않았기 때문이다. C. S. 루이스도 이 문제를 인정했다. "할 수만 있다면 기독교에서 이것<sup>지옥</sup>보다 더 제거해 버리고 싶은 교리도 없다."[52]

내 말이 그 말이다. 내게 지우개와 10분의 시간만 달라. 내 성경 책에서 지옥을 다 빼 버리게 말이다. 지옥과 영원한 고통이 어떤지를 생각하면 나도 모르게 움찔해지고 심장이 벌렁거린다.

하지만 사람들이 아무리 지옥이 없기를 바라도, 지옥은 실제로 존재한다. 예수님이 정말로 주님이시라면 영원에 관한 그분의 말씀은 분명한 사실이다. 예수님의 가르침은 원하는 것만 골라 먹고 나머지는 그냥 남길 수 있는 뷔페가 아니다. 예수님의 말씀은 전부 사실이거나 전부 사실이 아니거나 둘 중 하나다. 예수님은 만유의 주시거나 아무것의 주도 아니시거나 둘 중 하나다.

이 개념이 공평한지를 놓고 수년간 씨름한 끝에 나는 어느 정도 평안해졌다. 물론 아직까지 많은 물음이 남아 있지만 말이다. 그래도 열린 마음과 겸손한 자세로 성경을 공부하고 하나님께 지혜를 달라고 간구한 끝에 지옥이 필요한 이유에 관한 성경의 논리를 더 깊이 이해할 수 있게 되었다. 그 과정에서 도움이 된 성경 구절 중 하나는 예수님이 들려주신 누가복음 16장에 기록된 지옥에 관한 심오한 이야기다.

## 지옥에 관한
## 실화

예수님의 주된 강의 도구는 비유였다. 기본적으로 비유는 영원한 진리를 담고 있는 가상의 이야기다. 대개 예수님의 비유 속 인물은 실제 인물이 아니다. 인물보다는 비유의 요지가 중요해서다. 그래서 대부분의 비유에서 예수님은 인물 이름을 쓰시지 않았다.

그런데 나사로와 부자 이야기에서는 이런 비유의 법칙이 깨진다. 첫째, 이 비유는 거지 나사로라는 실명을 사용한다. 다른 모든 비유는 사람들을 '씨 뿌리는 자'나 '종', '왕'으로 부른다. 나아가, 예수님도 누가도 이 이야기를 비유로 부르지 않는다. 그래서 많은 사람이 이 이야기를 비유가 아닌 실화로 해석한다.

자, 이 이야기를 소개한다.

한 부자가 있어 자색 옷과 고운 베옷을 입고 날마다 호화롭게
즐기더라 그런데 나사로라 이름하는 한 거지가 헌데투성이로
그의 대문 앞에 버려진 채 그 부자의 상에서 떨어지는 것으로
배불리려 하매 심지어 개들이 와서 그 헌데를 핥더라 이에 그
거지가 죽어 천사들에게 받들려 아브라함의 품에 들어가고
부자도 죽어 장사 되매 그가 음부에서 고통 중에 눈을
들어 멀리 아브라함과 그의 품에 있는 나사로를 보고 불러
이르되 아버지 아브라함이여 나를 긍휼히 여기사 나사로를
보내어 그 손가락 끝에 물을 찍어 내 혀를 서늘하게 하소서
내가 이 불꽃 가운데서 괴로워하나이다 아브라함이 이르되
얘 너는 살았을 때에 좋은 것을 받았고 나사로는 고난을
받았으니 이것을 기억하라 이제 그는 여기서 위로를 받고
너는 괴로움을 받느니라 그뿐 아니라 너희와 우리 사이에
큰 구렁텅이가 놓여 있어 여기서 너희에게 건너가고자 하되
갈 수 없고 거기서 우리에게 건너올 수도 없게 하였느니라
이르되 그러면 아버지여 구하노니 나사로를 내 아버지의 집에
보내소서 내 형제 다섯이 있으니 그들에게 증언하게 하여
그들로 이 고통받는 곳에 오지 않게 하소서 아브라함이 이르되
그들에게 모세와 선지자들이 있으니 그들에게 들을지니라

이르되 그렇지 아니하니이다 아버지 아브라함이여 만일 죽은 자에게서 그들에게 가는 자가 있으면 회개하리이다 이르되 모세와 선지자들에게 듣지 아니하면 비록 죽은 자 가운데서 살아나는 자가 있을지라도 권함을 받지 아니하리라 하였다 하시니라. 눅 16:19-31

지옥에 있는 남자에 관해 우리가 알 수 있는 사실은 무엇인가? 첫째, 그는 종교적인 사람이다. 그가 아브라함을 아버지라 부른 것에서 알 수 있다. 그는 기도하고 있다. 그렇다. 지옥에서 기도하고 있다. 하지만 보다시피 그는 하나님이 아닌 "아버지 아브라함"에게 기도한다.

이것이 무슨 의미인가? 예수님은 이 남자가 종교적이지만 하나님과의 관계는 없다는 점을 지적하고 계신다. 예수님은 바리새인들 앞에서 이 이야기를 하셨다. 그것은 이 이야기의 요지가 그들에게 전하는 내용이었기 때문이다. 즉 예수님은 그들에게 이렇게 말씀하신 것이다. "너희는 종교로 가득 차 있지만 하나님을 전혀 모르고 있다."

둘째, 이야기 속 남자는 생전에 큰 부자였다. 하지만 여느 바리새인처럼 그는 주변 사람이 당하는 고통에 무신경했다. 그는 하나님과 돈을 함께 갖고 싶어 했다. 하지만 그는 급박한 상황이 오면 언제든지 하나님에 대한 순종을 포기하고 자신에게 가장 귀한 돈을 움켜쥘 사람이었다. 성경에서 가난한 사람을 돌보는 것은 언제나 하나님을 진정으로 아는 사람임을 나타내는 증거다.

## 지옥,
## 불이 가득한 곳?

성경의 다른 많은 곳에서처럼 예수님이 하신 이야기에서 지옥은 불이 가득한 곳으로 그려진다. 많은 사람이 지옥 불이 진짜인지 묻는다. 나는 이 성경의 묘사를 문자적으로 읽는다. 하지만 설령 성경이 여기서 불을 비유적으로 사용하고 있다 해도, 이 비유가 가리키는 영적 현실은 육체적 현실보다 덜하기는커녕 '훨씬 더' 무시무시하다는 점을 명심하라.

불은 만족할 줄 모르는 욕망을 가리킨다. 불은 지나가는 길에 있는 모든 것을 집어삼키고 태워 버린다. 불은 아무것도 남지 않을 때까지 만족하는 법이 없다. 지옥에서 우리는 원하는 것, 우리 마음이 강렬하게 갈망하는 것을 절대 얻지 못한다. 사람들이 지옥에 가는 것은 자신에게 하나님보다 이생의 뭔가가 더 필요하다고 확신해서다.

이 이야기에서 부자는 세상 것들, 즉 쾌락과 중독, 돈에서 만족을 추구했다. 하지만 그 모든 것이 결국 무의미했다. 지옥은 이 사람이 자신을 위해 선택한 공허하고 무가치한 길의 최종적이고도 영원한 종착지일 뿐이다. 그의 마음은 평생 쫓아왔던 물질적인 것을 향한 정욕으로 영원히 불타올랐다.

이것으로 사람들이 지옥을 반대하는 주된 이유 중 하나가 해결된다. 그 이유는 지옥이 자신의 죄에 마음 아파하며, 더는 듣지 않으시는 하나님을 향해 회개로 울부짖는 사람들로 가득한 곳이라는 것이다. 보다시피 이 이야기 속 남자는 지옥에서 건져 달라고 애원하지 않는다. 그는 단지 고통에서의 해방과 만족만을 원할 뿐이다. 시원한 물 한 방울이 그가 원하는 전부다. 그는 회개의 눈물을 흘리며 부르짖지도, 하나님과의 관계를 회복시켜 달라고 간청하지도 않는다.

요한계시록 22장은 지옥에 있는 사람들이 절대 자신의 죄를 회개하지 않는다고 분명히 말한다. 하나님은 이렇게 말씀하신다. "불의를 행하는 자는 그대로 불의를 행하〔게〕 …… 하라."11절 다시 말해, 하나님 대신 물질적인 것을 향해 불타는 욕망의 불은 영원히 꺼지지 않는다. 지옥에 있는 사람들은 그런 경험을 싫어하지만 하나님께 온전히 항복한다는 개념은 더더욱 싫어한다.

C. S. 루이스는 《천국과 지옥의 이혼*The Great Divorce*》이라는 책에서 천국을 방문하러 가는 지옥 사람들로 가득 찬 버스를 묘사한다. 결국 그들은 지옥으로 돌아가고 '싶어 한다.' 고통스러운 지옥이 싫기는 하지만, 그들은 하나님의 영광으로 가득한 곳에서 사느니 지옥을 선택한다. 보다시피 지옥의 본질이 불이 아닌 것처럼

천국의 본질은 온통 황금으로 된 거리가 아니다. 천국의 본질은 하나님이시다. 반면에 지옥의 본질은 하나님의 부재다.

지옥은 어두움의 장소로도 묘사된다. 그리고 어두움은 하나님의 완전한 부재를 의미한다. 하나님은 빛이시며, 크고 작은 좋은 것을 통해 그 빛을 우리 삶에 비추신다. 이를테면 자연의 아름다움, 우정, 예술, 따뜻한 커피 한잔의 그윽한 향기……. 하나님이 지옥에 계시지 않다면 그곳에서는 그 무엇도 그분의 영광을 비추지 않는다. 그래서 그곳은 완전히 캄캄할 수밖에 없다.

지옥은 자신의 삶에서 하나님을 차단하려는 평생의 바람이 이루어지는 곳이다. 우리가 하나님께 계속해서 "노No"라고 말하다 보면 결국 하나님은 우리의 뜻을 받아들이신다. C. S. 루이스의 말을 빌리자면, 우리가 하나님께 "주님의 뜻이 이루어지게 하소서"라고 말하기를 한사코 거부하면 끝내 하나님은 우리에게 "네 뜻이 이루어지게 하라"라고 말씀하신다.[53]

물론 하나님은 이런 상황을 결코 기뻐하시지 않는다. 실제로 성경은 하나님이 애초에 우리를 위해 지옥을 마련하신 게 아니라고 말한다. 지옥은 그분을 상대로 우주적 전쟁을 벌인 사탄과 그 졸개들을 위해 마련된 곳이다.[마 25:41] 지옥에 가는 이들은 "내가 하나님보다 더 잘 안다"라는 사탄의 반역에 동참하는 자들이다. 지옥은 먼저 '안에서' 잠기는 문이라는 말을 들은 기억이 난다.

잠시 신학적인 이야기를 해 보겠다. 성경에서 우리는 하나님의 진노의 '수동적' 차원과 '능동적' 차원을 모두 볼 수 있다. 하나님의 수동적 진노는 단순히 우리가 자신의 선택으로 인한 고통스러운 결과를 당하도록 놔두시는 것이다. 능동적 진노는 우리의 선택에 그분의 벌을 더하시는 것이다. 그런 의미에서 능동적 진노는 대개 수동적 진노의 연장 혹은 증폭이라 할 수 있다. 부자는 하나님 없는 삶을 원해서 이 땅에서 그런 삶을 선택했다. 이에 하나님은 그의 그런 바람이 영원히 이루어지게 하셨다.

결국 하나님은 아무도 지옥에 보내시지 않는다. 우리 인간 스스로 지옥에 갈 뿐이다.

프리드리히 니체를 비롯한 많은 무신론자는 하나님 뜻에 항복하느니 무無의 존재가 되고 싶다고 말한다.[54] 어떤 이들은 대놓고 말하지는 않지만 누구에게도 온전히 항복할 생각이 없다고 기꺼이 인정한다.

메릴린 로빈슨은 소설 《길리아드*Gilead*》에서 이 점을 정확하게 지적한다. "지옥의 본질을 알고 싶다면 촛불에 손을 대지 말고 그냥 당신의 영혼에서 가장 비열하고 가장 황폐한 부분에 관해 깊이 들여다보라."[55]

## 당신에게서
## 지옥을 빼내라

사람들은 이렇게 말한다. "하나님은 사랑이시라 생각했건만 이 지옥이라는 것에 도대체 사랑이 어딨나요? 히틀러? 히틀러는 지옥에 가 마땅하죠! 아이를 강간하고 죽은 흉악범? 당연히 지옥행이죠! 하지만 내가 그까짓 세금 좀 속여 냈다고 연쇄살인범 찰스 맨슨과 영원을 함께 보내야 한다니요? 난 그들과 달라요! 난 선하다고요!"

잠깐! 성경은 죄의 본질상 모든 인간이 죄인이라고 말한다. 죄의 본질은 바로 하나님의 하나님 되심을 거부하는 것이다. 진정 죄의 '사악한' 부분은 뉴스에 나오는 흉악한 행위가 아니라 하나님의 권위에 도전하고 우주에서 가장 크고 중요한 존재이신 그분의 자리를 넘보는 것이다. 이런 반항심을 정중하고 사회적으로 용인 가능한 방법으로 표현하든 극악하고 잔학무도한 방식으로 표현하든 그건 중요하지 않다.

우리가 이런 반항의 자세로 살면 우리가 행하는 소위 '선한' 일조차 전혀 선해 보이지 않는다. 예를 들어 보겠다. 당신이 사설탐정을 통해 남편의 불륜 행각을 발견했다고 해 보자. 남편을 미행해 보니 호텔 로비로 들어가 애인을 만난다. 호텔에 있는 화분 뒤에서 훔쳐보니 남편이 호텔 종업원에게 팁을 건넨다. 팁을 주는 건 '선한' 행위다. 하지만 불륜이라는 지독히 못된 짓의 맥락에서 보면 '선한' 행위로 보기 어렵다.

혹은 두 명의 테러리스트가 학생이 가득 탄 버스를 폭파시키려고 폭탄을 설치하고 있다고 해 보자. 작업 중에 한 테러리스트가 동료가 샌드위치를 깜박 가져오지 않았다는 사실을 알고서 자신의 샌드위치를 나눠 준다. 행위 자체로는 꽤 친절하다 볼 수 있다. 하지만 이 '선한' 행위가 이루어지는 끔찍한 상황에 비추어 볼 때 이는 결단코 '선한' 행위로 부를 수 없다.

하나님을 우리 삶의 중심에 모셔서 예배하지 않는 것은 곧 가장 엄한 벌을 받아 마땅한 우주적 간음이다. 로마서 5장 10절은 실제로 우리를 하나님의 "원수"로 부른다. 그 테러리스트들이 우리에게 원수인 것처럼 말이다. 심지어 우리가 이 땅에서 진정으로 행하는 선행조차 말할 수 없이 악하고 불의한 삶이라는 큰 맥락 안에서 이루어지는 행위일 뿐이다.

혹시 이렇게 반박하고 싶은가? "좋아요, 우리 모두가 죄인임을 인정해요. 그래도 그렇지, '영원한' 고문? 내가 저지른 짓에 비해 너무 가혹한 징벌 아닌가요?"

우리가 '무슨' 악을 행했는지보다 그 악을 '누구'에게 행했는지를 생각하면 답이 나온다. 어떤 죄는 상대방이 누구냐에 따라 심각성이 증폭된다. 예를 들어, 개를 발로 차면 벌금형이다. 하지만 길거리에서 사람을 발로 차면 몇 주간 구치소에 들어갈 수 있다. 영국 왕에게 몰래 다가가 돌려 차기를 시도했다가는 평생 교도소에서 썩기 십상이다. 지옥이 영원한 것은 우리의 죄가 무한한 영광의 무한한 하나님, 만왕의 왕께 저지른 죄이기 때문이다. 따라서 정의는 영원한 형벌을 요구한다.

지옥이 끝이 없는 것은 하나님이 무한하신 분이기 때문이다. 지옥을 덜 무시무시한 곳으로 축소하는 것이 하나님을 위하는 거라 생각하는 신학자가 많다. 하지만 사실 그것은 하나님의 위대하심을 축소하는 것이다.

우리가 지옥이 너무 심하다고 생각하는 것은 하나님의 영광을 짓밟는 것이 그 정도로 심각한 일이 아니라고 생각해서다. 우리는 우리 자신이 우주에서 가장 중요한 존재라고 생각한다. 자신을 우주의 중심으로 여기는 사람들은 몹시 기분 나쁘겠지만, 우주의 중심은 인간인 나도 당신도 우리도 아니다. 우주는 유일하게 참되고 선하고 전능하신 한 분 하나님을 위한 극장이다. 하나님이 이 우주에서 가장 존귀한 분이시다. 우주의 모든 것이 그분의 영광을 위해 움직인다. 지옥 자체는 그분의 이름이 위대하심을 보여 주는 영원한 기념비다.

그러니 지옥을 축소하는 건 곧 하나님의 거룩하심과 의로우심을 축소하는 것이다. 지옥이 무한한 것은 하나님이 무한하신 분이기 때문이다.

그래도 이렇게 묻는 사람이 있을 것이다. "그렇다면 우리를 향한 사랑은 어디에 있나요?" 사랑은 하나님이 그분의 자비를 받아들여 그분의 영광을 함께 나눌 수 있도록 선택권을 주시는 데 있다. 하나님은 십자가에서 우리 대신 지옥과 진노를 감내하실 만큼 우리를 사랑하셨다. "우리가 아직 죄인<sup>하나님의 원수</sup> 되었을 때에 그리스도께서 우리를 위하여 죽으심으로 하나님께서 우리에 대한 자기의 사랑을 확증하셨느니라."<sup>롬 5:8</sup>

우리는 지옥을 생각할 때, 사람이 측량할 수 없을 만큼 엄청난 하나님의 의로우심과 거룩하심에 놀라고 또 놀라야 마땅하다. 하나님의 위엄과 위대하심을 떠올리며 경외감으로 떨어야 한다. 그리고 탈출구를 마련해 주신 하나님의 은혜에 감사의 눈물을 흘려야 한다.

하나님은 우리를 지옥에 보내기를 결코 원하시지 않는다. 도리어 하나님은 우리에게서 지옥을 빼내기를 원하시며, 그 방법은 우리에게 사랑을 제시하시는 것이다. 우리는 둘 중 하나를 선택해야 한다. 내 뜻과 죄를 선택할 텐가, 아니면 항복과 예수님을 선택할 텐가?

## 그러면 복음을
## 한 번도 듣지 못한 사람은?

마지막으로, 이런 의문이 생길 수 있다. "복음을 들은 적이 없는 사람들은 어쩔 수 없이 지옥에 가는 건가요? 너무 부당한 거 아닌가요?"

이는 답하기 가장 까다로운 질문 중 하나다. 성경은 '복음을 듣지 못한 데'는 책임이 없다고 분명히 말한다. 우리는 들었으나 거부한 것에 대해서만 책임을 진다.

하지만 모든 이가 하나님에 관해 들은 적이 있다. 바울은 하나님에 관해 알 수 있는 부분이 모든 이에게 분명히 드러났다고 말한다. 롬 1:19-20 어디에 살든 모든 인간은 두 가지 방식으로 하나님에 관한 지식을 접한 적이 있다.

첫째, 피조 세계의 영광과 아름다움은 창조주가 있다는 사실을 가르쳐 준다. 피조 세계를 보면 자연스럽게 본능적으로 경외감이 들게 되어 있다. 주변을 둘러보면 우리가 무無에서 비롯하지 않았다는 사실을 직관적으로 알게 되어 있다. 피조 세계는 영광스럽고 전능하신 창조주의 존재를 외치고 있다. 우리가 인간의 존재에 관한 다른 이성적인 설명을 도출하고 받아들일 수는 있다. 하지만 바울은 우리 마음이 진실을 안다고 말한다.

둘째, 개개인의 양심이 우리 모두에게 우주의 입법자가 존재함을 알려 준다. 우리는 기본적인 옳고 그름을 누가 알려 주지 않아도 자연히 안다. 양심이 '이건 옳지 않아'라고 말하는 것은 누군가가 우리 안에 법을 불어넣었다는 뜻이다. 우리가 궁극적으로 지켜야 할 법이 우리 안에 있다는 뜻이다.

바울은 우리가 하나님의 존재를 모를 수 '없다고' 말한다. 우리 모두는 하나님이 존재하심을 알며, 우리 모두는 그분의 권위와 영광을 거부함으로 그분께 반역을 저질렀다. 이 일로 우리 모두는 정죄를 받아 마땅하다. 롬 3:10-23 그리고 복음은 그런 우리가 자격 없이 받는 두 번째 기회다. 24절

하늘의 별을 보거나 자신의 마음속을 들여다보고서 하나님에 관한 증거를 알기 원하는 이들은 어찌 되는가? 성경은 하나님이 그런 사람에게 복음을 든 사자를 보내 주신다고 말한다. 사도행전 10-11장에 기록된 고넬료 이야기를 생각해 보라. 하나님은 고넬료가 하나님을 찾도록 준비시키시는 동시에 그에게 복음을 전하도록 베드로를 준비시키셨다.

나는 교회에서 한없이 멀리 있었지만 그런 영적 탐구를 시작했던 사람들의 간증을 수없이 들었다. 그리고 사실 나도 그런 이야기의 일부분이 된 적이 있다. 하나님은 그런 사람들을 성경이나 교회, 신자에게로 인도하신다. 분명히 말하지만 하나님은 사람들이 그분을 믿기를 우리보다 더 원하시며, 그들에게 복음을 전하기 위해서라면 산도 움직이신다. 심판의 날에 그 누구도 하나님을 손가락질하며 불공정하다고 말할 수 없을 것이다. 그 누구도 "나는 당신을 알고 싶었지만 당신이 알려 주시지 않았습니다"라고 말할 수 없을 것이다. 영원에 이르면 우리 모두는 "하시는 일이 크고 놀라우시도다 만국의 왕이시여"라고 찬양하게 될 것이다. 계 15:3

하나님은 아무에게도 그분과 관계 맺기를 강요하시지 않는다. 하나님은 우리에게 선택권을 주신다. 누구든 하나님을 원망하며 지옥에 들어갈 때 예수님의 음성을 듣게 될 것이다. "선택은 네가 한 것이다."


## 진짜 부당한 일은
## 따로 있다

태어나서 복음에 관한 설명을 한 번도 들은 적이 없는 어느 지적인 젊은 여성에게 예수님을 전했던 기억이 난다. 나는 예수님이 우리 죄를 위해 돌아가셨고 그 사실을 받아들이는 모든 이에게 구원을 주신다는 점을 설명했다.

그러자 그녀는 이렇게 말했다. "잠깐만요. 예수님을 받아들이지 않으면 천국이 아닌 지옥에서 영원토록 괴로워한다는 거죠?"

"맞아요. 그렇게 됩니다."

"그렇다면 목사님은 그걸 진짜로 믿지 않는 것 같네요."

"무슨 소리예요. 저는 믿어요."

"믿는 것처럼 행동하시지 않잖아요."

"무슨 말씀이죠? 여기서 이렇게 열심히 설명했는데 믿지 않다니요?"

"아니에요. 목사님은 그냥 저랑 논쟁해서 이기려는 분처럼 보여요. 말씀하신 내용을 정말 믿는다면, 저 같으면 하루도 견디지 못할 것 같거든요. 저라면 하루 종일 울 것 같아요. 그리고 만나는 모든 사람에게 예수님을 믿으라고 애원할 것 같아요. 그리고 제 삶의 우선순위가 송두리째 바뀌겠죠."

그 말이 옳았다. 내가 천국과 지옥의 현실을 믿는다고 말하면서 목숨을 걸고 복음을 전하지 않는 건 지독한 모순이었다.

자신에게 솔직히 물어보길 바란다. 복음의 실질적 의미를 놓고 심각하게 고민해 본 적이 있는가? 하나님이 예수님 안에서 지옥에서 탈출할 길을 마련해 주셨지만 그 길을 스스로 받아들이는 사람만 그 길로 들어갈 수 있다는 사실에 관해 진지하게 고민해 본 적이 있는가?

그런즉 그들이 믿지 아니하는 이를 어찌 부르리요 듣지도 못한 이를 어찌 믿으리요 전파하는 자가 없이 어찌 들으리요.롬 10:14

잠시 시간을 내서 18세기 미국의 설교자 조나단 에드워즈가 묘사한 지옥의 모습을 천천히 읽어 보기를 바란다. 이 묘사는 누가복음 16장에 기록된 예수님의 묘사와 일치한다.

당신이 활활 타오르는 아궁이 혹은 거대한 용광로 속으로 던져진다고 상상해 보라. …… 또한 정신이 완전히 멀쩡한 채로 당신의 몸이 거센 불길 속에 15분간 누워 있다고 상상해 보라. 그 용광로에서 얼마나 극심한 공포감이 밀려오겠는가! 그리고 그 15분이 얼마나 길게 느껴지겠는가! 그리고 그 고통을 1분간 겪은 뒤에는 아직 14분이나 더 견뎌야 한다고 생각하면 얼마나 암담하겠는가!

그런데 그곳에 누워서 그 고문을 24시간 내내 견뎌야 한다고 생각하면 당신의 영혼이 어떤 충격을 받겠는가! 만약 그 고통을 꼬박 1년 동안 견뎌야 한다는 걸 알면 그 충격이 얼마나 더 크겠는가! 그 고통을 1,000년간 견뎌야 한다는 걸 알면 그 충격이 또 얼마나 더 크겠는가! 그 고통을 영원토록 겪어야 한다는 걸 알면 마음이 얼마나 무너져 내리겠는가! 끝이 없다고 생각해 보라! 100만 년씩 100만 년 후에도 고통이 끝에 조금도 가까워지지 않고 그 고통에서 영원히 벗어나지 못한다고 생각해 보라!

하지만 지옥에서 당신의 고통은 이 비유에서 느껴지는 것보다 한없이 더 클 것이다. 그렇다면 불쌍한 피조물의 마음이 얼마나 더 무너져 내리겠는가! 이럴 때 그 영혼은 얼마나 형언할 수 없을 만큼 참담하게 무너져 내리겠는가!


자, 지금 당신의 삶에서 누가 복음을 들어야만 하는가?
모든 길이 하나님께로 이어지고 모든 사람이 결국에는 구원을 받는다고 믿고 싶은 심정은 충분히 이해한다. 하지만 그것은 예수님이 가르치신 메시지가 아니다. 지옥은 죄에 대한 하나님의 정의와 그분의 거룩하신 성품을 그대로 표현한 결과물이다. 하나님이 정말 주ᵗ이심을 믿는가? 그렇다면 지옥에 관한 그분의 가르침도 받아들여야 한다. 그리고 그로 인해 다르게 살아야 한다.

잠시 조용히 앉아서 다음 사실을 깊이 생각해 보라.

1초마다 약 두 명이 죽는다.

1분마다 107명이 죽는다.

한 시간마다 6,390명이 죽는다.

매일 153,000명 이상이 죽는다.

매년 5,900만 명이 죽는다.[56]

예수님은 사람들에게 지옥 탈출 방법을 알려 주고 경고하라고 우리에게 명령하셨다. 디모데전서 2장 4절은 "하나님은 모든 사람이 구원을 받으며 진리를 아는 데에 이르기를 원하시느니라"라고 말한다.

우리 삶에서 이보다 더 중요한 것이 있을까?

믿는 사람끼리
정치적 입장이 다를 때는
어찌해야 할까요?

앞 장 내용을 소화하기가 꽤 힘들었으리라. 하지만 여기 신학적으로 조금 더 어려운 주제와의 씨름이 남아 있다. 분위기가 너무 무거워지지 않도록 가벼운〔미국식〕정치적 농담으로 시작할까 한다.

* 'pro<sup>찬성</sup>'의 반대말은 'con<sup>반대</sup>'이므로 'progress<sup>진보</sup>'의 반대말은 'congress<sup>의회</sup>'다.

* 최근 시카고에 지독한 추위가 찾아왔다. 이에 시의회 의원들이 처음으로 남의 호주머니가 아닌 <u>자기</u> 호주머니에 손을 넣고 시카고 거리를 걸어 다니는 광경이 목격되었다.

* 한 강도가 잘 차려입은 남자에게 총을 겨누며 말했다. "네 돈을 전부 내놔!" 그러자 남자가 말했다. "내가 누구인지 아나? 나는 이 나라 하원의원이야!" 그러자 강도는 이렇게 응수했다. "그렇다면 <u>내</u> 돈을 전부 내놔!"

* 맥도널드에서 새롭게 출시한 대통령 세트 메뉴를 들어 봤는가? 뭐든 원하는 대로 시키고 돈은 뒤에 선 사람이 내는 메뉴다.

227

대다수에게 정치는 이제 웃고 넘길 문제가 아니다. 정치적 입장과 상관없이 모두가 그렇다. 분명 당신도 정치 이야기만 나오면 눈살부터 찌푸릴 것이다. 혹시 이번 장을 읽다가 이 책을 덮을 것 같은 예감이 드는가? 내가 당신과 같은 정치적 입장을 제시하면 이 책은 당신이 친구에게 추천할 훌륭한 책이 될 것이다! 반대로, 내가 당신과 다른 정치적 입장을 제시하면 내가 무슨 말을 해도 귓등으로 들을 것이다. 심지어 다른 사람 이름으로 엑스X; 예전의 트위터 계정을 만들어 내게 독한 트윗을 날릴지도 모르겠다.

내가 살아온 배경을 간략히 소개해 보겠다. 나는 닉슨 정부가 무너지고 포드 정부로 넘어가던 시기인 1973년에 태어났다. 나는 카터와 레이건 집권 시기에 어린 시절을 보냈고, 성인기에 접어들었을 때는 조지 H. W. 부시가 백악관에 입성했다. 그리고 약 25년 전 클린턴 집권 당시에 목사가 되었다.

정치는 늘 그렇듯 즐거운 대화 주제였던 적이 없다. 해를 거듭할수록 정치는 점점 더 분열되어 갔다. 그 분열은 교회 안에서 특히 더 심했다. 대개의 경우 자신의 정치적 성향이 곧 자기 정체성이 되었다. 하나의 정치 노선을 택하면 그에 상응하는 특징도 아울러 채택한다. 특정 뉴스만 듣고 급기야 '상대' 진영에게 마르크스주의자나 사회주의자, 급진주의자, 파시스트, 극단주의자 등으로 불리게 된다.

소셜 미디어는 뉴스라는 토양에서 번성한다. 조회 수를 늘려야 하는 온갖 뉴스는 주로 과장된 표현을 사용한다. 소셜 미디어 알고리듬은 당신의 신념을 강화하고 적들의 지독한 어리석음을 강조하는 쪽으로 형성된다. 많은 사람이 상대편 진영이 얼마나 멍청하고 비합리적인지를 보여 주는 토크쇼를 시청하는 데 매일 저녁 한두 시간을 기꺼이 투자한다.

예전에는 이런 열기가 대선 기간에만 고조되었다. 그래서 4년에 한 번씩만 마음의 준비를 하면 되었다. 그러던 것이 요즘은 나날이 그 대립이 최고조에 달한다. 모두가 CNN과 폭스$^{FOX}$ 뉴스 덕분이다. 나는 일주일에 한 시간씩 성경으로 사람들을 제자로 훈련시키는데, CNN과 폭스 뉴스는 매일 밤 세 시간씩 사람들의 눈과 귀를 사로잡는다. 교회가 분열된 게 너무도 당연하지 않은가?

목사로서 나의 소명은 성경을 가르치고 제자를 키우는 제자들을 길러 내는 것이다. 이는 '많은 중요한 질문'에 답하는 것을 자제해야 한다는 뜻이다. 내가 한 그 대답 때문에 사람들이 '예수님이 어떤 분이시고 그분의 사명이 무엇이며 그것이 우리에게 무엇을 의미하는지' 같은 '가장 중요한 문제'에 대한 내 말을 듣지 않게 되면 안 되기 때문이다. 한 친구는 이렇게 말한다. "지구온난화 문제의 가장 좋은 해법에 대해서는 내가 틀릴지 모르지만 복음에 대해서는 나는 틀리지 않았다. 전자에 관한 내 의견 때문에 사람들이 후자에 관한 내 의견을 듣지 않는 상황이 발생하는 걸 바라지 않는다."

물론 그렇다고 해서 내가 성경에서 분명히 말하는 것들에 관해 침묵하겠다는 뜻은 아니다. 성경은 인간 생명의 존엄성, 법 아래서의 만인 평등, 아동 보호의 중요성, 종교적 자유의 중요성, 성性에 관한 하나님의 설계를 비롯해서 많은 문제에 관해 하나님 뜻을 명시하고 있다. 다만 나는 성경에서 명시하지 '않고' 성경적 원칙을 정치적인 면에서 적용하기가 애매한 주제들, 성경을 믿는 신실한 그리스도인 사이에서도 의견 차이가 있을 수 있는 주제에 관해서는 의견 표현을 삼가는 편이다.

세금이나 교육, 지구온난화, 빈곤 퇴치, 외교 정책을 다룰 최상의 접근법 같은 질문, 특정한 시기에 어떤 후보가 국가를 위해 가장 일을 잘할까 하는 질문, 이런 질문에 관해 거의 모든 선거에서 우리는 타협해야 한다. 한 후보의 공약에서 일부는 마음에 들고 일부는 마음에 들지 않겠지만 이번 선거에서 어떤 문제가 더 중요한지를 결정해야 한다. 모든 문제에서 신자들의 의견이 일치하지 않더라도 그 문제 가운데 무엇을 더 중요하게 여기느냐에 따라 선택하는 후보는 달라질 수밖에 없다. 그런데 우리가 다른 신자의 '정치적 계산법'에 강하게 반대하는 경우, 대개 그 문제는 신앙적으로 가장 중요한 문제가 아니다.

세상은 우리가 어떤 깃발을 흔드는지를 알고 싶어 한다. "당신은 공화당인가, 민주당인가?" 옛 이스라엘에서 이스라엘 백성은 하나님을 "여호와 닛시"라 불렀다. 이를 문자적으로 번역하면 "여호와는 나의 깃발"이라는 뜻이다. 바로 이것이 내가 흔드는 깃발이다. 나는 여호와의 기치를 따라 행진하고 있다.

궁극적으로 우리는 공화당도 민주당도 아니다. 우리는 어린양의 당이다. 그렇다고 해서 우리가 부차적인 문제에 관해 정치적인 의견을 가져서는 안 된다는 뜻은 아니다. 단지 그 의견을 교회 이름이나 하나님의 권위와 결부시켜서는 안 된다. 나는 뭔가에 관해 "이것이 하나님 뜻이다"라고 선포하기 전에 그 의견을 뒷받침할 성경 구절부터 찾는다.

예수님의 고난과 십자가로 이어지는 요한복음 18장을 보면 병사들이 예수님을 체포하기 위해 겟세마네 동산으로 온 장면이 나타난다. 그때 베드로는 칼을 빼서 적들 중 한 사람의 종 말고의 귀를 벴다. 그런데 예수님은 차분히 말고의 귀를 만져 고쳐 주셨다.눅 22:50-51 이는 내가 예수님의 생애에서 가장 좋아하는 장면 중 하나다. 귀가 다시 붙은 말고는 무슨 생각을 했을까? 자신은 예수님을 체포하러 왔는데 예수님은 오히려 그런 자기를 고쳐 주셨다. 분명 그의 삶은 송두리째 달라졌으리라!

그때 예수님은 베드로를 이렇게 꾸짖으셨다. "네 칼을 도로 칼집에 꽂으라 칼을 가지는 자는 다 칼로 망하느니라 너는 내가 내 아버지께 구하여 지금 열두 군단 더 되는 천사를 보내시게 할 수 없는 줄로 아느냐."마 26:52-53 해석하자면 이렇다. "베드로야, 내가 세우고 있는 나라는 무력에 의지하지 않는다. 이 나라는 칼로 유지되는 나라가 아니다."

이어서 예수님이 그날 밤 로마 총독인 베드로 앞에 서 계신 장면이 등장한다. 빌라도는 예수님께 "네가 유대인의 왕이냐"라고 물었다. 이에 예수님은 이렇게 대답하셨다. "내 나라는 이 세상에 속한 것이 아니니라 만일 내 나라가 이 세상에 속한 것이었더라면 내 종들이 싸워 나로 유대인들에게 넘겨지지 않게 하였으리라 이제 내 나라는 여기에 속한 것이 아니니라."요 18:33, 36

우리가 소망을 두고 흠모하고 제일가는 충성을 맹세하는 구주께서는 세상 나라들과 같은 규칙으로 운영되는 나라를 가져오시지 않았다. 정치적·군사적 무기는 예수님 나라를 유지하거나 넓히는 데 아무런 가치가 없다. 그리스도인으로서 우리는 세상 나라와 다른 나라의 시민이다. 우리는 다른 기치 아래서 행진한다.

그렇다면 그리스도인은 부차적인 정치적 차이를 어떻게 다루어야 하는가? 다시 말하지만, 성경이 명시하는 문제에 타협하라는 이야기가 아니다. 신실한 그리스도인 사이에서도 의견 차이가 있을 수 있는 정치적 적용이라는 부차적 문제를 이야기하는 것이다.

나는 우리 교회에서 '미국인들이 정치에 관해 믿는 네 가지 오해'라는 설교 시리즈를 전한 적이 있다. 이 네 가지 요지가 이런 질문을 다루는 데 나침반 역할을 할 수 있을 것이다.

## 정치가 '가장' 중요하다?

분명히 말하지만 정치는 중요하다. 좋은 정치는 이웃을 사랑하고, 정의를 증진시키고, 약한 이들을 보호하기 위한 하나의 방법이 될 수 있다. 하지만 가장 정치적인 이슈들은 가장 중요한 것이 아니다. 그것은 인류에게 가장 필요한 해법들이 백악관이 아닌 인간의 마음에서 시작되기 때문이다. 그래서 예수님은 정책 변화를 제시하기 위해 이 땅에 오시지 않았다. 예수님은 마음의 부활을 제시하기 위해 오셨다.

예수님의 접근법은 여느 종교 지도자들과 전혀 달랐다. 마호메트는 백마를 타고 도시들을 정복했다. 심지어 공자와 부처도 정치적인 뜻을 종교적 개혁과 결부시켰다.

예수님은 양 진영의 끊임없는 구애에도 이런 접근법을 피하셨다. 예수님은 정부를 세우기 위해서가 아니라 사람들을 하나님께로 화해시키고 내면에서부터 사람들을 변화시키기 위해 오셨다. 사도들은 공직에 출마하지 않았다. 바울은 로마 원로원 개혁<sup>절실히 필요했던 일</sup>을 위해 로마로 가지 않았다. 예수님의 제자들은 잃은 자들과 잊힌 자들을 찾아 천국 시민으로 만들었다.

초대교회와 사도들은 정치적 조직이 아니라 살아 숨 쉬는 유기체, 곧 그리스도의 몸으로서 기능했다.

예수님은 정치적 입장이 다른 사람들을 그분의 핵심 제자로 초대하셨다. 열심당원 시몬은 오늘날로 치면 민족주의자, 심지어

233

테러리스트로 불릴 만한 인물이었다. 세리 마태는 부유한 특권층이었다. 어부들은 프롤레타리아 즉 노동자 계급이었다.

당시 사람들은 로마의 이스라엘 지배 문제를 놓고 분열되어 있었다. 모닥불 주위에 모여 친로마인지 반로마인지를 따지며 로마에 관한 서로의 입장을 공격하는 무리를 쉽게 상상해 볼 수 있다. 한밤중에 제자들의 텐트 옆을 지나가면 시몬은 마태를 로마 앞잡이라 욕하고 마태는 시몬을 무식한 과격분자라 욕하며 옥신각신하는 소리를 들을 수 있지 않았을까?

하지만 그들이 예수님 안에서 이룬 연합은 이 모든 차이를 무의미하게 만들었다. 결국 그들은 서로를 위해 목숨을 버릴 만큼 서로를 사랑하게 되었다. 그것은 그들이 함께 추구하는 일이 각자의 정치적 입장보다 더 중요했기 때문이다.

이것이 목사로서 내가 부차적인 정치적 입장에 관해 웬만해서는 발언하지 않는 이유다. 내가 설교단에서 이런 문제를 논하면 아무리 개인적인 입장일 뿐이라고 밝혀도 사람들은 교회의 권위를 대표해서 하는 말로 해석해 받아들인다. 그렇게 되면 하나님이 내게 주신 가장 중요한 사명을 제대로 감당할 수 없다. 즉 사람들이 내가 전하는 예수 복음에 귀를 기울이지 않을 수 있다.

단, 당신은 다를 수 있다. 당신이 목사가 아니라면 정치적 입장을 더 편하게 제시할 수 있다. 대부분이 당신의 입장을 교회 입장과 결부시키지 않을 것이기 때문이다. 네덜란드 신학자 아브라함 카이퍼는 '유기체로서의 교회'와 '조직으로서의 교회'를 구분했다.

유기체로서의 교회는 사회의 모든 영역에 스며들어 사람들이 인생의 가장 사소한 질문까지 기독교 세계관에 비추어 바라보게 만들어야 한다.[57] 하지만 조직으로서 교회의 소명은 정치가 아니다. 따라서 원칙적으로 교회 리더들은 교회의 정체성을 정치적 이념과 결부시키지 말아야 한다. 예수님의 본을 따라 우리는 정치적 문제에 참여하는 것을 삼가야 한다.

이는 나처럼 조직으로서의 '교회'를 대표하는 사람이 아니라면 정치적 입장에 관해 좀 더 자유롭게 표현할 수 있다는 뜻이다. 그렇다 해도 정치가 가장 중요한 문제라는 착각에 빠져서는 곤란하다. 정치적 목소리를 낮추고 복음의 소리를 높여야 할 때를 알아야 한다.

나는 양 진영으로부터 정치적 문제에 관해 비판하는 이메일을 그 어떤 문제를 합친 것보다도 많이 받는다. 선교 인력을 갑절로 늘리고, 더 많은 교회를 개척하고, 자원봉사자를 세우고, 싱글맘을 돌보고, 태아를 보호하고, 교도소 사역자를 증원하는 문제에 관해 더 많은 이메일을 받았으면 좋겠다. 안타깝게도 비판의 이메일을 보내오는 사람 대부분은 내가 다가올 대선에 관해 적극적으로 의사 표시를 하지 않는다고 지적하거나, 어떤 문제에 관해서는 발언을 좀 더 줄여야 한다고 주장한다. 오늘날 교회들은 정치로 분열되어 있다. 우리는 이 현실에 안타까워해야 한다.

우리는 동네 이웃집을 지나가다 그 집 마당에서 내가 지지하지 않는 다른 정당 후보를 지지하는 흔적을 발견하면, '어쩜 저리 어리석을 수 있지? 저 사람이 과연 예수님을 제대로 아는 건지 의심스럽군' 하며 그 어리석은 이웃이 속히 정신 차리기를 기도한다.

미국인의 거의 60퍼센트는 가장 친한 친구 중에 자신과 다른 정당에 투표하는 사람은 없다고 말한다.[58] 이 통계 수치만 봐도 정치가 '가장' 중요하다는 이 첫 번째 오해를 얼마나 많은 사람이 믿는지를 알 수 있다.


## 정치는
## '전혀' 중요하지 않다?

두 번째 오해는 첫 번째 오해와 정반대 내용이다. 어떤 이들은 자신의 삶에서 정치가 전혀 중요하지 않다고 믿는다. 그들은 "예수님은 나의 대통령" 같은 고매한 표현을 사용하면서 정치를 아예 외면한다. 이런 태도도 역시 오해에서 비롯했으며, 매우 비성경적이다.

요셉과 다니엘과 느헤미야는 정치적 영역에서 일하면서 하나님이 어려운 시기에 위대한 역사를 행하시고 그분의 백성을 번영케 하시는 모습을 지켜보았다. 에스더는 왕과의 관계를 사용하여 바사페르시아에서 유대인을 멸절시키려는 흉계를 막았다. 다윗 왕부터 그 가문의 계보를 따라가 보면 지도자가 가는 대로 국가가 따라가는 패턴을 볼 수 있다. 선하고 신실한 왕이 나타나면 이스라엘은 평화와 번영을 누렸고, 우상숭배를 일삼는 악한 왕은 파괴와 혼란을 불렀다.

좋은 정치는 이웃을 사랑하기 위한 한 방법이다. 하나님은 그분의 백성이 자신의 집에서 백악관까지 세상 모든 영역에서 소금과 빛의 역할을 하기를 원하신다. 정치가 중요한 건 이웃을 사랑하고 세상을 좋게 만들기 위한 실질적인 방법이기 때문이다. 어떤 정치가 가장 좋은지를 항상 알 수 없을지는 몰라도, 회사나 교회, 가정에서처럼 정치에서도 우리는 지혜와 창의력을 발휘해야 한다.

초기 기독교 운동가들은 미국 헌법에 개인의 자유, 종교의 자유, 권력 분립, 정부의 책임성 같은 개념을 불어넣었다. 그 시대의 그리스도인이 이 두 번째 오해에 빠지지 않아서 얼마나 감사한지 모른다. 실제로 기독교 역사학자 데이비드 바튼은 미국 헌법 제정자들이 쓴 글 대부분이 성경을 인용하고 있거나 성경적 기초를 바탕으로 썼다는 사실을 발견했다.[59]

미국 50개 주 헌법들은 모두 하나님의 이름을 최소한 한 번 이상 언급하고 있다. 50개 주의 헌법을 모두 합치면 하나님의 이름이 총 200번 언급된다.[60] 정치에 담을 쌓고 "정치는 그리스도인과는 맞지 않아"라고 말한다면 하나님의 이름을 높이지 못하고 이웃에게 유익을 끼칠 수 없다. 우리가 지금 누리는 자유, 그리고 여성 참정권과 공민권 운동 같은 의를 위한 개혁의 대부분은 성경적 세계관에서 비롯했다. 그리스도인의 정치 참여는 필요한 일이다!

디모데전서 2장 1-2절은 이렇게 말한다. "그러므로 내가 첫째로 권하노니 모든 사람을 위하여 간구와 기도와 도고와 감사를 하되 임금들과 높은 지위에 있는 모든 사람을 위하여 하라 이는 우리가 모든 경건과 단정함으로 고요하고 평안한 생활을 하려 함이라." 그리스도인은 정치인들을 위해 기도하고 지역사회의 평화와 번영을 추구해야 한다. 법 아래서의 평등과 정의를 위해 애쓰고 교육, 비즈니스, 안전, 국방 분야에도 힘써야 한다.

그렇다. 예수님의 제자들은 정치를 중요하게 여겨야 한다. 그리스도인은 모든 영역, 특히 정치 영역에 기독교 세계관을 불어넣기를 바라야 한다.

단, 첫 번째 오해를 유념하여, 성경에서 직접적으로 명시하지 않는 원칙을 적용할 때는 겸손을 발휘해야 한다. 다른 그리스도인에게 다른 의견의 자유를 주어야 할 때를 분간할 수 있어야 한다. "여호와께서 이와 같이 이르시되!"라고 확신 있게 말할 만한 정확한 성경 구절이 있을 때가 아니면 자기 의견만 무조건 옳다고 밀어붙여서는 곤란하다.

## 나는 모든 것을
## 분명하게 본다?

2019년 1월, 켄터키주 코빙턴 가톨릭고등학교에 다니는 학생인 니콜라스 샌드먼은, 현장 학습으로 링컨 기념관에서 낙태 반대 시위에 참가했다. 거기서 한 원주민<sup>아메리카 인디언</sup> 활동가가 아이들에게 다가와 북을 치며 노래를 부르기 시작했다. 사건 직후 현장을 담은 동영상이 트위터에 게시되면서 크게 이슈화되었기에 당신도 이 사건을 기억할지 모르겠다.

뭐가 문제였을까? 추장이 바로 앞에서 노래를 부르는 동안 백인 고등학생 샌드먼이 마치 원주민을 비하하는 듯한 건방진 표정을 지었기 때문이다. 이 장면이 언론에 공개되면서 열여섯 살 소년은 엄청난 비난을 받았다. 당시 나를 비롯한 많은 기독교계 리더들도 방송에서 이 소년의 태도를 공공연하게 비난했다.

그런데 정작 문제는 따로 있었다. 언론은 대중에게 짧은 동영상 하나만을 보여 주면서 잘잘못을 판단하게끔 했다. 당시 상황을 더 자세하게 보여 주는 더 긴 동영상을 보면 샌드먼은 원주민을 조롱한 공격자가 아니라, 오히려 자신을 위협한 집단에 정중하게 굴려 애쓴 구경꾼일 뿐이었다. 결국 샌드먼은 정확한 보도를 하지 않은 NBC, CNN, 〈워싱턴 포스트<sup>Washington Post</sup>〉를 상대로 법적 소송을 벌여 승소했다.

나 역시 사실관계를 정확히 알지도 못하면서 섣불리 목소리를 냈다. 분명 내 잘못이었다. 나는 다른 사람들이 쓴 내러티브에 넘어갔다. 그 사건을 제대로 보지 못하고, 시대적 편견에 물든 렌즈를 통해서만 바라보았다.

이는 상대적으로 사소한 사건이었다. 하지만 이 사건은 더 큰 문제를 가리킨다. 과거의 교회 리더들이 정치적 문제에서 잘못된 편에 선 적이 많았다는 것이다. 영국의 여러 유명한 목사들이 영국 제국주의의 필요성과 정의의 문제에서 잘못된 모습을 보였다. 빌리 그레이엄은 베트남 전쟁 끝 무렵에 그 전쟁과 닉슨 대통령의 신뢰성을 옹호하는 발언을 했다. 남침례교 회장 W. A. 크리스웰을 비롯한 여러 미국 교회 리더들은 공민권 운동을 지지하기는커녕 오히려 마르크스주의라 부르면서 반대했다. 크리스웰 박사는 나중에 "그토록 눈이 심하게 멀었던 적은 없었다"고 고백했다.[61]

예수님은 옳은 종류의 절제가 어떤 것인지를 본보기로 보여 주셨다. 이 주제에 관해 그분의 삶에서 찾을 수 있는 가장 유익한 교훈 중 하나가 누가복음 12장에서 발견된다. 예수님은 사회정의에 관한 한 사건의 판결을 부탁받으셨다. 동생이 자신이 받아야 할 유산을 속임수로 빼앗으려 하는 형을 고소한 사건이었다.

이것이 옛 이스라엘에서 진짜 중요한 문제였다는 점을 알아야 한다. 이는 사회정의에 관한 합당한 소송이었다. 그리고 예수님의 삶과 사역을 보면 그분이 불의를 매우 미워하셨음을 알 수 있다. 그분은 항상 불의에 반대하는 가르침을 펴셨다. 그분은 특히 강자가 약자에게 저지르는 탐욕스러운 착취를 비난하셨다. 심지어 누가복음 16장 19-31절에서는 권력을 쥔 자들이 다른 사람을 돕기 위해 그 권력을 사용하지 않으면 지옥 불에 떨어질 위험이 있다는 말씀까지 하셨다. 따라서 예수님은 불의를 미워하신다고 분명히 말할 수 있다.

하지만 예수님은 12장에 나오는 이 형제들 상황에서는 특정한 혹은 정치적인 답을 제시하시지 않는다. 단지 이렇게 엄하게 말씀하신다. "이 사람아 누가 나를 너희의 재판장이나 물건 나누는 자로 세웠느냐."눅 12:14 다시 말해 "내가 이 일을 하려고 이곳에 보내심을 받은 것이냐?" 예수님은 재판장 역할을 하는 대신, 두 형제 모두에게 그리고 듣는 모든 이에게 돈을 우상으로 숭배하고 있음을 경고하신다.

왜 예수님은 이런 식으로 반응하셨을까? 예수님이 이 사건을 판결하셨다면 청중의 절반그분이 손을 들어준 쪽의 상대편을 옹호하는 이들은 생명을 구원하는 메시지를 외면할 수 있었다. 또한 저마다 사건을 들고 그들을 찾아오는 이들이 장사진을 이룰 수밖에 없었다. 그렇게 되면 그분은 가장 중요한 소명, 곧 잃은 양을 찾아 구원하는 일을 제대로 하실 수 없었다. 그분은 모두에게 복음을 전하기 위해 이 소송에 대한 판결을 내리시지 않았다.

미국에서 사회정의에 관한 잇따른 폭력 사태로 많은 목사가 곤란에 처했다. 물론 모든 사람을 위한 정의와 공평을 원치 않을 사람이 어디에 있겠는가. 하지만 노골적인 미움으로 경찰을 공격하는 목소리에만 여론이 쏠린 상황은 문제였다. 나는 목사로서 이 문제에 관해 깊이 고민해 보았다. 우리 교회에는 백인도 많고 백인이 아닌 다른 인종도 많다. 경찰도 많고 소방관도 많다. 내가 섣불리 어느 한쪽 편을 들면 다른 편은 생각하지 않는다는 인상을 줄 수밖에 없었다. 분명 당시는 매우 힘든 시기였다. 결국 나는 두 그룹의 대표를<sub>유색인종과 경찰관</sub> 한자리에 모았고, 내가 25년간 목회를 하면서 본 것 중에 가장 감동적이고 아름다운 대화가 이루어졌다. 그 대화는 놀라운 치유로 이어졌다. 때로는 그저 시각만 넓히면 연합이 이루어질 수 있다.

사탄은 분열되어 혼란에 휩싸인 세상을 좋아한다. 그래야 자기 마음대로 주무를 수 있기 때문이다. 정말로 사탄에게 크게 한 방 먹이고 싶다면 자신이 모든 사실을 항상 알지는 못한다는 점을 늘 기억해야 한다. 그리고 우리에게 귀가 '두 개'이고 입은 '하나'인데는 이유가 있다는 우리 어머니의 말을 기억해야 한다. 예수님의 동생 야고보가 한 말이 참으로 옳다. "내 사랑하는 형제들아 너희가 알지니 사람마다 듣기는 속히 하고 말하기는 더디 하며 성내기도 더디 하라."<sub>약 1:19</sub>

## 내가 지지하는 정당이
## 곧 하나님의 정당이다?

'좌파'와 '우파'라는 표
현은 1789년, 좌석 배치 때문에 처음 생겨났다. 당시 프랑스 국회
는 헌법 초안을 마련하다가 극심하게 분열되었다.[62] 반反왕정주
의 혁명가인 한 파벌은 의장 왼쪽에 앉은 반면 보수적인 군주제
지지자들은 오른쪽에 앉았다. 오늘날 국회에서 연설하는 걸 보면
당마다 한쪽에 모여서 앉아 있는 것을 볼 수 있다.

물론 성경은 심판의 날, 한 무리는 예수님의 오른편에 앉고 다
른 무리는 왼편에 앉는다고 말한다. 오른편에 앉은 무리는 천국
으로 직행하고 왼쪽에 앉은 무리는 지옥에 간다.[마 25:31-46] 하지만
이것은 예수님이 어느 한편을 옹호하신다는 뜻이 아니다. 예수님
의 좌우는 정치적 좌파·우파와 상관이 없다. 예수님이 당나귀[미국
민주당의 상징]를 타고 예루살렘에 입성하신 것이 암묵적으로 민주당
을 인정하신 행위도 아니다.

예수님은 그분의 나라가 이 땅의 나라에 속한 것이 아니라고
분명히 말씀하셨다. 이는 어느 정당도 예수님을 완벽히 대표하지
않는다는 뜻이다. 모든 인간 조직은 죄로 얼룩져 있다. 좌파도 우
파도 하나님의 영광에 미치지 못한다.

이스라엘의 리더 여호수아는 다른 나라와의 전쟁을 준비하던
중에 하나님의 천사를 만났다. "너는 우리를 위하느냐 우리의 적

들을 위하느냐" 하고 여호수아가 묻자 천사는 이렇게 답했다. "아니라 나는 여호와의 군대 대장으로 지금 왔느니라."수 5:13-14

하나님도 예수님도 그 어떤 천사도 오늘날의 특정 정당을 지지하지 않는다. 두 정당 모두 잘하는 점도 있고, 악한 성향도 있다. 한 정당이 다른 정당보다 진리와 정의에 더 가깝다고 느낄 수 있다. 그래도 괜찮다. 양심에 따라 투표하라. 하지만 하나님의 백성은 특정 정당과 동의어가 아니다. 하나님의 백성은 말 그대로 '하나님'의 백성이다. 하나님이 우리의 기치이시다. 특정 정당이 특정 영역의 정의를 추구할 수는 있다. 하지만 그렇지 않은 부분도 분명 있다. 따라서 우리는 특정 정당이 아닌 정의 자체의 편에 서야 한다.

심지어 하나님은 미국 편도 아니시다. 미국만 하나님께 선택된 백성이라고 말하는 이들이 있는데 전혀 그렇지 않다. 물론 나는 미국의 자유가 하나님이 원하시는 좋은 것이라고 믿는다. 심지어 미국의 자유가 정치 구조에 관한 신약의 간접적인 지시를 가장 잘 적용한 것일 수 있다고 생각한다.

또 하나님이 세상을 복음화하기 위해 미국의 자원과 인력을 사용하기를 원하신다고 믿는다. 나는 이 나라를 사랑하고, 가슴에 손을 얹고 열정을 다해 국가를 부른다. 위대한 옛 전투에 관한 이야기를 읽다가 눈물을 흘리기도 한다. 나는 우리 국기와 어머니와 애플파이를 사랑한다. 하지만 다른 나라는 사랑하지 않고

'미국만' 사랑하지는 않는다. 또한 '세계에 대한 미국의 사명'이 '잃은 양들을 향한 예수님의 사명'보다 더 중요하다고 생각하지도 않는다.

예수님은 베드로에게 칼을 치우라고 하셨던 말씀을 지금 우리에게도 하고 계신다. 세상의 소망은 미국 국기 속 별stars과 줄이 아니라 우리 구주의 등에 난 상처scars와 줄에 있다. 하나님 나라는 워싱턴 DC가 아니라 예수님이 다스리시는 하늘 보좌에 있다.

그러니 부디 투표하라. 단, 당신이 궁극적으로 더 큰 나라의 시민이라는 사실을 잊지 말라. 선거일은 심판의 날에 비할 수 없다. 심판의 날, 그분께 모든 무릎이 꿇게 되고 모든 입이 누가 진정한 왕이신지를 고백하게 될 것이다. 롬 14:11

오늘날 그리스도인이 정치적 승리만큼이나 모든 영혼들을 예수님께로 인도하는 일에 열정을 품는다면 과연 어떤 일이 벌어질까? 오늘날 정치권력의 유혹만큼 미국 교회의 영혼을 위협하는 우상도 없다. 자기 의 때문에 다른 편을 경멸하는 모습만큼 그리스도인의 증언을 무력화시키는 독도 없다.

나는 민주당에도 공화당에도 모두 예수님이 필요하다고 확신한다. "흑인의 목숨도 소중하다Black Lives Matter"를 외치는 이에게도 예수님이 필요하다. "경찰관의 목숨도 소중하다Blue Lives Matter"라고 받아치는 이에게도 예수님이 필요하다. 자유주의자에게도 보수주의자에게도 다 예수님이 필요하다. 공립학교 교사에게도 예수님이 필요하다. 홈스쿨링을 하는 이에게도 예수님이 필요하다.

그리스도인이 복음을 전하고 예수님을 왕으로 선포하고 그분의 사명을 실천하면 가정에서부터 학교와 예술, 비즈니스, 심지어 정치까지, 이 세상 문화가 바뀌는 모습을 볼 수 있을 것이다.

바로 이것이 내가 매일 지지하는 것이다.

하나님은
내 성性적 생활에
왜 이리 예민하시죠?

마지못해 몇 번 도전해 본 적은 있지만, 사실 나는 다이어트를 잘 못 한다. 단백질 보충제, 채식, 간헐적 단식, 반半채식…… 심지어는 탄수화물만 마구 섭취해서 살이 왕창 찌게 되는 이상한 다이어트도 해 보긴 했다. 최근 병원에서 포화지방 소비를 줄이라는 말을 들었다. 그래서 이제 당 섭취를 최대한 줄이려고 노력 중이다. 서른 살인 한 지인은 '매일' 저녁 스테이크를 먹으면서 그런 식습관이 건강에 좋다고 장담한다. 장담컨대 그가 겨우 서른 살이라서 그렇게 느끼는 것이다.

구약성경을 보면 하나님은 그분의 백성이 먹는 것에 관심이 있으셨다. 레위기 11장은 당시 이스라엘 백성의 음식 규정을 상술하고 있다. 유대인들은 이 목록에 따라 음식을 '정결한 것'과 '부정한 것'으로 나누었다. 레위기 11장의 음식 규정을 보면 이런 생각이 들 수 있다. '참 쉽군. 독수리와 족제비, 박쥐, 쥐는 어차피 내가 먹지 않는 것들이니까. 아, 잠깐! 돼지? 새우? 새우를 베이컨에 싸서 먹는 것이 죄라고? 아, 이건 너무 심하잖아.'

어찌 보면 다이어트는 쉽다.

정말 원하는 음식이 눈앞에 나타나기 전까지는.

몸이 금지된 것을 갈망할 때는 다이어트를 하는 '이유'에 시선을 고정해야 한다. 살을 빼고, 오래 살고, 손자 손녀가 결혼하는 모습을 보고, 약을 끊고, 고통 없이 살고, 서 있는 상태에서 자신의 신발을 보기 위해 하는 거라면 분명한 목적을 갖고 다이어트를 하게 된다.

성性도 마찬가지다. 성 역시 소비하면 기분이 좋기에 인간이 소비하고 싶어 하는 것에 속한다. 유대교 음식 규정에서 몇 장 뒤로 넘어가면 하나님은 우리가 피해야 할 여러 성적 관계들을 기술하신다. 그런데 이런 규정이 음식 규정만큼이나 부적절하다고 생각하는 이들이 적지 않다. 레 18장

사도 바울은 우상에게 바쳐진 음식에 관한 구약의 음식 규정이 이제 구속력이 없다는 점을 분명히 했다. 고전 8:4-6 하지만 성에 관한 규정은 전반적으로 아직 구속력이 있다. 모든 성적 죄, 그러니까 바울이 규정한 결혼의 울타리 안에서 이성異性 간에 나누는 것이 아닌 다른 성적 행위로 인한 죄는 사회에만 나쁜 게 아니라, 우리 영혼에 나쁘다. 고전 5:9-10; 6:12-20; 7:1-5

하나님이 우리의 성적 삶에 신경 쓰시는 건 우리가 먹는 음식이 곧 우리인 것처럼, 성도 마찬가지이기 때문이다. 육체적 건강이 음식 소비와 직접적 연관이 있는 것처럼, 영적 건강은 성적 소비와 직접적 연관이 있다.

우리 사회는 섹스가 충족시켜 주어야 할 생물학적 욕구일 뿐이라고 말한다. 섹스가 배가 고플 때 쿠키를 먹는 것과 전혀 다른

문제가 아니라고 말한다. 어떤 이들은 섹스를 스포츠로 여긴다. "테니스나 터치 풋볼, 야구처럼 커플 매치를 할 파트너를 찾자. 야구에서 1루, 2루, 3루로 가는 것처럼 파트너도 계속 갈아타면 된다. 그냥 즐기면 된다. 너무 심각하게 생각할 필요 없다."

1975년에 개봉한 영화 〈사랑과 죽음Love and Death〉에서 등장인물 소냐다이안 키튼 분는 "사랑 없는 섹스는 공허한 경험이에요"라고 말한다. 그러자 보리스우디 앨런 분가 이렇게 대답한다. "맞아. 하지만 공허한 경험이 다 그렇듯 최고의 경험이지."[63]

말하자면 이런 뜻이다. "섹스는 그냥 육체적 갈망을 푸는 것일 뿐인데 뭐가 문제야? 그냥 즐기는 것일 뿐이라고."

하지만 우리 모두는 그렇지 않다는 걸 안다. 섹스는 단순히 육체적인 것이 아니다. 앤디 스탠리가 제시한 통찰을 보라.[64]

* 섹스가 단순히 육체적인 거라면 왜 강간이 그냥 맞기만 하는 것보다 여성에게 훨씬 더 해로운가? 여성들은 강간을 육체적 폭력보다 더 심한 짓으로 여긴다. 강간에는 훨씬 더 깊은 무언가가, 개인적으로 불쾌한 무언가가 있다.
* 성폭력을 당한 아이가 상황을 인지할 수 있는 어른이 되면 학대의 고통을 떨쳐 내기가 왜 그토록 어려운 걸까? 단순히 부모 혹은 다른 어른이 자신을 배신해서가 아니다. 상처는 그보다 훨씬 깊다.

* 왜 깊은 성적 문제를 안고 있는 남자들이 가정에 소홀한
  아버지가 되는 경우가 많을까?
* 왜 대부분의 사람이 가장 후회하는 일이 주로 성적인
  일일까? 실제로, 누군가가 나를 찾아와 "목사님, 아무한테도
  말한 적 없는데요"라고 하면 거의 대부분 성적인 문제였다.
* 여기에 나는 질문을 한 가지 덧붙이고 싶다. 왜 간음은
  가정에 그토록 치명적일까?

문제는 성이 중요하냐가 아니다. 우리 모두는 성이 중요하다는 것을 이미 안다. 문제는 건강한 성과 건강하지 못한 성의 차이가 무엇이냐는 것이다.

## 인간은 단순히
## 포유류가 아니다

사도 바울에 따르면 성은 매우 깊은 차원의 문제다. 하나님은 인류를 향한 그분의 사랑에 대해 배우기 위한 길로서 성을 설계하셨기 때문이다.

이와 같이 남편들도 자기 아내 사랑하기를 자기 자신과 같이 할지니 자기 아내를 사랑하는 자는 자기를 사랑하는 것이라

누구든지 언제나 자기 육체를 미워하지 않고 오직 양육하여 보호하기를 그리스도께서 교회에게 함과 같이 하나니 우리는 그 몸의 지체임이라 그러므로 사람이 부모를 떠나 그의 아내와 합하여 그 둘이 한 육체가 될지니 이 비밀이 크도다 나는 그리스도와 교회에 대하여 말하노라. 엡 5:28-32

고린도전서 6장 18절도 보라. "음행을 피하라 사람이 범하는 죄마다 몸 밖에 있거니와 음행하는 자는 자기 몸에 죄를 범하느니라."

이는 바울이 그리스의 한 도시인 고린도교회 교인들에게 쓴 편지다. 고린도라는 도시는 인구가 25,000명이었는데, 그중 거의 1,000명이 매춘부 일을 했다.[65] 당시 고린도에서 가장 유명한 신전은 여신 아프로디테 신전이었다. 그곳 사람들은 이런 매춘부와 성관계를 가지면서 아프로디테를 숭배했다. 고린도 사람들은 성을 '계발하고 표현해야 할 영적 갈망'으로 보았다.

바울은 이런 시각에 논박하기 위해 성에 관한 고린도의 한 격언을 인용했다. "음식은 배를 위하여 있고 배는 음식을 위하여 있〔다〕."고전 6:13 이 말은 음식이 육체의 욕구를 충족시켜 주는 것처럼 섹스는 음부<sup>생식기관</sup>의 욕구를 충족시켜 준다는 의미를 함축하고 있다. 오늘날 우리가 흔히 들을 수 있는 논리다. 하지만 바울은 그렇지 않다고 말한다. 육체는 그런 식으로 설계되지 않았다. 육체는 영과 하나로 연결되어 있다. 우리가 몸으로 하는 행동은 우리의 영, 우리의 자아 자체에 영향을 미친다.

하나님은 섹스누군가와의 육체적 연합를 다른 모든 연합의 바탕 위에서 경험하도록 설계하셨다. 예를 들어, 둘의 정체성과 가족, 미래도 하나가 되어야 한다. 다시 말해, 섹스는 결혼의 울타리 안에서 이루어져야 한다. 이렇게 말하는 사람이 있을지도 모르겠다. "하지만 우리는 서로를 진심으로 사랑하고 서로에게 헌신하고 있어." 좋은 일이다. 하지만 결혼의 언약 없이는 둘 중 한 사람이 언제든지 떠나갈 수 있다. 언약이 없다면 진정한 헌신도 없다.

영혼과 삶이 하나가 되지 않는 육체적 연합은 반쪽짜리 관계로 이어질 뿐이다. 영혼과 육체를 분리하면, 영혼의 요소를 무시한 채 상대방과 육체적 연결만 추구하는 좀비 같은 관계가 탄생한다.

세상 사람들은 그리스도인이 섹스를 너무 나쁘게 본다고 말한다. 기독교는 섹스가 주는 즐거움을 인정하지 않는다고 말한다. 전혀 아니다. 바울은 그리스도인이야말로 성을 '진정으로' 아름답게 본다고 단언한다. 우리는 하나님이 성을 결혼 안에서 한 남자와 한 여자가 즐겨야 할 더없이 강력하고 아름다운 경험으로 창조하셨다.

바울은 이성 간의 결혼 생활에서 이루어지는 성관계가 삼위일체의 속성을 맛볼 수 있도록 하나님이 마련해 주신 제도라고 설명

253

한다. 엡 5:21-32 생물학적으로 다른 두 존재가 평생 헌신하는 관계 안에서 이루는 완전한 연합은 천국의 일부를 작게나마 미리 맛보는 것과도 같다.

## 인간의 성,
## 그리 대수롭지 않은 것?

전에 이런 말을 들은 적이 있다. "당신네 기독교는 왜 섹스를 나쁘게만 봐? 섹스라는 건 뭐 그렇게까지 대단한 게 아니야."

바울은 그렇게 생각하지 않았다. 바울이 성에 관해 신중했던 것은 성을 폄하해서가 아니라 하나님이 성에 부여하신 힘을 알았기 때문이다. 성은 너무도 강력하다. 그래서 바울은 고린도 교인들에게 음행으로부터 도망치라고 말한다. 음행이 하나님이나 배우자에 대한 죄일 뿐 아니라 자기 영혼에 대한 죄이기 때문이다.

이 개념을 좀 더 깊이 살펴보자. "음행을 피하라 사람이 범하는 죄마다 몸 밖에 있거니와 음행하는 자는 자기 몸에 죄를 범하느니라 너희 몸은 너희가 하나님께로부터 받은 바 너희 가운데 계신 성령의 전인 줄을 알지 못하느냐 너희는 너희 자신의 것이 아니라 값으로 산 것이 되었으니 그런즉 너희 몸으로 하나님께 영광을 돌리라."고전 6:18-20

첫째, 바울은 우리의 몸이 성령이 거하시는 하나님의 전이라면 우리가 사창가나 포르노 사이트, 불륜 상대의 침실로 가는 것은 곧 하나님을 그곳으로 데려가는 것이나 다름없다고 말한 것이다. 우리가 어디를 가나 하나님을 모시고 다닌다는 생각을 하면 바짝 긴장하며 살 수밖에 없다.

둘째, 앞서 보았듯이 성적 죄는 여느 죄와 다르다. 그 죄는 우리 영혼을 공격한다. 많은 사람이 이렇게 말한다. "다 큰 성인이 합의하고서 하는데 무슨 문제야? 서로 사랑한다면 뭐가 잘못이야? 설사 매춘이라 해도 미성년자가 아니고서야 서로 합의한 거라면 무슨 문제가 있어? 그리고 포르노는 피해자 없는 죄잖아. 누군가는 몸을 보여 주고 돈을 벌고, 누군가는 그 덕분에 즐거움을 얻으니까 누이 좋고 매부 좋은 거 아냐?" 바울은 결코 그렇지 않다고 말한다. 혼외정사는 엄청난 파괴를 낳으며, 그 파괴의 적잖은 부분이 자신의 영혼에게 가해진다.

몇 년 전, 저명한 두 산부인과 의사가 쓴 *Hooked*중독된란 책을 읽은 적이 있다. 이 책은 기독교 서적은 아니지만 여러 파트너와 번갈아 성관계를 갖는 것이 뇌, 특히 젊은 뇌에 미치는 영향을 탐구한다. 저자들은 하룻밤 섹스가 실제로 우리 뇌의 신경 회로를 바꿔 진정한 관계, 오래 지속되는 관계, 이타적인 관계를 훨씬 더 어렵게 만든다고 분석했다. "섹스 파트너를 계속 갈아치우는 사람의 뇌는 결국 그런 성생활 패턴이 정상이라고 믿을 정도로 완전히 변해 버린다. …… 섹스 파트너를 수시로 바꾸는 패턴은 헌신된 관계 안에서 연합되는 능력을 손상시키는 것으로 보인다."[66]

팀 체스터는 *Closing the Window*<sup>컴퓨터 창 닫기</sup>라는 책에서 이렇게 말한다. "섣불리 아이를 낳지 말아야 하는 것처럼 섣불리 성관계를 해서는 안 된다. 이 행위는 돌이킬 수 없는 새로운 현실을 낳는다."[67]

하나님의 설계 밖에서는 진정한 의미에서 '안전한 성관계'는 없다. 콘돔으로는 자신의 영혼을 보호할 수 없기 때문이다. 하나님은 아무 생각 없이 하는 하룻밤 섹스를 피하라고 말씀하신다. 그것이 우리의 영혼을 병들게 하기 때문이다.

하나님은 성관계가 결혼을 흉내 내도록 설계하셨다. 성관계는 우리가 원하든 원치 않든 "결혼 같은 유대"를 만들어 낸다. 팀 켈러는《팀 켈러, 결혼을 말하다*The Meaning of Marriage*》에서 이를 다음과 같이 설명했다.

> 법적으로 결혼하지 않았다 해도 상대방이 당신에게 의무가
> 있다는 결혼 같은 유대가 매우 빨리 형성될 수 있다. 하지만
> 사실 상대방은 심지어 아침에 당신에게 다시 연락할
> 법적·사회적·도덕적 책임이 전혀 없다.
> 두 사람이 성관계는 갖되 결혼하지 않으면 이런 부조화 탓에
> 질투와 마음의 상처, 집착이 생긴다. 그래서 이별이 적정

수준보다 훨씬 힘들어진다. 많은 사람이 상대방과 왠지 모르게 연결되어 있다는 느낌 때문에 좋지 않은 관계에 갇혀 있다.[68]

이 글을 읽고 나니 시트콤 드라마 〈프렌즈Friends〉의 줄거리가 떠오르지 않는가?

다시 말하지만, 바울은 섹스를 반대하는 태도를 지지하지 않는다. 오히려 정반대다. 적절한 때에 적절한 장소에서 적절한 사람과 즐긴다면 성은 엄연히 좋은 것이다. 성은 놀랍도록 힘이 세다. 성은 인생에서 가장 아름다운 신비 중 하나다. 나는 성을 불에 빗대곤 한다. 불은 좋은 것인가? 나쁜 것인가? 상황에 따라 다르다. 불은 큰 유익과 큰 해를 끼칠 수 있을 만큼 강력하다. 나는 우리 집에서 불이 적절한 때에 적절한 장소에 머물기를 원한다. 즉 불은 벽난로 안에 있어야 한다. 불이 우리 집 지하실이나 애들 방에 있어서는 안 된다. 어느 상황에서는 좋고 아름다운 것이 다른 상황에서는 무섭고 위험한 것으로 돌변한다.

성에 미친 문화의 파괴적인 '불'이 걷잡을 수 없이 타오르는 곳 중 하나는 막대한 포르노 산업이다. 우리 도시에 고린도처럼 1,000명의 매춘부는 없을지 모르지만, 우리에게는 24시간 내내 접속할 수 있는 수만 개의 포르노 사이트가 있다.

충격적인 이 시대 현실을 보라.

* 포르노 사이트 일일 방문자 수는 아마존과 넷플릭스와
  트위터 방문자 수를 다 합친 것보다도 많다.[69]
* 이 나라의 포르노 산업은 미국 프로야구 메이저리그[MLB]와
  미국 프로농구[NBA]와 미국 프로미식축구 리그[NFL]를 모두 합친
  것보다도 많은 돈을 벌어들이고 있다.[70]
* 휴대폰 검색어 다섯 개 중 하나는 성 관련 콘텐츠다.[71]

많은 사람이 포르노를 피해자 없는 범죄이며 단순한 육체적
욕구의 분출로 본다. 하지만 진짜 현실은 다음과 같다.

* 이런 동영상에 나오는 여성 중 상당수가 인신매매
  희생자들이다.[72]
* 이런 동영상에 나오는 모든 여성은 누군가의 딸이다.
  그 가족들이 입은 상처를 상상해 보라.
* *Hooked*중독된의 저자들이 연구하고 분석한 것처럼 포르노는
  뇌의 신경 회로를 바꾸어 만족스러운 평생의 관계를 맺을
  능력을 완전히 망가뜨린다. 그런 뇌는 욕구를 이기적으로
  푸는 것을 친밀함으로 보기 때문이다.
* 포르노는 이성을 상품으로 보도록 우리의 정신을
  일그러뜨린다. 사람의 몸이 이기적으로 이용해야 할 도구가
  된다. 포르노 사진과 동영상이 비인간적이기 때문에

시청자는 여성 혹은 남성을 영혼 없는 물체로 보기 시작한다.

* 포르노는 진짜 몸으로 만족하지 못하도록 우리의 정신을
  일그러뜨린다. 포르노를 보다 보면 결국 배우자의 몸으로
  만족하지 못하게 된다.

* 잠자리에서 배우자의 행위에 비현실적인 기대를 하게 된다.
  포르노 스타는 연기하는 배우에 불과하다.

* 결혼하고 나서도 포르노와 공상을 버리지 못한다. 포르노
  때문에 이미 망가진 상태이기 때문이다.


포르노는 축구 경기 시청이나 단어 게임Wordle과 같은 여가 활동이 아니다. 포르노는 우리의 내면을 완전히 바꿔 놓는다. 포르노는 우울증 발병률을 높이고, 성적 만족을 저하시키며, 수많은 가정을 파괴하고 있다. 이제 전문가들은 포르노의 중독성이 헤로인보다도 심하다고 인정한다.[73]



## 인간의 성,
## 인생 최고의 낙樂?

아이러니하게도 세상은 성에 관해 한 입으로 두 말을 한다. 섹스가 단순한 육체관계일 뿐 별것 아니라고 말하는 동시에 성적 쾌락이 인간 행복의 정점이라고 말

한다. 마치 한 번도 성관계를 하지 못했거나 만족스러운 성생활을 하지 못한 인생은 지독히 불행한 인생인 것처럼 말한다.

예수님은 이 말에 동의하지 않으셨다. 결혼에 관한 예수님의 가장 긴 설교인 마태복음 19장은 "고자"에 관해 말한다. 예수님 당시에 고자는 어떤 이유로 결혼할 수 없는 사람들이었다. 생식기에 문제가 있는 채로 태어난 이도 있었고, 강제로 거세를 당한 이도 있었다. 그런데 예수님은 하나님 나라에 더 많이 쓰임받기 위해 자발적으로 고자의 삶을 선택한 이도 있다고 말씀하셨다.

그 시대 많은 사람이 "불쌍한 고자들, 인생 최고의 낙을 누리지 못하다니!"라고 말했다. 하지만 예수님은 이렇게 말씀하셨다. "전혀 그렇지 않다. 그들도 하나님 나라에 똑같이 참여한다."

연애와 성은 그 자체보다 훨씬 더 큰 관계를 가리키는 상징이다. 바로, 우리를 향한 하나님의 사랑과 그리스도의 몸 안에서 이루어지는 친밀한 연결을 가리킨다. 이 현실을 경험한다면 상징을 경험하지 못해도 큰 상관이 없다.

존 파이퍼는 마태복음 12장 48-49절에 관해 이렇게 말했다.

예수님은 모든 가정에서 사람들을 불러내어 그분의 이름으로 하나의 민족, 하나의 새로운 가정을 이루기 위해 세상에 오셨다. 이 새로운 가정 안에서는 그리스도 안에서의 미혼 남녀 즉 전통적인 가족에 속하지 않은 사람들도 다른 사람들과 똑같은 완전한 가족으로 하나님을 위한 열매를 맺고 영원한 아버지들과 어머니들이 된다. …… 결혼은 임시적인 것이다. 결국에는 그것이 내내 가리켜 온 관계, 곧 그리스도와 교회의 관계에 자리를 내주게 된다. 얼굴을 마주 보면 사진이 더는 필요 없어지는 것과 같은 이치다.[74]

그렇다면 미혼 남녀가 온전하고 번영하고 풍성하며 사랑과 행복이 가득한 삶을 사는 것이 가능할까? 이 사실에 관해 생각해 보라. 우리는 기도할 때마다 33세의 총각으로 돌아가신 분께 기도하는 것이다. 그런데 그분은 이 땅을 거닐었던 그 어떤 사람보다도 기쁨이 가득하고 목적이 충만한 삶을 누리셨다.

하나님은 우리의 성적 삶에 관심을 가지신다. 하지만 이는 우리의 즐거움을 방해하시려는 게 아니다. 오히려 정반대다. 하나님은 잘못된 방식으로 추구하면 성이 얼마나 불만족스럽고 파괴적인지를 잘 아신다. 그분은 이 시대 수많은 우리 이웃이 추구하는 이른바 성적 '자유'가 불행하고 허무한 관계로 이어질 뿐이라는 점을 아신다.

그분이 성에 관해 하실 말씀이 많은 것은 그분이 성을 '창조하셨기' 때문이다. 그리고 그분의 명령은 우리가 '좋은 것'을 누리지 못하도록 하는 엄격한 금지령이 아니다. 그분의 명령은 자유롭고 안전하고 번영하는 삶으로의 초대다. 하나님은 우리에게 좋은 삶

261

을 주기를 원하신다.

그분을 믿는가?


## 참된 순결을 주시는
## 예수 그리스도

많은 신자가 성과 관련해 깊은 후회와 고통에 시달리며 살고 있다. 그들은 하나님이 분명한 규칙을 주신 것에 감사하면서도 자신이 그 규칙을 어겼기에 수치심에 떨고 있다. 혹은 그 규칙을 어긴 다른 사람 때문에 고통스러워한다.

여기 복음이 있다. 하나님은 〔성을 비롯한 모든 면에서〕우리의 과거에 따라 우리를 보시지 않는다는 것이다. 예수님의 보혈을 떠나서는 우리 중 그 어느 누구에게도 참된 순결은 없다. 하나님은 그리스도 안에서 새로운 피조물을 보신다. 그래서 예수님이 이 세상 속으로 들어오셨다. 예수님은 그분을 믿는 이들이 그분 안에서 의인으로 불릴 수 있도록 십자가에서 돌아가셨다. 고린도후서 5장 17절은 이렇게 말한다. "그런즉 누구든지 그리스도 안에 있으면 새로운 피조물이라 이전 것은 지나갔으니 보라 새것이 되었도다."

"새로운, 망가지지 않은, 죄로 물들지 않은, 손상되지 않은."

하나님은 우리를 이렇게 보신다. 당신이 예수님을 구주로 영접했다면 그분이 당신의 죄를 깨끗하게 하셨으며 당신을 새로운 피조물로 만드신다. 그분 가정의 소중한 아들딸로 만드신다.

우리는 성적 순결이 아니라 은혜로 그분의 가족으로 입양됨으로써 그분의 자녀가 된다. 이 입양을 통해서만 우리는 음란의 유혹을 뿌리치고 아버지이자 형이시며 친구이신 그분과 온전한 교제를 나누며 살기 위한 기쁨과 삶의 의미와 정체성을 얻을 수 있다.

예수님은 지금 우리에게 이렇게 말씀하신다. "나도 너를 정죄하지 아니하노니 가서 다시는 죄를 범하지 말라."요 8:11

계속해서 죄를 짓는 나,
그리스도인이
아닌 걸까요?

1886년, 로버트 루이스 스티븐슨은 오늘날 고전으로 평가받는 《지킬 박사와 하이드 씨 _The Strange Case of Dr. Jekyll and Mr. Hyde_》를 썼다. 이 책은 인간의 마음을 탁월하게 분석하고 있기에 이 시대에도 펴 들 만한 가치가 있다. 스티븐슨도 사도 바울 이후로 신자들이 씨름해 온 질문을 던졌다. "왜 나는 옳은 일을 하기가 이토록 힘든가?"

이 이야기에서 훌륭한 시민인 지킬 박사는 자기 안에 악한 부분이 선한 부분과 공존하면서 선한 부분을 항상 방해한다는 사실에 답답해한다. 그는 자신을 선과 악의 "부조리한 혼합물"로 부른다.[75]

화학자인 지킬 박사는 낮에는 선한 부분만 나올 수 있도록 두 부분을 분리하는 약을 개발한다. 안타깝게도 밤에는 악한 부분인 하이드 씨가 나온다. '하이드'라는 이름은 '숨겨진[hidden]' 혹은 '무시무시한[hideous]'에서 비롯한 이름이다. 이제 이 두 부분은 서로를 방해하지 않고 독자적으로 지킬 박사를 통제한다.

충격적이게도 지킬 박사는 자신의 악한 부분이 예상했던 것보다 훨씬 더 악하다는 사실을 발견한다. 하이드 씨가 하는 모든 생각은 철저히 자기중심적인 데다가 그는 지나치게 악독하고 사나 우며 복수심에 불타는 살인자였다.

지킬 박사는 이 과정에서 "그 남자가〔자신이〕 사실상 하나가 아니라 둘이라는" 사실을 발견한다. 엄밀하게 말하면 그는 위선자가 아니다. 두 부분이 모두 자기 안에 있는 것을 꾸밈없이 그대로 표출하고 있기 때문이다.[76]

나는 지킬 박사의 심정을 이해할 수 있을 것 같다. 나도 내가 내 안의 완전히 상반된 인격들이 서로 불편하게 살고 있는 "부조리한 혼합물"임을 느끼곤 한다. 예수님을 영접하고 나서 내 안에서의 모순이 너무 심해서 과연 내가 그리스도인인지를 의심할 지경에 이른 적도 있다. 나는 분명 그리스도를 영접할 때 그분이 나를 새로운 피조물로 만들어 주셨다고 믿었다. 그런데 내가 새로운 피조물이라면 도대체 왜 옛 욕구들이 여전히 강하게 날뛰는가?

내가 구원받지 못한 건가? 내가 뭔가 놓친 탓인가? 추가 접종이 필요한 건가? 가장 비열한 종류의 죄에 대해서는 예방접종을 받지 못한 건가? 신경이 쓰이다 못해 괴로웠다.

예수님은 나와의 평화를 선포하셨지만 내 마음속은 여전히 하나님과 전쟁을 벌일 때가 많다. 왜 그런가? 내게 무슨 문제가 있는 건가?

## 우리는 여전히
## 옛 육신을 지니고 있다

가장 위대한 선교사요 교회 개척자로, 신약성경 중에서 열세 권이나 쓴 사도 바울도 우리처럼 죄와 씨름했다는 사실을 알면 큰 위로가 된다. 바울은 로마 교회에 보낸 편지에서 자기 안에 있는 지킬 박사와 하이드 씨 사이의 충돌을 고백했다. "나는 육신에 속하여 죄 아래에 팔렸도다 내가 행하는 것을 내가 알지 못하노니 곧 내가 원하는 것은 행하지 아니하고 도리어 미워하는 것을 행함이라 만일 내가 원하지 아니하는 그것을 행하면 내가 이로써 율법이 선한 것을 시인하노니 이제는 그것을 행하는 자가 내가 아니요 내 속에 거하는 죄니라."롬 7:14-17

보다시피 바울은 이 구절을 '현재' 시제로 썼다. 그는 "나는 죄인이었지만 예수님을 만나고 나서 나아졌다"라고 말하지 않고 "내 욕구들이 '지금' 엉망진창이다"라고 말했다. 그는 의를 행하기를 원했지만 신자가 된 후에도 그의 내면은 하이드 씨 같은 악한 욕구가 숨어서 자신과 전쟁을 벌이는 중이었다.

이어서 그는 이런 충격적인 고백을 한다. "내 속 곧 내 육신에 선한 것이 거하지 아니하는 줄을 아노니 원함은 내게 있으나 선을 행하는 것은 없노라."롬 7:18

아마 남 얘기 같지 않으리라! 물론 악한 본성은 육신이다. 여

267

기서 바울이 말하는 "육신"은 단순한 피와 살 이상을 의미한다. 바로 '예수님 없는 우리의 온 존재'다. 우리의 정신과 육체, 뜻, 욕구까지 모든 것을 망라한다. 바울은 이 모든 것에 선한 것이 전혀 없다고 말한다. 단 한 톨의 선도 없다. 로마서 3장에서 바울은 우리가 아무리 노력해도 하나님을 떠나서는 조금의 선도 행할 수 없는 악한 시궁창이라고 분명히 말한다. 왜일까? 육신 때문이다. 악한 본성 때문이다. 그것이 우리 모두 안에 존재한다.

새로워진 나는 죄에 대해 죽고 그리스도로 말미암아 생명으로 부활했다. 성령이 내 영과 연합하여, 이제 내 중심을 차지하신다. 하지만 옛 자아도 여전히 존재한다. 이것저것 원하는 고약한 불평꾼, 마음껏 죄를 지었던 '좋았던 옛날'을 그리워하는 옛 자아, 예수님의 약속의 땅보다 애굽의 종살이를 더 좋아하는 "옛 사람."

마치 내 안에서 두 팬이 한 경기를 보는 것과 같은 형국이다. 한 명은 응원하고 다른 한 명은 야유를 보낸다. 둘 다 상대방이 그냥 죽기를 바란다.

계속해서 바울은 로마서 7장에서 통찰력이 엿보이는 깊은 탄식을 한다.

내가 원하는 바 선은 행하지 아니하고 도리어 원하지 아니하는
바 악을 행하는도다 만일 내가 원하지 아니하는 그것을 하면
이를 행하는 자는 내가 아니요 내 속에 거하는 죄니라 그러므로

내가 한 법을 깨달았노니 곧 선을 행하기 원하는 나에게

악이 함께 있는 것이로다 내 속사람으로는 하나님의 법을

즐거워하되 내 지체 속에서 한 다른 법이 내 마음의 법과 싸워

내 지체 속에 있는 죄의 법으로 나를 사로잡는 것을 보는도다

오호라 나는 곤고한 사람이로다 이 사망의 몸에서 누가

나를 건져 내랴 우리 주 예수 그리스도로 말미암아 하나님께

감사하리로다 그런즉 내 자신이 마음으로는 하나님의 법을

육신으로는 죄의 법을 섬기노라. 롬 7:19-25

바울의 부르짖음이 곧 나의 부르짖음이다. 나는 선을 행하고 싶지만 좀처럼 행할 수 없다. 혹은 꾸준하게 행하지 못한다. 결국에는 악을 행하고 만다. 죄가 내 안에 있다. 다른 법이 내 안에 있다. 내 안에서 죄가 예수님 안에서의 새로운 영과 전쟁을 벌인다. 바울처럼 나도 그 곤고함, '나'에 대한 지독한 구역질을 느끼고 있다.

## 성령을 택할 것인가, 육신을 택할 것인가

예수님 안에서 새사람으로 온전히 부활하는 날까지 그리스도인의 삶에서는 전쟁이 계속된다.

사실, 이것은 하나님이 일부러 그렇게 허락하신 것이다.

성숙은 그리스도의 완성된 일을 성화라는 미완성 일에 적용하는 법을 배워 가는 것이다. 그것은 마치 작은 복음의 전사들을 보내 우리 안에서 제멋대로 날뛰는 부분들을 그리스도께 복종시켜 나가는 것과도 같다.

1918년 11월 11일, 세계 열강은 새벽 5시 10분에 제1차 세계 대전의 치열한 싸움을 끝내기로 합의했다. 오전 11시에 사격을 중지하기로 했다. 한 시간 안에 이 소식이 빠르게 퍼졌지만, 그럼에도 서부 전선에서는 아직 전투가 멈추지 않았다. 사격 중지와 평화의 약속에도 불구하고 작은 전투들이 계속 벌어져 사람들이 죽어 나갔다. 제2차 세계대전 당시에도 연합군이 베를린을 침공하면서 같은 상황이 벌어졌다. 전쟁은 원칙적으로 끝났지만 개별 지역 전투는 끝나지 않았다. 승리의 확정과 전쟁 종료는 전투를 치르던 모든 지역에 적용되어야 했다.

나는 그리스도인이 되면서 하나님께 항복했고, 하나님은 내 마음속에 부활의 능력을 불어넣으시며 나와의 평화를 선포하셨다. 하지만 나는 옛 육신을 여전히 간직하고 있다. 이 두 진영은 내 안에서 지속적이고도 치열하게 싸우는 중이다.

대부분의 사람이 이해하지 못하는 사실은 그리스도인이 된 뒤에도 옛 자아가 사라지지 않고, 이미 패배한 욕구들이 약해지지 않는다는 것이다. 성령은 우리 삶에 들어와 육신을 밖으로 차 버리시지 않는다. 대신, 이제 성령은 옛 자아와 공존하신다.

선택권은 우리에게 있다. 우리는 성령을 선택하고 육신을 부인함으로써 성령이 육신을 압도하시게 해야 한다. 우리가 성령께 순종하기로 선택할 때마다 하이드 씨는 약해지고 지킬 박사가 강해진다.

승리의 열쇠는 예수님이 이미 궁극적인 승리를 쟁취하셨다는 사실을 깨닫는 것이다. 그럴 때 전투를 바라보는 우리의 시각이 달라진다. 이제 패자육신를 선택하지 말라. 우리는 승리자이신 그리스도 안에 있다.

계속해서 육신을 선택하면 무기력의 소용돌이에 빠진다. 죄가 이기게 방치하면 그 힘이 우리 안에서 배가된다. 죄가 더 강해져서 돌아온다. 바울은 갈라디아서 6장 7절에서 경고한다. "사람이 무엇으로 심든지 그대로 거두리라." 여기서 특별히 그는 삶에 악한 습관의 씨앗을 뿌리면 그 습관이 우리를 지배하는 힘이 점점 강해지는 현상을 지적한다.

마치 전에 내가 살던 곳의 옆집 이웃이 심었던 우산잔디와도 같다. 우산잔디는 비좁은 어느 한구석에 머무르는 법이 없다. 그냥 놔두면 어느새 땅 전체를 차지한다. 우리 아버지는 내게 울타리를 치지 않으면 우리 집 마당까지 온통 우산잔디밭이 될 거라고 조언했다. 나는 그런 우산잔디가 싫었다. 그래서 결국 이사를 갔다.

분노에 굴복하면 분이 풀리는 게 아니라 되레 점점 더 분노가 많은 사람으로 변해 간다. 분노를 표출한다고 해서 결코 분노가 우리를 지배하는 힘이 약해지지 않는다. 음란한 생각을 하면 음욕이 점점 더 타올라서 뿌리칠 수 없는 지경에 이를 뿐이다.

죄를 상대로 한 이 전투에서 중립은 불가능하다. 청교도 존 오웬은《죄 죽이기*The Mortification of Sin*》라는 책에서 이렇게 말했다. "죄를 죽이지 않으면 죄가 당신을 죽일 것이다."


## 가장 큰 죄에 빠지지 않게
## 작은 죄들과
## 씨름하도록 두신다

자신이 죄와 싸운 과정을 기술한 위대한 믿음의 사람들의 글을 수없이 읽은 끝에 나는 하나님이 우리가 가장 큰 죄에 빠지지 않게 작은 죄들과 씨름하도록 놔두신다는 결론을 내렸다. 여기서 가장 큰 죄란 바로 교만이다. 여러 죄와 씨름하다 보면 겸손해져서 하나님의 은혜에 더욱 의지하고 감사하게 된다.

나는 내가 죄에 대해 쉽게 승리를 거두면 내가 대단해서 그렇다고 착각하기 쉽다는 걸 너무도 잘 안다. 그럴 때 아이러니하게도 나는 오히려 사탄처럼 되어 내 능력을 자랑하고 스스로 그 영광을 취하곤 했다. 자기 의 때문에 하나님께 가까이 다가가기는

커녕 오히려 그분에게서 더 멀어진다.

하나님은 내가 그분의 은혜를 더 의지하도록 작은 죄들과 씨름하게 놔두신다. 그럴 때 나는 바울처럼 고백하게 된다.

* 오호라 나는 곤고한 사람이로다 이 사망의 몸에서 누가 나를 건져 내랴. 롬 7:24
* 내 속 곧 내 육신에 선한 것이 거하지 아니하는 줄을 아노니. 롬 7:18
* 내가 그리스도와 함께 십자가에 못 박혔나니 그런즉 이제는 내가 사는 것이 아니요 오직 내 안에 그리스도께서 사시는 것이라. 갈 2:20

예수님도 말씀하셨다. "나를 떠나서는 너희가 아무것도 할 수 없음이라." 요 15:5

내 서재에는 유명한 찬송가 〈나 같은 죄인 살리신 Amazing Grace〉의 작사가 존 뉴턴의 편지 모음집이 있다. 그중 내가 특히 좋아하는 편지는 그가 80대에 한 친구에게 쓴 편지다. 그 편지에서 그는 하나님과 50-60년 동행하고 나면 특정한 유혹에 대해 완전히 승리할 줄 알았다고 고백했다.[77] 하지만 그 편지를 쓸 당시에도 그는 몇몇 유혹을 전에 없이 강하게 느꼈고, 그는 자신에게 근본적으로 뭔가 문제가 있는 것 같아 크게 낙심했다고 한다. 심지어 자신이 구원받지 못한 것 아닌가 하는 생각마저 들었다.

그러다 뉴턴은 하나님이 최악의 죄에서 자신을 보호하시기 위해 악한 유혹들과 씨름하도록 놔두신 것이고 그 씨름이 죽을 때까지 계속될 수도 있음을 깨달았다. 최악의 죄는 하나님의 은혜를 소중히 여기지 않는 것이다. 뉴턴은 마침내 '은혜 안에서의 참된 성숙'이란 더는 하나님의 은혜가 필요하지 않게 느껴지는 경지에 이르는 게 아니라, 자신에게 그 은혜가 얼마나 절실한지를 더 깊이 깨닫는 것이라고 고백했다.

하나님은 우리가 그분의 은혜를 더 단단히 부여잡도록 특정 죄와 씨름하게 놔두시는 것인지 모른다. 그렇다고 해서 승리를 위해 기도하지 말아야 한다는 뜻은 아니다. 하나님이 이생에서 절대 승리를 주시지 않는다는 뜻도 아니다. 다만 하나님이 성화를 위한 우리의 요청을 바로 들어주시지 않는 데는 뭔가 그분의 선한 뜻이 있을 수 있다.

목회를 하다가 타락한 대형교회 목사들을 보면 이른바 '목회 성공'을 맛본 뒤 하나님을 의지하지 않는 지경에 이르지 않았을까 싶다. 그들은 본질적으로 나보다 더 나쁜 사람들이 아니었다. 하지만 사람이 성공하면 '내가 다 했다'고 착각하기가 너무도 쉽다. 인간은 자신을 믿기 시작하는 순간 타락하기 시작한다.

명심하라. 믿음은 예수님이라는 '의자'에 내 몸의 무게를 전부 의탁하는 것이다. 신앙생활을 관리하는 자신의 능력을 포함해 '다른 무언가'에 몸무게를 실으면 반드시 사달이 난다.

그런 유혹의 속삭임이 들릴 때면 나는 내 약함을 놓고 하나님께 감사하면서 그 유혹과 싸운다. 내가 약할 때 비로소 하나님을 의지하게 되기 때문이다.

성공할 때가 아니라 실패할 때 우리는 하나님을 의지하는 법을 배운다. 신학자 존 스토트는 이렇게 말했다. "교만은 우리의 가장 큰 적이고, 겸손은 우리의 가장 좋은 친구다."[78]


## 전진을 위한
## 실질적인 방법

지금까지 읽고서 이런 생각으로 잘못 빠지지 않기를 바란다. '아무래도 소망이 없군. 난 그냥 이렇게 평생 엉망진창인 채로 살아야 하나 봐.' 이는 절대 하나님이 원하시는 생각이 아니다. 성경은 죄와 싸우라고 명령하고 우리가 이생에서 큰 진전을 이룰 수 있다고 약속한다. 나아가 성경은 죄와 싸우기 위한 몇 가지 중요한 지침을 알려 준다. 다음은 죄와 싸울 때 예수님을 의지할 수 있는 세 가지 실질적인 방법이다.


### 부활의 능력 의지하기

바울은 자신이 씨름하던 죄와의 싸움에 관해 이야기하면서 다음과 같은 실제적인 조언을 한다. "이와 같이 너희도 너희 자신을 죄에 대하여는 죽은 자요 그리스도 예수 안에서 하나님께 대하여는 살아 있는 자로 여길지어다."롬 6:11

여기서 "여기다"는 바울이 이전에 사용했던 헬라어 단어 "로기조마이"에서 온 것이다. 앞서 1장에서 로마서 4장 5절에 대해 설명할 때 이 단어에 관해 이야기했던 것을 기억하는가? 이것은 '계좌에 액수를 기입하다'라는 뜻이다. 바울은 우리의 죄를 없이 하시겠다는 하나님의 약속을 처음 믿는 순간, 하나님이 우리의 믿음을 의로 여기셨다고 설명했다. 로기조마이는 어떤 것을 보고서 그것을 다른 것으로 여기는 것을 의미하는 회계 용어다.

로마서 4장에서는 하나님이 우리의 믿음을 보시고 그것을 우리의 의로 여기시는 회계 행위를 하셨다. 바울은 6장에서 이제는 우리가 회계 행위를 해야 한다고 말한다. 우리는 죄가 우리 안에서 여전히 왕성하게 살아 있는 것처럼 느껴짐에도 불구하고 우리 자신을 죄에 대해서는 이미 죽은 자로 여겨야 한다. 그럴 때 하나님은 우리에게 새 생명의 능력을 불어넣어 주신다. 우리가 부활 안에 있다고 믿으면 하나님은 말 그대로 부활의 능력을 우리에게 불어넣어 주신다. 바울은 긍정적인 생각의 힘 같은 정신적인 기술을 말하는 게 아니다. 우리가 복음을 계속해서 다시 믿을 때 하나님은 정말로 우리에게 부활의 능력을 보내 주신다. 우리가 그리스도인의 삶을 살 수 있는 건 바로 이 능력 때문이다.

믿을 때 실제로 그렇게 된다.

죄의 힘이 강하게 느껴져도 우리는 하나님의 더 강하신 능력이 우리 안에 역사하고 있다는 확신을 붙들어야 한다.

## 성령 의지하기

바울은 우리 육신에는 죄의 유혹을 이길 힘이 전혀 없다고 단언한다. 하지만 동시에 그는 우리가 육신으로 할 수 없는 것을 하나님이 성령 안에서 공급하신다고 밝힌다. 갈라디아서 2장 20절을 다시 보라. "내가 그리스도와 함께 십자가에 못 박혔나니 그런즉 이제는 내가 사는 것이 아니요 오직 내 안에 그리스도께서 사시는 것이라."

기독교는 우리가 '하나님을 위해' 죄를 이겨 내는 종교가 아니다. 기독교는 하나님이 '우리 안에서' 죄를 이기시는 종교다. 바울은 "영광의 소망"이 그리스도를 위한 우리의 노력이 아니라 우리 안에 계신 그리스도시라고 말한다. 골 1:27 바울은 이렇게 말하는 것이다. "심지어 이제는 내가 죄와 싸우는 것이 아니다. 내 안의 그리스도께서 싸우신다."

1941년은 영국 역사상 가장 어두운 시기 중 한순간이었다. 제2차 세계대전의 양상이 뜻대로 흘러가지 않자 영국인들은 매일 독일의 침공에 대한 공포 속에서 살았다. 하지만 12월 7일 일요일 아침, 독일의 동맹 일본이 진주만을 공격했을 때 미국 대통령

프랭클린 루스벨트는 영국 수상 윈스턴 처칠에게 이렇게 말했다. "지금 우리는 모두 한배를 타고 있습니다."

나중에 처칠은 자신의 회고록에 이렇게 썼다. "내가 미국이 우리 편이어서 더없이 기뻤다고 말해도 이상하게 생각할 미국인은 아무도 없을 것이다. …… 영국은 살 것이 분명했다. 영국은 살 것이다. …… 압도적인 힘을 단지 적절히 배치만 하면 되었다. …… 나는 구함을 받았다는 확신과 감사한 마음으로 잠자리에 들어 단잠을 잤다."[79]

무엇이 처칠의 태도를 절망에서 소망으로 바꾸었는가? "압도적인 힘"이 자신 편에 섰다는 확신이었다. 전쟁터의 상황은 바뀐 게 아무것도 없었다. 히틀러는 여전히 맹공을 퍼붓고 있었다. 하지만 처칠은 압도적인 힘의 약속에서 승리의 확신을 얻고 쉴 수 있었다.

그리스도의 완성된 일, 부활, 성령의 선물이야말로 구원을 통해 우리에게 약속된 압도적인 힘이다. 그래서 바울은 "오호라 나는 곤고한 사람이로다 이 사망의 몸에서 누가 나를 건져 내랴"라고 탄식하면서도 즉시 기쁨으로 답할 수 있었다. "우리 주 예수 그리스도로 말미암아 하나님께 감사하리로다."롬 7:24-25

죄는 실질적이다. 하지만 하나님 은혜의 능력도 더없이 실질적이다. 나는 볼 수 없고 느낄 수 없을 때도 하나님의 능력을 확신한다. 하나님은 전쟁에서 패하신 적이 단 한 번도 없다. 하나님은 자신의 자녀를 단 한 명도 포기하신 적이 없고, 내가 하나님이 포기하시는 첫 번째 자녀일 리도 없다. 당신도 마찬가지다. 하나님은 시작하신 일을 완성하실 것이다.빌 1:6 그러니 성령 안에서 얻을 수 있는 하나님의 능력을 의지하라.

### 영적 훈련

마지막으로, 죄와 싸우기 위한 최상의 방법 중 하나는 예부터 내려오는 영적 훈련을 실천하는 것이다. 수세기 동안 성자, 중세의 신비주의자, '평범한' 그리스도인들은 이런 훈련을 통해 지독한 하이드 씨와의 싸움에서 큰 진전을 이뤘다. 내가 특히 효과를 본 훈련 몇 가지를 소개한다.

**금식** ㅇ 금식에는 여러 가지 목적이 있다. 예를 들면, 기도하는 자리를 마련하기 위한 금식, 가난한 사람과 하나가 되기 위한 금식. 하지만 무엇보다 금식의 핵심은 성령의 만찬을 즐기도록 영을 훈련시키기 위해 육신을 굶겨 죽이는 것이다. 솔직히 금식은 내가 가장 덜 선호하는 영적 훈련이다. 하지만 하나님을 실질적으로 의지하게 만드는 데서 금식을 대체할 만한 것이 없다. 금식하면 몸이 먼저 하나님을 의지하면서 영이 육체적 만족의 추구에서 벗어나게 된다.

**서로에게 철저히 책임을 지는 관계** ㅇ 서로에게 철저히 책임을 지는 관계를 만드는 건 금식만큼이나 불편하다. 당신도 나와 같다면 삶의 모든 측면을 다른 사람에게 열어 보이는 게 두려울 것이다. 대개 우리는 공동체 소그룹 식구에게 자신의 삶을 살짝 열어 보일 뿐이다. 절대 '너무 많이' 열어 보이지는 않는다. 우리는 사회적으로 용인 가능하고 부담스럽지 않은 선에서만 고백한다. 하지만 서로에게 철저히 책임을 지는 관계는 여기서 더 나아간다.

이는 소그룹 식구들이 내 마음의 어두운 구석까지 훤히 들여다볼 수 있게 하는 것이다. 진정으로 서로를 책임지는 관계에서는 돈, 관계, 일, 동기, 인터넷 사용 기록, 원망, 공상, 그 외 모든 것에 관한 까다롭고 불편한 질문을 서로에게 거리낌 없이 던진다. 이는 마치 건강검진과도 같다. 하기 싫지만 건강을 위해서는 더없이 유익하다.

**암송 ○** 복음주의 세계 일각에서 암송은 인기를 잃었다. 나도 암송에 대한 저항을 느낀다. 많은 성경 구절을 암송하고 계속해서 기억하는 데 들어가는 막대한 시간을 생각하면 노력 위주의 접근법처럼 다가올 수 있다. 얼마나 많은 성경 구절을 머릿속에 저장하느냐에 따라 하나님이 복을 주신다고 생각하는 것처럼 느껴질 수 있다.

하지만 내가 죄와 싸우고 경건의 성장을 이루는 데 말씀 암송만큼 실질적인 도움이 된 것도 없다. 하나님 말씀을 마음에 새기면 필요할 때 성령이 그 말씀을 생각나게 하신다. 하나님 말씀은 생명이며, 유혹과 시험을 베는 성령의 검이다. 하지만 우리의 검

집에 검이 없으면 성령이 그 검을 뽑으실 수 없지 않은가.

**반격의 말** ○ 반격의 말은 내가 최근에 와서야 배운 훈련이다. 하지만 이 훈련은 교회 안에 오랜 역사가 있다. 기본적으로 이것은 우리의 마음속에서 가장 기승을 부리는 우상숭배를 규명한 다음, 그 우상이 우리의 마음속에서 취하고 있는 형태를 글로 쓰는 일종의 기도다. 그런 다음, 성경을 사용하여 적절한 성경의 진리로 이 우상숭배를 직접적으로 타격하는 말을 한다.

예를 들어, "돈이 많아야 좋은 삶이 가능하다"라는 거짓말이 공격해 올 수 있다. 그러면 죄책감이 들지 않을 만큼만 재물을 나누게 된다. 안락한 삶이 방해받거나 재정적으로 불안해질 정도로 나누지는 않게 된다. 그럴 때 나는 내 마음의 그런 상태를 자세히 글로 적고서 이런 말씀으로 반격한다. "너희를 위하여 보물을 땅에 쌓아 두지 말라."<sup>마 6:19</sup> "사람의 생명이 그 소유의 넉넉한 데 있지 아니하니라."<sup>눅 12:15</sup>

이 네 가지 영적 훈련이 너무 극단적으로 보이는가? 내가 아는 수많은 신자가 그저 일주일에 한 번 교회에 출석하고 가끔만 성경 책을 읽어도 죄의 힘에 맞서 싸우기에 충분하다고 착각한다. 하지만 솔직히 이는 작은 물총 하나로 집에 난 불을 끄려는 것과도 같다. 예로부터 내려오는 이 영적 훈련을 통해 말씀을 마음 깊이 새기면 내면 깊은 곳부터 변화되어 죄의 힘을 뿌리째 뽑을 수 있다. 물론 이 네 가지 훈련은 급진적이다. 엄청난 노력이 요구된다. 하지만 우리는 죄를 정복하기 위해 필요한 일이라면 뭐든 해야 한다.

마지막으로, 용기를 내라. 시험을 받는다고 해서 죄와의 싸움에서 지고 있다는 뜻은 아니다. 사실, 정반대다. 적이 이미 이겼다면 사실상 당신에게 싸움을 걸 이유가 없다. 그냥 갑옷을 벗고 쉬고 있을 것이다. 지금 원수는 표적을 지치게 하려고 공격의 수위를 높이는 것이다.

당신은 무기력한 무방비 상태의 표적이 아니다. 당신에게는 방어 무기들과 성령이라는 강력한 동맹군이 있다. 당신에게는 압도적인 능력의 약속이 있다. 그리고 당신은 윈스턴 처칠도 갖지 못한 것을 갖고 있다. 그것은 전쟁이 이미 확실한 승리를 거두었다는 확실한 지식이다.

"다 이루었다."요 19:30

예수님의 이 말씀 그대로다. 이 진리에서 우리는 계속해서 나아갈 능력을 얻는다.

# 질문하라,
# 진리에 전부를 거는 삶으로
# 나아가라

자, 이제 어느덧 끝까지 왔다. 우리는 신앙의 닻 역할을 해 줄 열두 가지 진실을 살펴보았다. 거짓말을 가려내고 완전히 버릴 수 있도록 열두 가지 진실을 다시 한 번 떠올려 보자.

이 한 가지 거짓말은 우리로 하여금 이런 질문들을 깊이 파고들지 못하게 가로막는다. 하지만 이런 질문을 탐구하는 것이야말로 하나님이 우리에게서 원하시는 바다. 우리가 걸러 내야 할 거짓말은 바로 "의문이나 답하기 까다로운 질문을 품으면 나쁜 그리스도인이고, 심지어 그리스도인이 아예 아닐 수도 있다"는 생각이다.

진실에 관한 책을 거짓말로 마무리하는 게 다소 이상해 보일 수 있지만, 이 거짓말은 지금까지 이 책에서 논한 답들을 찾는 일과 큰 상관이 있다.

자신이 의문을 품는다는 것 자체가 문제라고 생각하는 사람이 참 많다.

처음 신앙에 관한 의문을 표현했을 때 나는 경멸의 눈빛과 혀를 차는 소리를 예상했다. 하지만 뜻밖에도 사람들이 보인 반응은 오히려 안도의 표정이었다. 그 표정은 "아, 당신도 그런 고민을 하고 있어요?"라고 말하는 듯했다.

속보: 우리 모두는 기본적으로 '같은' 질문을 품고 있다. 바울은 이렇게 말했다. "사람이 감당할 시험밖에는 너희가 당한 것이 없나니."<sup>고전 10:13</sup> 이를 '질문'에도 적용할 수 있다. 질문은 일종의 시험이기 때문이다. 우리 모두는 기본적으로 같은 의문을 품고 있다. 개중에는 그 의문을 용감하게 말로 표현하는 이들이 있다. 몇몇 질문에 답을 약속하는 책을 집을 만큼 과감한 이들도 있다. 당신이 바로 이 부류다. 칭찬해 주고 싶다.

기독교는 평생 배움의 학교여야 한다. 그리스도인의 삶에 관해 내가 가장 훌륭하게 여기는 글 중 하나는 캔터베리 대주교 안셀무스가 1700년 전의 옛 교부 아우구스티누스에게 영감을 받아 쓴 글이다. 안셀무스는 그리스도인의 삶이 "이해를 추구하는 믿음"이라고 말했다.[80] 이해에서 비롯하는 믿음도 아니요, 이해에 전혀 무관심한 믿음도 아니다. 이해를 "추구하는" 믿음이다. 내 신앙의 여정이 바로 이와 같다는 생각이 든다. 아마 당신도 마찬가지일 것이다.

내가 좋아하는 사도가 몇 명 있는데, 그중에서도 제일은 도마다. 도마는 후대 사람들에게 베드로나 바울만큼 인기 있지는 않다. 하지만 그는 그의 별명 "의심 많은 도마" 덕분에 지난 2,000년간 잊히지 않고 신자들 입에 끊임없이 오르내렸다. 도마는 질문과 의문이 가득했지만 감사하게도 그것은 영혼을 파괴하는 종류의 것이 아니었다. 그는 하나님에 대해 전진하거나 뒷걸음질할 준비를 하고 있는 사람이었다. 다행히 도마의 의심은 도리어 그를 예수님께로 더 가까이 이끌었다.

요한복음 11장 16절에서 도마는 다른 제자들에게 이렇게 말한다. "우리도 주와 함께 죽으러 가자." 여기서는 의심이 그다지 엿보이지 않는다. 나중에 요한복음 14장 5절에서 그는 예수님께 이렇게 말한다. "주여 주께서 어디로 가시는지 우리가 알지 못하거늘 그 길을 어찌 알겠사옵나이까." 이 말은 예수님의 가장 유명한 말씀을 이끌어 냈다. "내가 곧 길이요 진리요 생명이니."[6절]

도마는 원래 주와 함께 가서 죽을 준비가 돼 있는 사람이었다. 그에게는 단지 분명한 이해가 필요했을 뿐이다. 예수님이 다른 제자들에게 나타나셨을 때 무슨 이유인지 그는 그 자리에 있지 않았다. 돌아온 그는 예수님이 살아서 벽을 통과하셨다는 다른 증인들의 증언을 들었다. 그때 그는 이렇게 반응했다. "내가 그의 손의 못 자국을 보며 내 손가락을 그 못 자국에 넣으며 내 손을 그 옆구리에 넣어 보지 않고는 믿지 아니하겠노라." 요 20:25

하지만 며칠 뒤 예수님은 도마를 위해 다시 오셨고, 그때 도마는 "나의 주님이시요 나의 하나님이시니이다"라는 고백으로 반응했다. 요 20:28 도마는 예수님이 주님이요, 하나님이시라는 사실을 온전하고도 분명하게 인정한 첫 번째 제자였다. 그는 일단 답과 증거를 얻자 목숨을 걸었다. 실제로, 시리아 교회의 전승에 따르면 그는 인도로 복음을 가져간 첫 선교사였고 거기서 순교했다.

이제 당신은 몇 가지 질문에 대한 답을 들었다. 최소한 답이 있다는 사실을 배웠다. 자, 이제 당신은 어떻게 반응할 텐가? 어떤 이들은 헌신할 필요가 없어지기 때문에 의심을 '좋아한다.' 하지만 도마처럼 자신의 의심을 통해 진리진실에 전부를 거는 삶으로 나아가는 이들도 있다. 당신은 어느 쪽인가?

부디 계속해서 질문을 던지며 진리를 찾아가기를 바란다. 항상 이해를 추구하는 믿음을 갖기를 바란다. 도마의 경우처럼 예수님은 당신에게 어떤 방식으로든 어떤 형태로든 답을 주실 것이다. 혹 지금이 아니라면 천국에서 반드시 답을 주실 것이다. 나는 천국에 가기 전까지는 답을 완벽히 알 수 없는 질문도 있음을 받아들였다. 신명기 29장 29절은 이렇게 말한다. "감추어진 일은 우리 하나님 여호와께 속하였거니와 나타난 일은 영원히 우리와 우리 자손에게 속하였나니."

이 구절에서 나쁜 소식은 "감추어진 일"이 있다는 것이다. 더 나쁜 소식은 이생에서는 우리가 그것을 알 수 없을지도 모른다는 것이다. 그것은 우리가 아닌 하나님께 속한 것이다. 반면에 좋은 소식은 우리가 천국에 이를 때까지 믿고 순종해야 할 "나타난 일"이 충분하다는 것이다.

마음에 새기라. 믿음은 이해할 수 있는 것을 바탕으로 이해할 수 없는 것을 받아들이는 것이다. 질문에 대한 완벽한 답을 얻든 못 얻든 세상에 이미 드러난 가장 위대한 진리를 부여잡으라. 그 진리는 예수 그리스도께서 죽음에서 살아나신 하나님의 아들이라는 것이다. 답을 모를 때도 우리는 그분을 안다. 그리고 그분이 답을 아시며 때가 되면 그 답을 알려 주시리라 확신할 수 있다.

그리고 이것은 거짓말이 아니다. 내가 전국 철자 맞추기 대회에서 4위에 입상하고 데이비 크로켓이 내 고조부의 고조부의 고조부라는 사실이 거짓말이 아닌 것처럼.

하지만 안타깝게도 내가 니콜라스 케이지와 아보카도 토스트를 나눠 먹은 적은 없다. 하지만, 그 역시 아직 그럴 시간이 남아 있다.

　니콜라스 케이지 씨, 혹시 이 책을 읽는다면 답변을 기다리겠습니다. requests@jdgreear.com으로 이메일을 보내 주세요. 제발, '고스트 라이더Ghost Rider'* 씨. '홀로 남겨지고Left Behind; 레프트 비하인드'* 싶지 않아요. 당신은 '국보National Treasure; 내셔널 트레저'*입니다.

---

* 니콜라스 케이지가 출연한 영화 제목들.

## 감사의 말

이 책이 나오기까지 도움을 주신 많은 분에게 고마운 마음을 전하고 싶다. 특히 이 책의 집필에 관한 비전을 제시한 채드 프라이스와 에릭 웨이어, 기회를 준 데이브 슈뢰더, 그 비전을 현실로 이루어 준 삼인조 매트 미글라리스, 클리프 존슨, 다나 리치에게 고마움을 전한다.

하나님 나라를 위해 꾸준히 이타적으로 섬기는 제이디그리어 미니스트리J. D. Greear Ministries 모든 팀에도 감사 인사를 하고 싶다. 이들 모두에게 이 일은 직업을 넘어 사역이다. 이들에게 참으로 고맙다. 그리고 모든 자원봉사자에게 깊은 고마움을 전한다. 이들의 헌신적인 섬김이 아니라면 우리 사역은 상상조차 할 수 없다. 이들은 이곳에서 하나님 일에 돈과 시간만이 아니라 '자신'을 온전히 쏟아부었다.

전문성과 박식함과 재치 있는 유머로 이 책의 집필을 도와준 크리스 파팔라도와 트로이 슈미트에게 말할 수 없이 큰 빚을 졌다. 숱한 시간을 내서 내용을 검토하고, 브레인스토밍을 하고, 원고를 바로잡기 위해 몇 번이고 다시 읽어 준 인내에 깊은 고마움을 전한다. 이들은 분명 하나님 나라를 위해 일하고 있다. 팟캐스트 〈무엇이든 물어보세요〉에 헌신하고, 우리가 지칠 때도 꿋꿋이 나아갈 수 있도록 늘 격려해 주는 매트 러브, 스펜서 스미스, 저스틴 랜드, 그리고 특히 대니얼 릭스에게 고맙다. 이들은 내 팔이 항상 들려 있도록 붙잡아 주는 아론과 훌이다.

이 프로젝트에 기꺼이 도전하고 끝까지 인내해 준 긍정적이고 활력 넘치는 케이러브K-LOVE 팀에 감사한 마음을 전한다. 이들은 실로 대단하다. 세상을 향한 사랑과 청지기의 책임을 더없이 진지하게 받아들이는 모습이 실로 아름답다. 하나님은 이들에게 성공의 복을 주셨다. 그 성공을 하나님 나라의 보화를 배가하는 데 사용해 주니 참 감사하다.

충성스러운 리더 역할을 잘 감당해 주는 서밋교회 장로들에게 감사함을 전한다. 이들은 내가 이 책에서 소개한 열두 가지 진리 같은 개념들과 씨름하도록 도전하게 하고, 이 작업을 해낼 수 있도록 필요한 모든 것을 지원해 주었다. 이들 덕에 서밋교회에서 섬기는 사역이 그렇게 즐거울 수 없다. 이들보다 더 좋은 전우는 상상할 수 없다.

23년간 한결같이 내 곁을 지켜 준 아내 베로니카에게 고맙다. 내가 데이트하다 말고 이런 아이디어들에 관해 장황하게 설명해도 참을성 있게 들어준 아내다. 내게 베로니카보다 더 좋은 인생 동반자요, 사역 동반자는 없다.

마지막으로, 늘 그랬듯이 사랑하는 우리 아이들, 카리스, 알레시아, 리야, 에이돈에게 고마운 마음을 전한다. 내가 지난 20년간 복음을 전하고 글을 쓰는 내내 마음 한쪽에 이 아이들이 자리했다. 때로는 아예 우리 아이들을 생각하며 사역을 했다. 사도 요한이 요한삼서 1장 4절에서 말한 것처럼 내게 우리 아이들이 진리의 길을 걷고 있음을 아는 것보다 더 큰 기쁨은 없다. 얘들아, 사랑한다. 언젠가 이 아이들의 자녀들과 그 자녀들도 하늘 아버지의 사랑을 알게 되기를 간절히 소망한다.

**프롤로그** _____

1.  Adam McCann, "2023's Most & Least Educated Cities in America,"
    WalletHub, 2023년 7월 17일 확인, https://wallethub.com/edu/e/most-and-
    least-educated-cities/6656. 월렛허브(WalletHub)의 자료 조사에 따르면, 우리 지
    역에 미국에서 교육 수준이 가장 높은 도시 가운데 두 곳, 더럼과 롤리가 있다.
    "Top 101 cities with the most people having Master's or Doctorate degrees
    (population 50,000+)," City-Data, 2023년 8월 4일 확인, https://www.city-data.
    com/top2/h182.html. 리서치 트라이앵글 지역의 세 번째 도시인 채플 힐은 이에
    질세라, 석사 학위 이상 소유자 비율에서 더럼과 롤리를 무려 37퍼센트나 앞지르
    고 있다.

Q 1 _____

2. "Signs of Decline & Hope Among Key Metrics of Faith," Barna Group, 2020년 3월 2일, https://www.barna.com/research/changing-state-of-the-church/.

3. Martin Luther, "Thesis 28", 저자 수정, Heidelberg Disputation, 1518.

Q 2 _____

4. Chris Boeskool, "The Unforgiveable Sin Of Bumper Stickers," *The Boeskool* (blog), 2013년 12월 5일, http://theboeskool.com/2013/12/05/the-unforgivable-sin-of-bumper-stickers.

5. Ray Vander Laan, *In the Dust of the Rabbi Discovery Guide: Learning to Live as Jesus Lived*, That the World May Know Series, vol. 6, Harper Christian Resources, 2015, DVD.

6. Andy Stanley, "Don't Settle for Christian," 2020년 6월 14일에 전한 설교, Andy Stanley. https://northpoint.org/messages/don-t-settle-for-christian.

Q 3 _____

7. 이 사람들이 마침내 엔딩 크레딧을 보고 엔딩 곡과 자신의 이름을 말하는 뉴질랜드 사람의 이상한 발음까지 듣고 나서 이 배우들이 정말로 중간계에서 온 것이 아닌가 하며 고개를 갸웃거리는 모습을 상상해 본다.

8. *The Lord of the Rings: The Two Towers*, Peter Jackson 감독, 2002 (Montreal: New Line Home Entertainment, 2011), DVD.

9. Sally C. Curtin, Matthew F. Garnett, and Farida B. Ahmad, "Provisional Numbers and Rates of Suicide by Month and Demographic Characteristics: United States, 2021," U.S. Department of Health and Human Services, National Vital Statistics System, 2022년 9월, https://www.cdc.gov/nchs/data/vsrr/vsrr024.pdf.

10. Tracy Sabo, "Pilot's proselytizing scares passengers," *CNN.com*, February 9, 2004, https://www.cnn.com/2004/TRAVEL/02/09/airline.christianity/.

11. David Baggett, "Reflections on *Why I Left, Why I Stayed*, by Tony and Bart Campolo, Part 2," Moral Apologetics, 2021년 10월 6일, https://www.

293

moralapologetics.com/wordpress/whyileft2.

12. *Chariots of Fire*, Hugh Hudson 감독, Colin Welland 각본, 1981 (Burbank, CA: Warner Bros., 2010), DVD.

13. Martin Luther, 직업에 관한 말; Gene Edward Veith, *God at Work: Your Christian Vocation in All of Life* (Wheaton, IL: Crossway, 2002), 13에서 수정 인용.

14. Gene Edward Veith, *God at Work*, 13-14.

15. https://www.globaladvance.org/stories/awakening-the-sleeping-giant.

16. "The 10/40 Window," Window International Network, 2023년 6월 22일 확인, https://www.win1040.org/about-the-1040-window.

17. Bahram Khodabandeh, "Number Crunching: The Truth Behind Iran's 'Single-Digit' Unemployment Rate," IranWire, 2021년 5월 14일, https://iranwire.com/en/features/69545/.

18. 설교 중에 비슷한 실례를 든 데이비드 플랫에게서 아이디어를 얻었다.


Q 4 _____

19. "2023 Turkey-Syria Earthquake," Center for Disaster Philanthropy, 2023년 8월 23일 업데이트, https://disasterphilanthropy.org/disasters/2023-turkey-syria-earthquake/.

20. Bart Ehrman, *God's Problem: How the Bible Fails to Answer Our Most Important Question-Why We Suffer* (San Francisco: HarperOne, Revised, 2009).

21. David Platt, "Our Suffering and God's Sovereignty: The Life of Job," *Radical* (podcast), 2019년 2월 11일, https://radical.net/podcasts/radical-podcast/our-suffering-and-gods-sovereignty/. 여기서 나의 요지 중 일부는 이 구절에 관한 데이비드 플랫의 탁월한 설교에서 아이디어를 얻은 것이다. 그가 제시한 네 가지 요지는 다음과 같다.
    1. 하나님의 주권은 그분의 능력이 엄청나다는 걸 의미한다.
    2. 하나님의 주권은 그분의 〔선한〕 목적이 보장되었음을 의미한다.
    3. 하나님의 주권은 그분의 지혜가 완전함을 의미한다.
    4. 하나님의 주권은 그분의 자비가 개인적임을 의미한다.

22. *The Wizard of Oz*, Victor Fleming 감독, 1939 (Burbank, CA: Warner Home Video, 1999), DVD.

23. Malcolm Muggeridge, John Piper, *Desiring God* (Colorado Springs: Multnomah,

2011), 265-266에 인용. 존 파이퍼, 《하나님을 기뻐하라》(생명의말씀사 역간).

24. John Piper, "God Is Always Doing 10,000 Things in Your Life," *Desiring God* (blog), 2013년 1월 1일, https://www.desiringgod.org/articles/god-is-always-doing-10000-things-in-your-life.

25. J. R. R. Tolkien, *The Return of the King* (New York: William Morrow, 1994), 951. J. R. R. 톨킨, 《반지의 제왕 3: 왕의 귀환》(아르테 역간).

26. C. S. Lewis, "Answers to Questions on Christianity," Question 5, *God in the Dock: Essays on Theology and Ethics*, Walter Hooper 편집, 1970. C. S. 루이스, 《피고석의 하나님》(홍성사 역간).

27. Corrie ten Boom, John Sherrill, and Elizabeth Sherrill. 1920. *The Hiding Place*. New York, NY: Bantam.

28. Steve Saint, "Sovereignty, Suffering, and the Work of Missions," *Desiring God*, Desiring God (blog), 2005년 10월 8일, https://www.desiringgod.org/messages/sovereignty-suffering-and-the-work-of-missions.

## Q 5 _____

29. 이 주제에 관해서 더 알고 싶다면 N. T. Wright, *The Resurrection of the Son of God*, Neil Shenvi, *Why Believe*, Richard Bauckham, *Jesus and the Eyewitnesses*나 Tim Keller, *Reason for God*을 보라. 톰 라이트, 《하나님의 아들의 부활》(CH북스 역간), 팀 켈러, 《팀 켈러, 하나님을 말하다》(두란노 역간). 이 증거들을 정리한 조쉬와 숀 맥도널드의 훌륭한 유튜브 동영상도 추천한다.

30. 이에 관해 더 알고 싶다면 토머스 소웰의 세 권짜리 문화 시리즈를 읽어 보라. *Race and Culture: A World View*, *Migrations and Cultures: A World View*, *Conquests and Cultures: An International History*.

31. John D. Sutter, "Slavery's Last Stronghold," *CNN.com*, 2023년 5월 31일 확인, https://www.cnn.com/interactive/2012/03/world/mauritania.slaverys.last.stronghold/index.html.

32. Jeremiah Johnston, *Unimaginable* (Bloomington, MN: Bethany House, 2017), 17.

33. David Toole, "The Role of Mission Hospitals in African Health Systems: Case Studies from the Nile River." Duke Global Health Institute, https://globalhealth.duke.edu/projects/role-mission-hospitals-african–health-systems-case-studies-nile-river-basin.

## Q 6 _____

34. Winston Churchill, "Never Give In, Never, Never, Never, 1941," America's National Churchill Museum, 2023년 6월 23일 확인, https://www. nationalchurchillmuseum.org/never-give-in-never-never-never.html.

35. "George Muller Persistent Prayer for 5 Individuals," Devotional, 2017년 7월 3일, georgemueller.org/devotional/george-muller-persistent-prayer-for-5-individuals.

36. Tyler Staton, *Praying Like Monks, Living Like Fools* (Grand Rapids: Zondervan, 2022), 177.


## Q 7 _____

37. 팀 켈러의 트윗은 약간 다르기는 하지만 나는 이 전반적인 개념을 그에게서 빌려왔다. https://twitter.com/timkellernyc/status/1468597238444314624?lang=en.


## Q 8 _____

38. "Anxiety Disorders," National Alliance on Mental Illness, 2017년 12월 검토, https://www.nami.org/About-Mental-Illness/Mental-Health-Conditions/Anxiety-Disorders.

39. Sophie Bethune, "Gen Z more likely to report mental health concerns," *Monitor on Psychology* 50, no. 1 (2019년 1월), https://www.apa.org/monitor/2019/01/gen-z.

40. "CDC report shows concerning increases in sadness and exposure to violence among teen girls and LGBQ+ youth," Centers for Disease Control and Prevention, 2023년 3월 9일, https://www.cdc.gov/nchhstp/newsroom/fact-sheets/healthy-youth/sadness-and-violence-among-teen-girls-and-LGBQ-youth-factsheet.html.

41. "Any Anxiety Disorder," National Institute of Mental Health, 2023년 6월 23일 확인, https://www.nimh.nih.gov/health/statistics/any-anxiety-disorder.

42. "COVID-19 pandemic triggers 25% increase in prevalence of anxiety and depression worldwide," World Health Organization, 2022년 3월 2일, https://

www.who.int/news/item/02-03-2022-covid-19-pandemic-triggers-25-increase-in-prevalence-of-anxiety-and-depression-worldwide.

43. Andy Stanley, "Devotion Emotion" (sermon), part 1 of the *Why Worry?* series, North Point Community Church.

44. "Reflections: First and Second Things," C. S. Lewis Institute, 2017년 7월 1일, https://www.cslewisinstitute.org/resources/reflections-july-2017.

45. John Piper, "Battling the Unbelief of Anxiety," *Desiring God* (blog), 1988년 9월 25일, https://www.desiringgod.org/messages/battling-the-unbelief-of-anxiety.

46. Tony Evans, "Reversing Anxiety Consequences: Matthew 6:25-34," 2021년 2월 28일, YouTube video, https://www.youtube.com/watch?v=S95lfdu-sn8.

47. "The Effects of Stress on Your Body," webmd.com, 2021년 12월 8일, https://www.webmd.com/balance/stress-management/effects-of-stress-on-your-body.

48. Harvey Mackay, "Worry is a destructive habit in life, business," StarTribune.com, 2020년 3월 29일, https://www.startribune.com/mackay-worry-is-a-destructive-habit-in-life-business/569165792/.

49. 싱어송라이터 케이스 그린의 〈So You Wanna Go Back to Egypt?〉 가사, 1980, Briwding Music.

50. 안식일 전날 아침에는 예외였다. 그때는 이틀 치를 거둘 수 있었다. 그렇게 거둔 만나는 기적적으로 밤새 썩지 않았다(출 16:22-26).

51. C. H. Spurgeon, *The Salt-Cellars: Being a Collection of Proverbs, Together With Homely Notes Thereon* (New York: A. C. Armstrong and Son, 1889), 62.

## Q 9

52. C. S. Lewis, *The Problem of Pain* (New York: HarperOne, 1996), 119-120. C. S. 루이스, 《고통의 문제》(홍성사 역간).

53. C. S. Lewis, 1898-1963, *The Great Divorce: A Dream* (New York, HarperOne, 2001). C. S. 루이스, 《천국과 지옥의 이혼》(홍성사 역간).

54. Friedrich Nietzsche, *Beyond Good and Evil*, Helen Zimmern 번역 (Serenity Publishers, 2010), https://www.marxists.org/reference/archive/nietzsche/1886/beyond-good-evil/ch03.htm.

55. Marilynne Robinson, *Gilead*, (New York: Picador, 2004), 208. 메릴린 로빈슨, 《길리아드》(마로니에북스 역간).

56. World death clock: https://www.medindia.net/patients/calculators/world-death-clock.asp https://worldpopulationreview.com/countries/deaths-per-day.

## Q 10 _____

57. https://blog.lexhampress.com/2015/11/16/20151116abraham-kuyper-on-a-church-that-is-both-organism-and-institution/.

58. C. K., "Is political polarisation cutting Thanksgiving dinners short?" *The Economist*, 2018년 11월 21일, https://www.economist.com/democracy-in-america/2018/11/21/is-political-polarisation-cutting-thanksgiving-dinners-short?utm_medium=cpc.adword.pd&utm_source=google&ppccampaignID=17210591673&ppcadID=&utm_campaign=a.22brand_pmax&utm_content=conversion.direct-response.anonymous&gclid=Cj0KCQjw0vWnBhC6ARIsAJpJM6e6q5tGf0QtDYgk4L2ITlgFs5kPiyMmbMJL2Gg93vahBea1Ui2daKAaAvtREALw_wcB&gclsrc=aw.ds.

59. "Statements From Founding Fathers and Early Statesmen on Jesus, Christianity, and the Bible," Wall Builders, https://wallbuilders.com/founding-fathers-jesus-christianity-bible/.

60. Aleksandra Sandstrom, "God or the divine is referenced in every state constitution," Pew Research Center, 2017년 8월 17일, https://www.pewresearch.org/short-reads/2017/08/17/god-or-the-divine-is-referenced-in-every-state-constitution/.

61. Curtis W. Freeman, "'Never Had I Been So Blind': W. A. Criswell's 'Change' on Racial Segregation," *The Journal of Southern Religion* 10, (2007), 1-12, https://jsr.fsu.edu/Volume10/Freeman.pdf.

62. Madeleine Carlisle, "What to Know About the Origins of 'Left' and 'Right' in Politics, From the French Revolution to the 2020 Presidential Race," *Time*, 2019년 9월 14일, https://time.com/5673239/left-right-politics-origins/1789.

63. *Love and Death*, Woody Allen 감독, 1975, DVD.

64. Andy Stanley, *The New Rules for Love, Sex, and Dating* (Grand Rapids: Zondervan, 2015.

65. Barbette Stanley Spaeth, "Epistles: Classical Corner: Paul, Prostitutes, and the Cult of Aphrodite in Corinth," *Biblical Archaeology Review*, 49:1, 2023년 봄, https://www.baslibrary.org/biblical-archaeology-review/49/1/35.

66. Joe S. McIlhaney and Freda McKissic Bush, *Hooked*: *New Science on How Casual Sex Is Affecting Our Children* (Chicago: Northfield Publishing, 2008), 43.

67. Tim Chester, *Closing the Window: Steps to Living Porn Free* (Downers Grove, IL: InterVarsity, 2010), 123.

68. Tim Keller, *The Meaning of Marriage* (New York: Riverhead, 2011), 260. 팀 켈러, 《팀 켈러, 결혼을 말하다》(두란노 역간).

69. Aman Jain, "Porn Sites Gets More Visitors Than Netflix, Amazon And Twitter," ValueWalk.com, 2021년 9월 18일 업데이트, https://www.valuewalk.com/porn-sites-gets-more-visitors-than-netflix-amazon-and-twitter/.

70. Lyndon Azcuna, "The Porn Pandemic," LifePlan, 2021년 10월 28일, https://www.lifeplan.org/the-porn-pandemic/.

71. "Pornography Statistics," Covenant Eyes, 2023년 8월 3일 확인, https://www.covenanteyes.com/pornstats/.

72. "By the Numbers: Is the Porn Industry Connected to Sex Trafficking?", Fight the New Drug, https://fightthenewdrug.org/by-the-numbers-porn-sex-trafficking-connected/, https://theexodusroad.com/porn-and-human-trafficking-the-facts-you-need-to-know/.

73. Zachary Pottle, "Is Porn Addiction Real," Addiction Center, 2023년 3월 2일 마지막 업데이트, https://www.addictioncenter.com/community/is-porn-addiction-real/.

74. John Piper, "Single in Christ: A Name Better than Sons and Daughters," *Desiring God* (blog), 2007년 4월 29일, http://www.desiringgod.org/resource-library/sermons/single-in-christ-a-name-better-than-sons-and-daughters.

Q 12 _____

75. Robert Louis Stevenson, "Henry Jekyll's Full Statement of the Case," *The Strange Case of Dr. Jekyll and Mr. Hyde* 중, online supplement from Project Gutenberg, 1886, 2008, 2023년 5월 22일 업데이트, https://www.gutenberg.org/files/43/43-h/43-h.htm. 로버트 루이스 스티븐슨, 《지킬 박사와 하이드 씨》.

76. Stevenson, "Henry Jekyll's Full Statement of the Case," *The Strange Case of Dr. Jekyll and Mr. Hyde* 중. 로버트 루이스 스티븐슨, 《지킬 박사와 하이드 씨》.

77. 이것은 뉴턴의 편지에서 공통적으로 찾을 수 있는 주제다. 이 개념을 가장 간결하게 담아낸 인용문 중 하나를 소개한다. "마찬가지로, 용서가 전혀 필요 없을 때보다 하나님께 계속해서 사함받을 때 하나님의 변함없는 사랑과 넘치는 자비를 더욱 절감하게 된다. 그럴 때 주 예수 그리스도를 더욱 귀히 여기게 된다. 모든 자랑이 사실상 사라지고 온전하고 값없는 구원의 영광을 오직 그분께만 돌리게 된다." "Advantages from Remaining Sin," *Letters of John Newton* (Banner of Truth, 1976), 133. 같은 책에 있는 다음과 같은 제목의 편지도 보라. "Causes, Nature, and Marks of a Decline in Grace," "Believer's Inability on Account of Remaining Sin," "Contrary Principles in the Believer."

78. John Stott, "Pride, Humility, and God," *Alive to God*, JI Packer & Loren Wilkinson 편집 (Downers Grove, IL: InterVarsity Press, 1992), 119.

79. Winston S. Churchill, "80th Anniversary of Attack that Brought the United States into the Second World War," International Churchill Society, 2021년 11월 28일, https://winstonchurchill.org/publications/churchill-bulletin/bullertin-162-dec-2021/pearl-harbor.

에필로그 _____

80. "What does the motto 'faith seeking understanding' mean?" Got Questions Ministries, 2022년 1월 4일 업데이트, https://www.gotquestions.org/faith-seeking-understanding.html.